西田幾多郎の思想

小坂国継

講談社学術文庫

学術文庫版への序

本書はNHKのラジオ講座「こころをよむ」(平成十二年十月〜平成十三年三月放送)のテキストとして書かれたものである。この番組で日本の哲学者が取り上げられたのはおそらくはじめてではなかろうか。近代日本の代表的な哲学者である西田幾多郎の生涯とその思想を尋ねることをとおして、日本人の心性あるいは日本的な思惟様式の特性を現代において問う、というのがこの講座の開設の趣旨であった。副題が「二十一世紀をどう生きるか」となっているゆえんである。戦後、忘却し去られた先達の良質な遺産を再発見し、それを現代に蘇生させようという意図が筆者の意識の根底にあった。それはなかなか困難なことではあるが、しかし重要なことだと思う。

本書の叙述に際しては、放送番組という性格上、多様な聴講者を想定して、できるだけ平易に、かつ簡明を期すことを心がけた。多くの事例をあげて説明したり、比喩を多用したり、西洋哲学や西洋の思想家との比較をたびたびおこなったりしたのもそのためである。また、西田幾多郎の生涯と人柄ならびに交友関係等の叙述にかなりのスペースを割き、西田幾多郎という人物とその思想が読者にとって少しでも親しみやすいものになるよう努めた。とはいえ、西田哲学はすこぶる難解にして晦渋をもって知られるものであるから、このような筆者の意図がどこまで成功しているかはなはだ心許ない。

このたび講談社学術文庫の一冊として収録されるにあたって、文章を「ます調」から「ある調」に改めたほか、若干の補筆と訂正をおこなった。西田哲学は、それについて語られることが多いわりには、その具体的な内容は一般にはほとんど知られていない。本書が一人でも多くの人に読まれ、日本の哲学について関心をいだく人が少しでも多くなることを心から願っている。

学術文庫に収めるにあたっては、福田信宏氏に大変御世話になった。厚く御礼を申し上げる次第である。

平成十四年三月

小坂国継

はじめに

以前流行した言葉に、フランス語のデラシネというのがあった。ドイツ語ではハイマート・ローザーといい、「故郷喪失者」とか「根なし草」とか訳されていたようである。現代人の特徴を端的にあらわす言葉として、よく用いられたものだった。

現代人は自分のバックボーンとなるもの、支柱となるものを失ってしまっている。精神的な意味でも、制度的な意味でもそうである。何か困ったことがあった場合、悩んだり迷ったりすることのあった場合、それに寄りかかっていさえすればいいもの、われわれを支えてくれるものを見いだせないでいる。

古い制度や慣習、道徳や価値は破壊されたが、それに代わるものがまだ見つかっていない。戦後の民主主義や機械技術に対する信仰は幻想であったことがだんだんとはっきりしてきた。まさしく現代は寄る辺ない混迷の時代である。われわれは進むべき方向と指針を見失っている。現代人が孤独であり無力であるゆえんであろう。

どうやら、もう一度原点にもどって考え直してみるべき時期にきたようである。戦後、打ち捨ててきたものを再検討すべき時期にきたようである。

あと数ヵ月で二十一世紀を迎える。この新しい世紀をどう生きたらいいのか。また、どう生きるべきなのか。そのことを近代日本の代表的な哲学者である西田幾多郎の悲劇的な生涯と思想を振り返ってみることによって、じっくりと考えてみたいと思う。

最近、西田哲学は静かなブームを呼んでいるが、筆者には、それが現代人の「原点への還帰」の願望をあらわしているように思えてならない。この講座が、このような流れに棹さすものとなることを心から願っている。

平成十二年七月

辻堂にて　小坂国継

目次

凡例

西田幾多郎の著作の引用は、『西田幾多郎全集』（岩波書店、昭和四十年二月―昭和四十一年九月）によった。

『西田幾多郎全集』およびその他の引用の表記は、読者の便宜を鑑みて以下のとおり変更した。

一　原文の旧仮名遣いは現代仮名遣いに改めた。また、送り仮名についても、現在一般に用いられているものに変更したものがある。
二　いわゆる旧漢字は常用漢字表の字体に変えた。
三　一部の難解な漢字やカタカナはひらがなに直した。
四　濁点・読点などを補ったものもある。
五　人名や読みにくい用語には適宜ルビをつけた。

西田幾多郎の思想

第1回　西田幾多郎——人と思想(1)

西田幾多郎《にしだきたろう》の著作『続思索と体験』（昭和十二年）のなかに、「或教授の退職の辞」という題の短編が収められている。この短いエッセイのなかで、西田は、停年になった老教授の口を借りて、彼自身の生涯を次のように回顧している。

私は今日を以て私の何十年の公生涯を終ったのである。……回顧すれば、私の生涯はきわめて簡単なものであった。その前半は黒板を前にして坐した、その後半は黒板を後ろにして立った。黒板に向って一回転をなしたといえば、それで私の伝記は尽きるのであるる。しかし明日ストーヴに焼《く》べられる一本の草にも、それ相応の来歴があり、思い出がなければならない。平凡なる私の如きものも六十年の生涯を回顧して、転《うた》た水の流れと人の行末という如き感慨に堪えない。

西田の生涯、とくにその前半は波乱に富んだものであった。後年、西田は「哲学の動機は悲哀の意識である」ということを再々いっているが、この言葉は彼の実体験からでた切実な言葉であったといえよう。西田は学者としては本道を歩いた人ではなく、むしろ脇道を歩きつづけた人であった。そして、それがまた西田哲学の性格を形成しているといえる。この点を念頭におきながら、まず一通り彼の生涯を回顧しておこう。

出生から東京帝国大学選科生時代まで

西田幾多郎は明治三（一八七〇）年五月十九日（旧暦四月十九日）、父得登《やすのり》、母寅三《とさ》の長男として、石川県河北《かほく》郡宇《う》ノ気《け》村（現在の宇ノ気町《まち》）に生まれた。西田家は代々「十村《とむら》」（大庄屋）を勤める素《そ》封家《ほうか》であった。明治三年九月の版籍奉還にともなって十村制度が廃止され、得登は戸長（村長）となった。しかし、得登は山気の多い性格であったらしく、やがて戸長をやめて米の仲買を始め、株や米相場に手を出すようになり、その失敗がもとで西田家は次第に没落していった。そして、西田が大学に入学する頃（明治二十四年）には、西田家の財政は完全に破綻《はたん》していた、といわれている。そのため西田は多くの辛酸《しんさん》を嘗《な》めなければならなかった。

近くの小学校を卒業後、西田は金沢に出て、当時、女子師範学校に通っていた次姉尚《なお》と一緒に下宿し、一年間塾に通った後、明治十六年七月、石川県師範学校に入学した。当時、西田はまだ入学資格の年齢に達していなかったため、父得登が西田の出生年月日を三年ほど早く生まれたように訂正したと伝えられている。

しかし、入学後まもなく、西田は姉とともにチフスにかかり、長期の欠席を余儀なくされた。幸い病気は数ヵ月後に快癒したが、姉尚は同年末に亡くなっている。こうして十三歳（満年齢）のとき、はじめて肉親との別れを経験した。この後、西田はたびたび肉親との別れを経験することになるが、この最初の別れは彼に特別の感慨をあたえたように思われる。おそらく、それは西田にとって初めて経験する悲哀の意識であったのではなかろうか。

後年、西田はこのことについて、次のように書き記している。

回顧すれば、余の十四歳の頃であった、余は幼時もっとも親しかった余の姉を失うたことがある。余はその時、生来始めて死別のいかに悲しきかを知った。余は亡姉を思うの情に堪えず、また母の悲哀を見るに忍びず、人無き処に到りて、思うままに泣いた。稚心にもし余が姉に代わりて死に得るものならばと、心から思うたことを今も記憶している。
（「国文学史講話」の序）

さて、病気のため一年間休学を余儀なくされた西田は、思案の末、師範学校を退学して専門学校に入る決心をし、いくつかの私塾に通って入学のための準備をしている。彼の生涯の師である北条時敬《ときゆき》について数学を学ぶようになったのもこの頃のことである。明治十九年九月、首尾よく石川県専門学校に補欠入学。翌年、同校が第四高等中学校に改称されるにともない同校予科第一級に編入学。鈴木貞太郎(1)(大拙《だいせつ》)、金田(山本)良吉(2)、藤岡作太郎(3)(東圃《とうほ》)ら生涯の友と机を並べた。この頃は、西田にとってもっとも良き時代であったようである。当時を回想して、西田は「四高の学生時代というのは、私の生涯において最も愉快な時期であった。青年の客気に任せて豪放不羈《ごうほうふき》、何の顧慮する所もなく振舞うた」(「或教授の退職の辞」)と記している。

しかし、石川専門学校が第四高等中学校となってからは、校風が一変し、「師弟の間に親しみのあった暖かな学校」から「規則ずくめな武断的な学校」に変じ、「学問文芸にあこがれ、きわめて進歩的な思想を抱いていた」生徒たちと学校当局の方針がことごとく対立するようになった。西田らは、あの手この手で執拗に抵抗を試みたが、その結果は「行状点欠少」(素行不良)のため落第、ついに師北条の諫止《かんし》を振り切って自ら退学してしまった。そして、何事も独立独行で道を開いていく決心をし、猛勉強を始めるが、それが因で眼を悪くして、医者からは読書を禁じられた。こうして悶々とした日々を過ごした後、明治二十四年、節を屈して上京し、東京帝国大学文科大学の選科に入学した。

しかしながら、当時の選科生というものは惨めなもので、周囲からは人生の落伍者のような扱いを受け、またそのことが西田の自尊心をいたく傷つけたようである。選科というのは、学科目の一部を選択して学習する課程のことであるが、一般には、学業の遅れた者の入るところと見られていたようである。当時を振り返って、西田は次のように語っている。

選科生というものは非常な差別待遇を受けていたものであった。……二階が図書室になっていて、その中央の大きな室が閲覧室になっていた。しかし選科生はその閲覧室で読書することがならないで、廊下に並べてあった机で読書することになっていた。三年になると、本科生は書庫の中に入って書物を検索することができたが、選科生には無論そんなことは許されなかった。それから僻目《ひがめ》かもしれないが、先生を訪問しても、先生によっては閾《しきい》が高いように思われた。私は少し前まで、高校で一緒にいた同窓生と、忽ちかけ離れた待遇の下に置かれるようになったので、少なからず感傷的な私の心を傷つけられた。（「明治二十四五年頃の東京文科大学選科」）

また、この頃には西田家は父得登の事業の失敗で経済的危機に瀕しており、西田家の祖先伝来の土地や家屋敷はことごとく抵当に入っていたと伝えられている。おそらく、当時、西田は経済的にも精神的にも重大な危機に直面し、深い挫折と無力感を味わっていたように思われる。西田は、当時を回顧して、「三年の間を、隅の方に小さくなって過ごした」（同）と記している。それが彼の実感であったのではないだろうか。

苦難の時代と参禅

西田は大学を出ると、故郷の金沢に戻った。当時は就職難の時代でもなかったのだが、西田は選科出であったため、思うように就職口が見つからなかった。また、せっかく内定した英語教師の職が、土壇場になって本科出の者に横取りされるような屈辱と悲哀を味わっている。おまけに金沢には住む家もなく、母とともに叔父の家に寄宿せざるをえない境遇であったので、当時の西田がどんなに肩身の狭い焦燥の日々を過ごしていたかが想像される。

当時、山本良吉に宛てた手紙の中で、「今では知人皆去り、故郷反りて異郷の如く、話しする人とてはなく、朝夕虫の音に秋の哀れを思うのみに御座候」（書簡一五）と書いている。打ちひしがれた西田の心境がひしひしと伝わってくるような文面である。

明治二十八年四月、ようやく西田は開設されたばかりの石川県能登尋常中学校七尾分校に職を得ることができた。同年五月、従妹の寿美《ことみ》と結婚している。しかし、この結婚は必ずしも祝福されたものではなかった。二年後、西田は父得登と妻寿美の不和のため、不本意ながら妻を離縁せざるをえなかった（ただし、父得登の死後、明治三十一年六月、復縁している）。また、せっかく決まった学校も、開校後まもなく火災を起こし、その再建が思うにまかせず、翌年には廃校になっている。このため西田は一年にして職を失うことになるが、高校時代の旧友の斡旋《あっせん》で、かろうじて第四高等学校に職を得ることができた。しかし、それも束の間、今度は高等学校の内紛に巻きこまれ、一年後に罷免《ひめん》されている。西田は罷免の前日まで、自分が解雇されることを知らなかったようである。

　こうしてふたたび職を失うが、今度は師北条時敬の招きによって、明治三十年九月、山口高等学校嘱託となり、同三十二年三月には教授に任命され、また同年七月には、ふたたび北条の招きによって第四高等学校教授に転任している。このように西田は「綱渡りのような人生」を送るが、その危機のたびごとに恩師や友人によって助けられている。十年間、第四高等学校に在職した後、学習院に転ずるときも、またその一年後、京都帝国大学文科大学に転ずるときもそうであった。そこには、単なる偶然や幸運ということでは済ますことのできない何かがあるように思われる。西田には何か人を惹きつけるような特別な人間的魅力があったようである。また、西田の交友関係はいささかの私心もない、きわめて情愛深いものであった。これは『西田幾多郎全集』の第十八巻と第十九巻に収録されている彼の書簡を読めば、誰もが一様に感ずることだろうと思う。西田の人間性と交友関係については、後にあらためて触れることにしたい。

　さて、西田は明治三十年頃から禅の修行を始めている。その修行は十余年もの長期にわたる、しかも猛烈とか壮烈とかいった言葉でしか形容のしようのないような真剣で厳しいものであった。当時の西田の日記を見ると、「朝夕打坐《たざ》」「午前より〔夜〕十二時に至るまで人と談話の外は打坐」「学校の外は夜十二時まで打坐」「午前坐禅、午後坐禅、夜坐禅」というような記載が毎日のようになされている。われわれはそこに現代人が忘れてしまった求道の精神が脈々として息づいているのを感得することができるであろう。西田幾多郎は道をもとめる人であり、真正の自己を探究してやまない人間であった。われわれは西田の著作を読むとき、この点をなおざりにしてはならない。それは彼の思想の核心をなしている。こうして西田は明治三十六年八月、大徳寺広州老師のもとで無字の公案を透過した。(4)

最初、西田は禅を精神統一のための最良の手段として考えていたようであるが、しだいにそれを人生の目的として考えるようになっていった。そればかりか、彼は「見性《けんしよう》」(悟り)を目的と見ることにさえ反対している。例えば、明治三十二年の山本良吉宛の書簡では「君が所謂思想の統一に達するには如何なる方法に由りたまう御考えにや。余は禅法を最捷径《さいしようけい》ならんと思うなり」(書簡三四)と書いて、参禅を精神統一にいたる近道と見なしていたのが、同三十四年の日記には、「参禅の要は実地の辛苦であり、人往々禅をもって他に資せんと欲す、大なる誤りなり。参禅の眼目は生死解脱にあり、この外他事あるなし。余も自ら省《かえり》みて大いに感ずるところあり」と記して、禅を人生の目的そのものと考えるようになり、さらに同三十五年の鈴木大拙宛の書簡には、「余は独参しても仕方なき様に存じ候。唯一心に公案を参究し日常の間に力を尽せば自ら悟る時あらん。和尚公案を許したりとて自分にて不満足なれば何の功もなし」(書簡四二)と書いて、見性よりも参禅そのものを目的と考えるようになっている。われわれは、そこに参禅に対する西田の理解の進展を見ることができるであろう。

さて、大徳寺の広州老師のもとで「無字」の公案を透過したのち、西田の関心は次第に学問の方に移っていった。また、西田自身、自分の天分は学問にあると感ずるようになったようである。当時、アメリカにあって禅の普及に尽力していた鈴木大拙に宛てて、「余は宗教的修養は終身之をつづけるつもりだが、余の働く場所は学問がもっとも余に適当でないかと思う」（書簡五五）と書き送っている。

実際、明治三十八年頃から、心理学や倫理学の講義草案が書き始められ、同四十年には、それが『西田氏実在論及倫理学』という題名で印刷され、（生徒たちに）配布された。西田の講義は難しく、高等学校の生徒にはなかなか理解できなかったので、生徒の代表が西田の講義ノートを借り受け、それを印刷して全員に配ったということである。それが後の『善の研究』の基になった。したがって、西田の三十代前半のハイライトが見性体験であったとすれば、その後半のそれは『善の研究』の原稿の完成であったといえるであろう。しかも両者は別々のものではなく、『善の研究』は、いわば西田が彼の見性体験で会得したものを哲学的に表現しようとしたものであった。

『善の研究』の具体的内容については後に詳しく検討することにして、ここでふたたび西田の経歴に戻ってみよう。

明治三十二年七月、第四高等学校の校長に転じた北条時敬の招聘《しょうへい》によって、西田は同校教授として金沢に戻ってくる。以後、十年間、主としてドイツ語の教師として奉職する。この時期は、西田にとって心身ともに良き時代であったようである。後年、西田自身、「金沢にいた十年間は私の心身ともに壮《さかん》な、人生の最もよき時であった。多少書を読み思索にも耽った私には、時に研究の便宜と自由とを願わないこともなかったが、一旦かかる境遇に置かれた私には、それ以上の境遇は一場の夢としか思えなかった」(「或教授の退職の辞」)と追懐している。

しかしながら、明治三十五年、北条は広島高等師範学校の創立とともに、校長として転任し、代わって吉村寅太郎が校長として赴任してくるが、西田はこの吉村と反《そ》りが合わず、学校の教育方針をめぐってしばしば対立した。吉村という人は大変な宗教嫌いで、西田が生徒たちに宗教とくに禅の精神を鼓吹するのを好まなかったようである。また、この頃、西田は肋膜炎を患い、そのためたびたび学校を休まざるをえなかった。このため、校長から嫌味をいわれ、日頃の不満と重なって、すっかり四高に嫌気がさし、本格的に転任運動を始めるようになった。それには、当時の四高の同僚が次々と広島高師や学習院や京大に転任していったことも関係していたようである。もっと学問に没頭できる環境をもとめたように思われる。

こうして、三高、真宗大学(現在の大谷大学)、一高、東大等の就職の話がいずれも不首尾に終わった末、かつての四高の同僚であった上田整次の計らいで、明治四十二年、学習院にドイツ語の主任教授として赴任することになり、またその一年後、松本文三郎の斡旋で、京都帝国大学文科大学の助教授（倫理学担当）として京都に赴任することになった。

京都帝国大学教授時代

京都に移ってからの西田の人生は、少なくとも外見的には順調であったといえよう。赴任して三年後の大正二（一九一三）年には教授となり、以後、昭和三（一九二八）年、停年退職するまでの十五年間、京都帝国大学哲学科主任教授として、いわゆる「京都学派」の基礎をつくった。西田が赴任した当時の哲学科のスタッフは桑木《くわき》厳翼《げんよく》を主任教授として、松本文三郎（インド哲学）、松本亦太郎（心理学）、朝永《ともなが》三十郎《さんじゅうろう》[5]（西洋哲学史）、藤井健治郎[6]（倫理学）、深田康算《やすかず》[7]（美学）、狩野直喜[8]（中国哲学）などであったが、桑木に代わって西田が主任教授になってからは、天野貞祐《ていゆう》[9]、植田寿蔵《じゅぞう》、久松真一、山内《やまのうち》得立《とくりゅう》などを育てるとともに、広く人材を世にもとめ、波多野精一[10]、田辺元《はじめ》[11]、和辻哲郎[12]、九鬼周造[13]らを招いた。これらの人事は西田の人を見る目の確かさと私心のなさをよく示している。この点については、西田の人柄とあわせて、後にあらためて触れることにしたい。

西田個人のことについて見てみると、この時期は西田にとって比較的平穏無事な時期であったといえる。とくに学問的には順風満帆といってもいいかもしれない。京都に移った翌年（明治四十四年）、処女作『善の研究』を出版。四年後の大正四年には『思索と体験』を刊行。また、大正二年から同六年まで、『自覚に於ける直観と反省』という題のもとに、一連の論文を断続的に発表し、それをまとめて同じ題名で出版した。西田の第二の主著である。

『善の研究』が西田の三十代後半の思索の成果であったとすれば、『自覚に於ける直観と反省』は彼の四十代半ばの思索の成果であったといえるだろう。西田哲学には、その時々の西洋の流行思想を取り入れ、またそれと対決することをとおして自分の思想を形成し展開していくという一貫したスタイルが見られるが、そのような性格はとくにこの著作において顕著である。また、この著作には西田の粘り強い性格がよくあらわれている。

『自覚に於ける直観と反省』において示された「自覚」の思想は、その後、『意識の問題』(大正九年)、および『芸術と道徳』(同十二年)において、さらに深められていった。

ところで、昭和二年、すなわち停年の前年に、西田は第三の主著『働くものから見るものへ』を刊行し、その「後編」において、いわゆる「場所」の論理を提唱している。ここでいう「場所」とは、あらゆる自覚が成立する「場所」、すなわちあらゆる自覚の根底であり、根拠である。「場所」の思想については、後に詳しく考察することにするが、この「場所」の概念の発見によって、ようやく西田は自分のもとめていた究極的な立場に到達する。彼は弟子の務《む》台理作《たいりさく》(14)に宛てて、「私は之によって私の最終の立場に達したような心持がいたします」と書き送っている。

「場所」の概念に西田独特の思想が含まれていることは疑いえない。実際、これ以後、彼の思想は「西田哲学」という固有名詞で呼ばれるようになった。「自覚」は西田哲学の中心概念であるが、真の自覚はいっさいの自覚を成立させる場所自身の自覚でなければならない。これがいわゆる「絶対無の自覚」と呼ばれるものである。

このように、西田は京都帝国大学在職中の大半を「自覚」の思想の形成と発展に注ぎ、その最後の数年間に、彼固有の論理である「場所」の論理を展開した。そして、この「場所」の思想の発展と完成は彼の停年退官以後の仕事になった。

したがって、おおまかにいえば、西田の京都帝国大学在職の時期は彼自身の思想の基礎づくりの時期であったといえるだろう。そして、前述したように、その道程は外面的には順風満帆であったように見えるが、その内実は、紆余曲折をきわめた苦難の道であった。この点に関して、西田は、『自覚に於ける直観と反省』の序で、「この書は余の思索における悪戦苦闘のドッキュメントである。幾多の紆余曲折の後、余はついに何らの新しい思想も解決も得なかったといわなければならない」と告白し、また『意識の問題』の序で、「この書、固《もとより》一つの習作にすぎない。思想の未熟なるは云うまでもなく、あるいは前後一致しないようなところもあるであろう。偏《ひとえ》に読者の同情ある理解を冀《こいねが》うのである」と記している。

また、西田は、彼の最終的立場である「絶対矛盾的自己同一」の論理に到達した『哲学論文集　第三』（昭和十四年）の序において、「一つの哲学体系が組織せられるには、論理がなければならない。私はこの問題に苦しんだ。そして之に手がかりを得たのが、『場所』の論文であった」と書いている。このように、「純粋経験」の立場から「自覚」の立場をへて「場所」の立場に至る道のりは、きわめて険しく困難な道のりであった。

およそ一つの思想が形成されるには、程度の差こそあれ、このような産みの苦しみをへなければならないといえるであろう。しかし、西田の思想形成の苦しみは単に西田幾多郎という一個人の思想の「産みの苦しみ」であったのではなく、同時に哲学がいわば日本という土壌に根づくための「産みの苦しみ」でもあったのである。いいかえれば、それは日本における哲学の最初の体系者として、西田という人間が運命的に背負わなければならなかった二重の苦しみであったのである。われわれはこの点を特に留意しなければならないであろう。

第2回　西田幾多郎――人と思想(2)

人生は悲哀である

金沢時代に続いて京都時代においても、西田の家庭生活ないしは個人的・内面的な生活は依然として暗く陰鬱なものであった。彼は肉親とのたびたびの別れを経験している。

まず、大正七（一九一八）年、母寅三《とさ》が亡くなった（享年七十七歳）。寅三は西田がもっとも敬愛する女性であり、また西田のもっともよき理解者でもあった。彼女は学問に対して一途の憧憬をもっていた人で、一家の破産の際に、なお工面をして西田を東京に遊学させたほどの人であった。彼女は息子の、学者としての才能を疑わず、終生、息子のことを誇りとしていたようである。また、西田の方も、このような母親をこよなく愛し、京都に移ってからも毎年帰省して病弱な母を見舞うことを欠かさなかった。寅三は、西田が学者として大成することを心から願い、西田は寅三の期待に応えようと励んでいたので、この母を失ったことは西田にとって、ただ単にひとりの肉親を失ったということ以上に悲しい出来事であったように思われる。

母寅三が亡くなってから二年後、大正九年、長男謙が腹膜炎を起こして入院。二ヵ月後の同年六月、この世を去った。享年二十二歳であり、同年に三高を卒業して大学に入る矢先のことであった。この長男の死は、西田にとってはあまりにも大きな痛手であったと思われる。寅三の場合は、死の数年前から病弱であり、また高齢でもあったので、その死はある程度は予期されていて、たしかに悲しくはあったが、それほど強い衝撃はうけなかったと思われる。しかし、謙の場合は、まだ二十歳を過ぎたばかりの強健な青年であり、また西田家の跡取りとして多大の期待をかけていただけに、そのいかにも唐突な死は、西田にとって堪えがたい衝撃であったと推察される。

西田は当時の心境を多くの和歌に託して詠《よ》んでいる。また、日記には、たびたび長男の夢を見たという記述が見られる。西田の日記はメモ程度の簡潔なものであるが、その短い言葉のなかに、かえって西田の限りない悲しみと情愛が込められているようである。謙の一周忌に際して、田辺元に宛てた書簡には、「空にかがやく無数の星、廻り廻る月と日、宇宙は永遠なるべけれど亡《う》せし一つの小さき魂も再びこの世に現わるべき術《すべ》も之《これ》なく候」（書簡二四四八）と、やるせない胸の内を綴っている。西田は、すでに明治四十年に、次女幽子と五女愛子を相次いで亡くしているので、この度の長男謙の死により、三人の子供に先立たれたことになる。

さて、話は前後するが、長男謙が亡くなる前年（大正八年九月）、妻寿美《ことみ》が脳溢血で倒れた。そして、以後、五年余の間、病床に伏す身となった。また同十年五月頃から三女静子が肺結核にかかり、入退院を繰り返した。さらに、追い討ちをかけるように、翌十一年には四女友子、六女梅子が腸チフスにかかっている。とくに友子の病状は悪く、その後長らく入院を余儀なくされている。このように、西田は、母親と長男を亡くした上に、同時に四人の病人をかかえる身となった。しかも、この内、妻寿美は回復の見込みなく、また友子は終生足が不自由になるか精神に異常を来たすかの岐路に立たされた。田辺元は、この頃の西田の境遇を、「まるで聖書のヨブのようだ」と漏らしたということであるが、その言葉のとおり、西田の身辺は深い悲しみと苦悩に包まれていた。西田自身、旧友山本良吉宛の手紙のなかで、「人生というものは唯苦労の連続と思われます」(書簡三二七)と書いている。それが当時の西田の偽らざる心境であったのではないだろうか。

西田は、ある著作のなかで、「古来、哲学と称せられるものは、何等かの意味において深い生命の要求に基づかざるものはない。人生問題というものなくして何処に哲学というべきものがあるであろう」(「生の哲学について」)と書いているが、それは彼の深い体験からほとばしり出た真実の言葉のように思われる。

西田は生涯、和歌を作りつづけたが、この頃作った和歌には、当時の西田の心境を反映しているのか、人生の悲哀を詠《うた》ったものが多く見られる。そのいくつかを紹介しておこう。

妻も病み子等亦病みて我宿は夏草のみぞ生ひ繁りぬる

しみじみと此人生を厭ひけりけふ此頃の冬の日ごと
子は右に母は左に床をなべ春はくれども起《た》つ様もなし
かくてのみ生くべきものかこれの世に五年こなた安き日もなし

深まる宗教的境涯

ところで、このような暗澹《あんたん》たる状況において西田の宗教的意識はますます深められていったように思われる。この頃、西田はもはや以前のような只管打坐《しかんたざ》[15]の生活をしていたわけではなかったようであるが、家庭内の相次ぐ不幸を経験することによって、「人生は悲哀である」という意識をますます強くしていったのではないだろうか。そして、持ち前の強靱な思索力でもって、このような意識を深く掘りさげ、ついにはその根底を洞察したのではなかろうか。

鈴木大拙は「彼（西田）が内面的生活において最も記念すべき年は大正十二年、彼が五十三の春を迎えたときであろう」（西田静子編『父西田幾多郎の歌』序）、と推測している。この年には、右に紹介したような人生の悲哀を詠った歌に並んで、次のような宗教的境涯を詠った歌が見られる。

我心深き底あり喜も憂の波もとどかじと思ふ

夜もすがら争ひあひし鬼と仏あくれば同じ兄弟の中
かにかくに思ひし事の跡絶えて唯春の日ぞ親しまれける
世をはなれ人を忘れて我はただ己が心の奥底に住む

とくに第一句と第四句にある「深き底」「奥底」という言葉は深い宗教的自覚を暗示しているように思われる。おそらくそれは通常の心の最深部にある真実の心のことをいっているのであろう。鈴木大拙は、この時期に、西田はよく「今までの用語では全く用をなさないものが出てきた」（同）と語っていた、と伝えている。いわゆる「場所」の論理が展開されるのはこの頃からであり、それはきわめて宗教的な色彩の濃い、鈴木大拙の用語を借りていえば、「霊性的自覚⒃」の論理であった。西田はこのような逆境にあって、人生の悲哀をなめつくし、しかも、

われ未だ此《この》人生を恋ゆるらし死にたくもあり死にたくもなし

という心境において彼がつかんだ底のものを、哲学的な論理でもって究め尽くそうと決意したのだといえるであろう。この頃、西田が詠んだ歌、

愛宕《あたご》山《やま》入る日の如くあかあかと燃し尽くさん残れる命

は、このような西田の決意を端的に表現していると思われる。それは悲哀の意識における哲学者としての西田の決意を詠ったものである。

大正十四年一月二十三日、妻寿美は五年におよぶ病床生活の末、死去した。享年四十九歳であった。西田の日記を見ると、一月十九日、「寿美発熱四十度」、同月二十二日、「寿美昨夜より具合わるし」とある。この頃、急に容態が悪化した様子で、翌二十三日の夜八時過ぎ息を引きとった。同月二十五日の日記には「三十年生を共にし彼女は小壺中の白骨となって帰り来る」と記されている。何の変哲もない、この短い言葉の内に、かえって西田の万感の思いが込められているように思われる。人一倍喜怒哀楽の激しかった西田にとって、覚悟していたとはいえ、妻の死は大きな悲しみであったにちがいない。自分の身体の一部をもぎとられたような気持ちだったのではないだろうか。妻の死から五日後、弟子の久松真一に宛て、「荊妻《けいさい》今日の事あるは昨年来覚悟いたし居り今更心を動かす様なこともないと思います。しかし今は我家という如きものが消え失せて遠き国にさまよう旅人の様な心持ちがいたします」（書簡三六八）と書いている。寂然《せきぜん》とした心境がよくあらわれている文面である。また、当時、西田が詠った和歌、

冬の日の影うすらなり幾年かこやしし妻のみまかりし閨《ねや》
人は皆幸ありげなりこの思ひ誰と語らむ物足らぬ世や
果てしなき思ひにふけり夢のごと今日もかくして日はくれにける

はいずれも伴侶を亡くした西田の寥々《りょうりょう》とした心境が詠まれている。この後、七年の間、西田は厳しい冬の時代を堪えていかなければならなかった。

再婚と春の訪れ

さて、前にも触れたように、西田は昭和三（一九二八）年八月、京都帝国大学を停年退職した。通常、停年を迎えるということは老後を迎えるということ、あるいは功成り名遂げて悠々自適の生活に入るということを意味するであろう。しかし、この意味では、西田には停年というものはなかった。彼は、生涯、求道者であり、真理の探究者であった。弟子の高坂《こうさか》正顕《まさあき》(17)によると、西田は、弟子たちの彼への記念論文集の献呈を、「論文はこれから自分が書くのだから」といって辞退したという（『西田幾多郎先生の生涯と思想』）。実際、日記に「哲学概論を終る、これにて義務講義は終了か。心身の軽きを覚ゆ。今後は全く一私人となって唯だ吾思想の発展に従事」とあるとおり、停年退官以後、西田は彼固有の論理である「場所」の論理の発展と完成に没頭した。こうして昭和五年には『一般者の自覚的体系』が、また同七年には『無の自覚的限定』が刊行された。両書は姉妹編ともいうべき著作であるが、両書をもって場所の論理は一応の完成をみる。『一般者の自覚的体系』と『無の自覚的限定』はいずれも形而上学的、宗教的色彩のきわめて強いものであった。とくにそこでさかんに論じられている「絶対無の自覚」という概念は、後に検討するように、色即是空・空即是色(18)の宗教的境位を表現したものである。そして、このような境位の強調は、いくぶんか当時の西田の陰鬱な家庭生活を反映しているように思われる。

大正十四年一月に妻寿美が亡くなってから、昭和六年十二月、山田琴と再婚するまでの約七年間、西田家には主婦はおらず、また主婦に代わるものもいなかった。西田にとって停年後の主婦のいない家庭生活はどんなに淋しく侘《わび》しいものであったことだろう。西田はこの頃の心境を次のように和歌に託して詠っている。

五月雨《さみだれ》のけはひは去らず初夏の夕はさぶし人し思ほゆ
でで虫の身は痩せこけて肩書の殻のみなるを負へる我はも
かの椅子によりて物かき此床に入りて又ふす日毎夜毎に
この頃の心よわさよ丈夫《ますらお》と思ひし我も老いにけるかな

これらの和歌は、年老いてお互いにいたわりあい慰めあう伴侶のいない寂しい生活をよくあらわしている。主婦のいない家庭はどんなに味気なく、また温かみを欠いていたことであろう。そしてそれは、元来、人一倍感受性の強い鋭敏な西田にとってどんなに堪えがたかったことであろう。西田は次第に再婚を真剣に考えるようになった。また、それには子供たちの行く末がほぼ確定したということも一つの理由になっていたと思われる。

西田には二男六女の子供があった。この内、長男謙と次女幽子および五女愛子が早世したことはすでに触れた。残る五人の子供の内、長女の弥生は大正八年に、次男外彦は同十三年に、それぞれ結婚し、独立した家庭をもっていた。したがって、妻寿美の死後、西田の手許には静子、友子、梅子の三人の娘が残された。そして、この三人の年頃の娘の行く末が西田のあらたな悩みの種になったようである。

もともと西田は世俗的なことには不器用であり、いままではいっさいの世事を妻の寿美にまかせっきりにしていた。しかし、妻の亡くなった今、否が応でも西田自身が不慣れな世事に関わらざるをえなくなった。とくに残された三人の娘の結婚のことでは、いろいろと苦労もし、恥も凌《しの》いだようである。面子《メンツ》を捨て、身を低くして、友人や知人や弟子たちに結婚話の仲介を依頼している。しかし、どの話もなかなか思うように運ばなかった。

もつまじきものの多かる世の中にもつまじきもの女子にこそ

という和歌は、当時の西田の心境を率直に表現している。

三人の内、最初に話が進んだのは末っ子の梅子であった。梅子は昭和三年に東京女子大学に入学していたが、出隆《いでたかし》[19]の仲介で金子武蔵《たけぞう》[20]と結婚話がまとまり、同七年に晴れて結婚した。また、四女友子は鈴木大拙の仲介で横浜在住の画家小林全鼎と結婚（同五年）した。残る三女静子は結核を患い、また生まれつき身体が虚弱であったので、ついに彼女をずっと手許におくことに決意した。こうして三人の娘の行く末が一応決まると、西田は急激に現在の生活の空虚さを感ずるようになり、再婚を真剣に考えるようになったようである。

昭和六年十二月、西田は岩波茂雄[21]の仲介で、当時津田英学塾で教鞭を取っていた山田琴と再婚した。この結婚は、当初、必ずしも近親者に祝福されたわけではなかったようであるが、以後の西田の、とくに学者としての生涯にとっては計り知れないプラスとなった。彼はふたたび家庭内のこと、世俗的なことをいっさい妻にまかせて、思索に没頭できるようになった。弟子の木村素衛《もともり》に宛てて、「どうかできるだけいろいろのSorge「心配事——引用者」を離れて（もう老年ながら）今後の幾年を仕事の方に没頭いたしたいと思っています」（書簡七一二）と書き送っている。そして、この言葉どおり、再婚後、『無の自覚的限定』所収の後半の諸論文が次々と書かれ、また昭和八年には『哲学の根本問題』が、翌九年には『哲学の根本問題　続編』が、さらには翌十年には『哲学論文集　第一』が刊行された。こ

うして、

　朝におもひ夕におもひ夜におもふおもひにおもふわが心かな

の歌のとおり、思索三昧の生活が営まれていった。

　また、時期的には若干前後するが、当時、マルクス主義が急速に流行し、西田の弟子のなかからも、三木清[22]や戸坂潤[23]のような逸材がさかんにマルクス主義を説いた関係で、西田もマルクス主義に関心を持たざるをえなくなった。「此頃屢々《しばしば》マルキスト来りマルクスを論ず」と前書きして詠った、

　夜ふけまで又マルクスを論じたりマルクスゆゑにいねがてにする

という和歌は当時の学界の様子をよく物語っている。西田の著作が弁証法的性格を顕著にし、また西田が歴史や実践に関心をもつようになったのは、このような時代的背景によるものと考えられる。実際、西田哲学はこの頃から、以前の形而上学的・宗教的性格を脱皮して、弁証法的・歴史的形成的性格を有するようになっていった。

西田の晩年と太平洋戦争

しかし、西田が家庭的にようやく平穏な生活を楽しむことができるようになったとき、皮肉なことに、今度は家庭外すなわち日本をとりまく世界情勢が日増しに緊迫の度を増していった。昭和十一年の二・二六事件[24]に始まり、翌十二年の盧溝橋事件の勃発、十三年には国家総動員法[25]が成立し、翌十四年、第二次世界大戦が勃発、十五年、日独伊三国軍事同盟の調印、十六年、治安維持法[26]の改正、太平洋戦争の勃発等、世界は次第に暗く重苦しい時代に突入していった。そして、西田も否応なく、このような時代の波に呑みこまれていかざるをえなかった。

すでに昭和十年、日本の指導的哲学者として西田は文部省教学刷新評議会[27]の委員を委嘱され、当時の国体明徴運動[28]に加担するよう圧力を受けていたが、(西田が京都大学での身許保証人であった)近衛文麿[29]が首相になってからは、自分の意志に反して政治の中枢へと巻きこまれていった。もともと西田は生粋の文化人であって、どうみても政治的なタイプの人間ではなかったが、学界に占める彼の位置、周囲の人間関係等、諸般の事情と、日本のファッショ化を防ごうという彼の個人的な意図も手伝って、西田は、昭和十五年には『日本文化の問題』を、翌十六年には「国家理由の問題」を書き、また十八年には国策研究会[30]の求めに応じて「世界新秩序の原理」を執筆した。

西田は戦争に協力したわけでも、賛成したわけでもなく、つねに当時の為政者と軍部の考えを道義的に正そうとしたが、当然のことながら、当時の国粋的・全体主義的な体制化においては彼の企図は実現されることはなかった。

また、この間、西田の身辺にはいくつかの不幸があった。昭和十六年、四女友子が死去した。既述したように、チフスの後遺症で精神的疾患をかかえていた友子は、画家小林全鼎との結婚に失敗した後、京大附属病院に入院中であったが、七年間もの闘病の後、この世を去った。

同年十月、西田はリウマチを患っている。もともと西田は身体的には剛健とはいえず、三十代の頃、しばしば肋膜炎で苦しんだが、この度のリウマチはなかなかの難物で、約十ヵ月の間病臥し、その間執筆が不能となった。高齢の身の上に、ますます暗くなりつつある世相のもとでの闘病生活は、西田にとってかなりこたえたものと思われる。

西田のリウマチは翌十七年の後半にようやく快方に向かい、ふたたび執筆活動が開始された。十八年には「知識の客観性について」「自覚について」が発表され、翌十九年には「論理と数理」「デカルト哲学について」「予定調和を手引きとして宗教哲学へ」「生命」等が発表され、二十年には「数学の哲学的基礎づけ」「場所的論理と宗教的世界観」が脱稿された。長い闘病後、まるで堰《せき》を切ったかのように次から次へと考えが浮かび、「書けて書けて仕方がなかった」と弟子たちに漏らしたそうである。

大患後のこれらの著作に共通しているのは、それらがいずれも宗教的色彩を色濃くしていることである。それは「場所的論理と宗教的世界観」や「予定調和を手引きとして宗教哲学へ」はもちろん、「物理の世界」や「論理と数理」のような、一見、宗教とは無関係なテーマをあつかっている論文でさえ、その結末の部分は一種の宗教論でもって閉じられている。

西田哲学は、全体としていえば、一種の「宗教哲学」であるといえるが、そのなかでも西田がとくに宗教に傾斜した時期は三度あった。『善の研究』の時期、『一般者の自覚的体系』および『無の自覚的限定』の時期、そして晩年の「場所的論理と宗教的世界観」の時期である。この内、最初の二つの時期は、主として西田の個人的・内発的な動機によるものであった。すなわち自己の内的な衝迫とその解決という課題にもとづくものであった。しかし、最後のそれはむしろ外発的・時代的な動機にもとづくものであったといえる。そして、この時期の西田の宗教論の特徴は、一言でいえば、それまでの自力的・禅宗的な宗教論ではなく、他力的・浄土系的宗教論(31)であったことである。この時期、西田の心をとらえたのは親鸞《しんらん》の末法思想であり、悪人正機《あくにんしょうき》(32)の説法であった。われわれはそこに、西田の深い絶望と挫折感を感じとることができるであろう。

昭和二十年二月、長女の弥生が死去した。西田はそれまでに四人の子供を亡くしていたが、この弥生の突然の死は、西田にとって非常なショックであったようである。西田はその悲しみを率直に「上田弥生の思出の記」に綴っている。

同年六月に入って西田は身体に不調をおぼえるようになり、医師の診察を受けていたが、六日の午後になって容態が急変し、翌日早朝、逝去した。享年七十五歳であった。その最後の最後まで日本の行く末を深く憂慮しながら、ついに自分の目で終戦を見届けることなく、この世を去っていった。書斎の机上には「私の論理について」という題の数枚の原稿が残されていた。それは、東洋的ないし日本的な物の考え方や感じ方の論理化に、その生涯を捧げた西田幾多郎という思想家の未完の遺言ともいうべき内容のものであった。

第3回　西田哲学の性格(1)――二元論の否定

西田幾多郎が彼の処女作『善の研究』（明治四十四年一月刊）の前身である第四高等学校の講義ノートを作り始めたのは明治三十七年（三十四歳）の頃であった。また、彼の遺稿「場所的論理と宗教的世界観」を脱稿したのは昭和二十年四月（七十五歳）のことであった。この四十余年にわたる西田の長い思索の過程で、彼の哲学は少しずつ変化し発展していったが、しかしそこには終始一貫して変わらない要素があった。その表現の仕方や重点の置き方に多少の違いはあっても、あるいはそこで取りあげられている西洋の思想や思想家に多少の異同はあっても、西田哲学には、そのどの時期にも共通して見られるいくつかの基本的な性格がある。

これから西田哲学を、その生成と発展の過程に沿って、順に考察を進めていくが、それに先立って、西田哲学の基本的な性格を三点ほどに分けて予め検討しておくのが便利だと思われる。

主観と客観の区別の否定

西田哲学の基本的な性格として、第一にあげられるのは、あらゆる二元論的思考の排除という性格である。もともと禅仏教は「分別」[33]を嫌うが、西田哲学には一切の分別を超えた（あるいは分別が生ずる以前の）根本のところからものを見、ものを考えようとする一貫した姿勢が見られる。例えば、彼の処女作『善の研究』の中で説かれている「純粋経験」というのは、主観と客観、あるいは意識とその対象が未だ分離していない、意識の統一的状態のことである。通常、われわれは一方に精神や意識の世界が存在し、他方に自然や物質の世界が存在すると考えているが、西田によれば、そのような二元論的な世界観は抽象的なものの見方にすぎないのであって、具体的な世界は主観と客観、精神と自然、意識と物質といったような区別以前の（あるいは区別を超えた）純粋経験の世界である。

もちろん西田は事物に主観的な要素と客観的な要素があるということ、精神的な要素と物体的な要素があるということは認める。それは疑いえない明白な事実である。しかし、彼は精神と物体がそれぞれ独立した二つの実在（実体）であるということは否定する。精神と物体はけっして独立した実体ではなく、それらは唯一実在の二つの要素であり、側面であり、機能にほかならないというのである。

西洋近代の伝統的なものの見方は二元論[34]であった。それはデカルト[35]の「我思う、故に我あり」という言葉に端的に示されているように、考える我（自我）を実体と見て、これを世界の外に置き、いわば世界の外から世界を客観的に考察しようとするものであった。カント[36]の認識理論[37]はこのような考え方を徹底させたもので、近代の自然科学もこのような二元論的世界観の基礎の上に構築されている。また、今日、それが通俗的・常識的なものの見方にもなっている。

しかし、西田の考えでは、もともと「われわれは世界の中で生まれ、世界の中で働き、世界の中で死に行く」のであって、世界の外に立つなどというようなことは不可能である。われわれは世界の中にあって、「世界の中から世界を見ている」のであり、「世界の外から世界を見ている」わけではない。したがって、「世界の外から世界を考察する」などということは抽象的なものの見方にすぎない。初期の「純粋経験」にあたる思想は、後期においては「行為的直観」の思想として展開されるが、その根本精神は内と外との区別を否定して、内なるものがすなわち外なるものであり、外なるものがすなわち内なるものであること（内即外・外即内）を説いたものである。

「見るもの」（主観）と「見られるもの」（客観）を分離して、いわば世界の外から、（自分とは異なったものとして）世界を見るという二元論的な考え方は、どうしても人間本位の自己中心的なものの見方になりがちである。そして、このような人間中心的なものの見方によっては、例えば地球環境の問題を真に解決することはできない。環境の外から（単なる利用の対象として）環境を見るのではなく、むしろ自分自身が環境の中に入っていって、いわば環境の中から環境を考えるときに、環境問題の真の解決が見いだされるのではないだろうか。それが西田のいう「純粋経験」の思想であり、「行為的直観」の思想である。

「行為的直観」については、後に詳しく論ずる機会があると思うが、ここでは一つの具体例でもってその内容を示しておきたい。例えば、画家がある対象を見て感動し、それを描きたいという欲求が生じたとき、その対象はもはや画家の外にあるものではなく、いわば画家の内に宿って、画家の内からその表現を迫るものとなっている。また、画家が描いた絵は独立した作品として一人歩きを始めるが、しかしその絵はいわば画家の分身であり、画家の本質が対象化され象徴化されたものである。画家はその絵の中に自分自身を見るのである。したがって、そこには、外なるものが実は内なるものであり、内なるものが実は外なるものであるという関係が見られる。

一と多（普遍と個）の区別の否定

こうして西田は主観と客観（精神と自然）、内と外（主体と環境）といった二元論を否定する。しかし、西田が否定するのは単にこのような主観と客観、あるいは内と外の二元論だけではない。同時に彼は個体と普遍、多と一の二元論をも否定する。

例えば、西田は個々の純粋経験の背後（もしくは根底）には、一種の普遍的な意識が存在すると考えた。そして、個々の純粋経験はこの普遍的な意識の一要素もしくは発展段階であると考えている。宇宙の根底には根源的統一力（神）があり、個々の純粋経験はこの根源的統一力の顕現であるともいっている。あるいはまた、それをインド哲学の「梵我《ぼんが》一如《いちにょ》」（38）という言葉でもってあらわしてもいる。

このような思想は、後期の西田哲学においては、「個物と個物の相互限定即一般者の自己限定」という定式であらわされるようになった。この定式は少々難解であるが、その精神は、多数の個物と個物が相互に限定しあうことによって進展していくこの歴史的現実界は、これを世界の方から見れば、一なる世界が自己自身を限定していく世界であるということである。要するに、多数の個物が相互に働きあうということは一なる世界自身が働くということであり、また反対に一なる世界が働くということは多数の個物が相互に働きあうということである、ということなのである。

このことは手と指の関係で説明すると解りやすい。手と五本の指の動きはまったく別のものではない。手が動くということは指が動くということであり、指が動くということは手が動くということである。例えば、一つの指が動くとき、その指の動きは必ず他の指の動きに影響をあたえる。したがって、一つの指が動くとき、ただその指だけが動くのではなく、それによって同時に他の指も動くのである。すなわち五本の指は相互に限定しあう。そしてそれが、手が動くということの意味である。すなわち「個物と個物の相互限定即一般者の自己限定」である。このような考えは「世界が自覚する時、我々の自己が自覚する。我々の自己が自覚する時、世界が自覚する。我々の自覚的自己の一々は、世界の配景的一中心である」（「自覚について」）という言葉に端的に表現されているといえるであろう。

しかし、いきなりこのようにいわれても、それはあまりに常識に反しているので、なかなか理解しがたいと思われる。そこで、西田の考えが容易に理解できるよう、一つの比喩でもってこれを説明してみよう。

いま海面上に二つの岩が突き出ているとする。その二つの岩は、その大きさも違っていれば、その形も違っている。明らかに両者は異なった二つの岩であり、誰もそれを同じ岩だとはいわないであろう。

しかし、これを海底から見ればどうであろうか。海底から見れば、この二つの岩は繫がっている。最初、違った二つの岩と見えたものは、実は同じ岩の二つの部分であることがわかる。実際、満潮の時には二つの別の岩に見えたものが、潮が引いてくると同じ岩の二つの部分であったというような経験を、誰もが持っているであろう。

したがって、問題はわれわれがどの視点からものを見るかにかかってくる。海面から上だけを見れば、二つの異なった岩が存在するといえるが、これを海底から見れば、あるのは全体としての岩で、最初、二つの岩と見えたのは、実は同じ岩の二つの部分であったことがわかる。

一般の見方に反して、西田は海面レベルのものの見方を抽象的と考え、海底レベルのもののの見方を具体的と考えた。個体（自己）の方からものを見るのではなく、反対に普遍（世界）の方からものを見ようというのである。そうして前者を後者の要素ないし顕現として考えようというのである。そこには、われわれの通俗的な固定観念を破ろうとする意図がうかがえる。とかく、われわれは目に見えるものを実在と考えがちであるが、西田はむしろ目に見えるものの奥底にある目に見えないものを根本的な実在と考えている。

このように西田は主観と客観（内と外）の二元論を否定するばかりでなく、個体と普遍（一と多）の二元論をも否定する。それどころか、さらに彼は、現実と理想あるいは事実と当為[39]の二元論をも否定する。

現実と理想の区別の否定

一般に、西洋の伝統的な考え方は現実と理想、事実と当為を分ける傾向がある。例えば、プラトン[40]は感覚によって把握される現実の世界と理性によって把握されるイデアの世界を分けた。イデア（idea）というギリシア語は、「理性（ノエシス）によって直観されたもの」というくらいの意味であるが、プラトンはこのようなイデアの世界すなわち理想的な世界は、単なる観念的な世界ではなく、現実の感覚的世界を超越したところに実在すると考えた。そして、感覚的世界は不完全で可滅的な世界であるのに対して、イデアの世界はまったく完全かつ永遠なる世界であり、現実の感覚的世界はイデアの世界の影像もしくは模像にすぎない、したがってわれわれはすみやかにこの感覚界から離脱してイデア界を観想しなければならない、と説いた。このような二世界論的な考え方はアウグスティヌスの[41]「地上の国」と「神の国[42]」という思想、あるいはまたカントの「自然的世界」と「叡智的世界[43]」(目的の王国)という思想に、その形を変えてあらわれている。

しかし、西田は一貫してこのような二元論を否定している。彼は現象の世界を超越したところに実在の世界があるという二世界論的な考え方を否定し、現実の世界がそのまま実在の世界である、すなわち現象即実在であるといい、またしばしば自分の哲学的立場を現象即実在論と称している。伝統的に西洋の哲学は現実の世界の背後に、あるいは現実の世界を超越したところに実在の世界を考える傾向がある。このような考え方を二世界論とか、背後世界論とかいうが、西田哲学は現実の世界すなわち現象界を唯一の実在界と考える。

西田は、ある講演のなかで、「我々の最も平凡な日常の生活が何であるかを最も深く摑むことによって最も深い哲学が生れるのである」(講演「歴史的身体」)といっているが、彼の確信するところでは、日常的世界が唯一の実在的世界であって、この日常的世界を超えて別に理想的世界があるわけではない。この意味では、彼はいわゆる彼岸の世界や超越的世界の存在を否定する。しかし、一方、西田の考えでは、この日常的世界はいわば無限に深い奥行をもっていて、われわれの意識や自覚が深まれば深まるほど、その自覚の深さの程度に応じて、深遠な姿をあらわしてくるのである。

仏教ではよく煩悩《ぼんのう》即涅槃《ねはん》、穢土《えど》即浄土《じょうど》ということをいう。その意味は、煩悩[44]の世界を離れて涅槃[45]の世界があるのでも、この穢土[46]を離れて浄土[47]があるわけでもなく、煩悩の世界がそのまま涅槃の世界であり、この穢土がそのまま浄土なのだということである。同じものを見ても、大人と子供ではまったく違って見え、大人から見れば何の変哲もないものが、子供にとっては非常に恐ろしいものに見えたり、また反対に非常に魅惑的なものに思えたりするように、まったく同じ世界が、ある人にとっては煩悩の世界（穢土）と映り、他の人にとっては涅槃の世界（浄土）と映るということであろう。この意味では、たしかに「一切唯心造《いっさいゆいしんぞう》」[48]であるといえよう。われわれの意識から独立してものがあるのではなく、すべてのものはわれわれの意識の反映なのである。

西田哲学は、どの時期においても、種々の世界とその相互の関係を論じている。しかし、正確にいえば、西田哲学においては、種々の異なった世界があるのではなく、相互に重なりあった世界があるのである。われわれが世界を見る観点の違い、ないしはわれわれの意識や自覚の深まりの程度に応じて種々の段階の世界が現出してくるのである。そして、この意味では、世界はわれわれの意識の反映であるといえる。すなわち「一切唯心造」である。われわれの意識から独立して世界がそれ自体であるわけではない。

ついでにいえば、われわれの自己とか意識とかいったものがまったく消えて無くなったところに、もっとも深い真実在の世界があらわれる、と西田は考えていた。そして、そのような真実在の世界は、その初期の思想においては「知的直観」の世界と呼ばれ、中期においては、「絶対無の場所」とか「絶対無の自覚」とか呼ばれ、後期においては、「行為的直観」の世界と呼ばれた。これらの思想については、のちに詳しく述べることにしたい。

理論と実践の区別の否定

最後に、西田は理論と実践の区別をも排除している。一般に、西洋近代の哲学は理論と実践、あるいは認識と行為を、それぞれ独立した領域として分ける傾向がある。そして、理論（認識）の原理と実践（行為）の原理を別個のものと見なす傾向がある。

例えば、カントは理性をその働きに応じて理論理性と実践理性とに分け、その適用領域をそれぞれ自然的世界と道徳的世界に限った。自然的世界は理論理性の領域であり、道徳的世界は実践理性の領域であるというのである。その結果、理論哲学の原理と実践哲学の原理が乖離《かいり》することになった。実際、カントは従来の形而上学の諸問題を、霊魂の不死、自由、神の存在という三つの問題に還元し、『純粋理性批判』では、それらは人間の認識能力を超えているとして「不可知論(49)」の立場に立ちながら、『実践理性批判』では、それらを道徳および最高善の可能性の制約として要請した。すなわち、霊魂は肉体と違って不死であるか否かという問題、人間精神は自然法則以外に道徳法則にしたがって行為する自由意志をもっているか否かという問題、そして自然的世界と道徳的世界の両方の根拠であり原因であるような存在者すなわち神が存在するか否かという問題は、人間の認識能力を超えた問題なので、理論的にはどちらとも決着をつけることはできないが、実践的な観点から見れば、われわれが最高善を実現するためにはどうしてもそれらは不可欠のものとして要請されなければならないという形で一応の解決があたえられた。そして、理論理性が認識論的に解決をあたえることができなかった問題を、実践理性は道徳的観点から解決をあたえることができるという理由から、理論理性に対する「実践理性の優位(50)」という思想を導きだした。

このように西洋近代の哲学が理論と実践とを分ける傾向があったのに対して、東洋の伝統的な思想は知と行を本来的に合一したものと考えてきた。例えば、寒さは、実際にそれを体験すること（行）によって真に知られるのであって、知と行は分離できないというのである。行をともなわない知は真の知ではなく、また知をともなわない行は真の行ではない。

西田哲学にも、このような知行合一《ちこうごういつ》の伝統が、その形を変えて受けつがれている。例えば、西田は『善の研究』では、「純粋経験」を唯一の実在と考えていたが、同時にそれは善でもあり美でもあると説かれている。すなわち純粋経験は真善美の統一なのである。実際、「純粋経験」は彼の実在論の原理でもあり、認識論の原理でもあると同時に、倫理学の原理でもあり、宗教論の原理でもあった。このことは、『善の研究』が四つの編から成っていて、それぞれの編の題名が「純粋経験」「実在」「善」「宗教」となっていることからも明らかである。

西田は「純粋経験」の極致として「知的直観」を説いているが、それは宗教家の「三昧《さんまい》」(51)や芸術家の「神来《しんらい》」（インスピレーション）の境地に見られるような、至高の作用や行為がそこからおのずと生じてくるような意識状態を意味している。後期の西田哲学は、知的直観に代わって「行為的直観」という表現を用いるようになったが、その根本の精神は少しも変わっていない。

ただ、より正確にいえば、西田は知的な働きよりも意志的な働きの方を重視している。というのは、知的な働き（認識）はどうしても主観と客観、見るものと見られるものとを分離して、客観を主観の外にあるものとして見る傾向があるからである。これに対して、意志的な働きは主客合一的な働きである。それで西田は、真の知は主観が客観の内に没するところにあると考えた。すなわち、自己が物の内に没するところにあると考えた。いわゆる知的な働きが自己を滅したところに真の知があるというのである。そして、まさしくそれが行にほかならない。しかし、より正確にいえば、その場合、自己は対象的方向に自己を滅するのではなく、むしろ自己の内の内に、あるいは底の底に自己を滅するのである。ここでいう客観とは、このような意味での客観であって、主観に対立する二元論的な意味での客観ではない。それは主観＝客観であるような絶対的意味での客観である。しかし、この点については、後にあらためて触れることにしたい。

このように西田哲学はあらゆる二元論的思考を排除して、無差別平等の観点から物を見、物を考えようとする。そして、その根本にあるのは、実体としての自我（知的自己）の存在の否定である。いわゆる客観に対立する主観としての自我、物体や自然に対立する精神としての自我、あるいはまた普遍に対立する個体としての自我、世界に対立する自己としての自我の否定である。そして、これは西田哲学のすべての時期に一貫した基本的性格であった。

第4回　西田哲学の性格(2)——無の思想

有の思想と無の思想

一般に、西洋の文化は有の文化であるのに対して、東洋の文化は無の文化であるといわれる。あるいは西洋の思想は有の思想であるのに対して、東洋の思想は無の思想であるといったりもする。この場合、有とか無とかいうのはいったい何であろうか。とくに無とは何であろうか。それは、文字どおり存在しないということなのか。何も無いということなのか。

誤解を避けるために、あらかじめ説明しておかなければならない。ここで有とか無とかいうのは、存在するとか、存在しないとかいう意味ではない。この点に関していえば、有も無も、どちらも真の意味で存在するもの、すなわち真実在をあらわす言葉である。真の実在を有と見るか、それとも無と見るかによって、一方は有の思想と呼ばれ、他方は無の思想と呼ばれるのである。

では、なぜ真実在を無といったりするのであろうか。真に実在するものは有であるのが当然で、真実在が無であるというのは矛盾ではなかろうか。

このように考えるのは、ある意味ではもっともなことである。しかし、ここで有というのは、具体的には、「形がある」ということであり、反対に無というのは「形がない」ということである。したがって、正確にいえば、真実在を「形のあるもの」と考えるのが有の思想で、反対にそれを「形のないもの」と考えるのが無の思想ということになる。

古代ギリシアの時代から、一般に西洋では、何らかの意味で「形のあるもの」あるいは実体的なものを根本的実在と考えてきた。これに対して、東洋では、伝統的に「形のないもの」を「形のあるもの」の根源と考える傾向があった。もちろん、西洋の思想がすべて有の思想であるのに対して、東洋の思想はすべて無の思想であるというわけではない。しかし、全体として見れば、西洋と東洋の思想に、それぞれ有の思想と無の思想と呼ばれるような傾向があったということは否定できないように思われる。

古代ギリシア人のものの考え方を端的に示すものとして、しばしば「無からは何ものも生じない」(ex nihilo nihil fit) という言葉があげられる。すべて有るものは他の有るものから生ずるのであって、無から有が生ずるなどということは不合理だというのである。こうして、一般にギリシア人はあらゆる有を生みだす根源的な有があると考えた。また、そのような根源的な有は恒常不変な存在であると考える傾向があった。現実に有るものは変転きわまりない可滅的な存在であるのに対して、根源的な実在は永遠不滅の存在であると考えたのである。プラトンの「善のイデア」[52]やプロティノスの[53]「一者」[54]等はその典型である。

ギリシア人にとっては有(オン)とは「形相」(エイドス)のことにほかならない。すなわち何らかの意味で、形をもったもの、対象的なもの、目に見えるものが「有」である。これに対して、「無」とは、形相の欠如したもの、あるいはまだ形相とはなっていないもののことである。したがって、無とは「非有」（メー・オン）のこと、すなわちまだ有にあらざるものであり、有の欠如態にほかならない。

このように、ギリシアにおいては、無は有でないもの、あるいは有の欠如態として、もっぱら否定的・消極的に考えられていたので、このような形をもたない無から何か形のあるものが生ずるなどということは、まったく不合理であると考えられたのである。それが「無からは何ものも生じない」という言葉の真意である。

ところで、『聖書』の「創世記」の冒頭では、創造主である神が混沌から宇宙を創造したと書かれている。一般に、それは「無からの創造」（creatio ex nihilo）を説いたものと信じられている。しかし、アウグスティヌスがいっているように、それは神の絶対的な意志の力を強調する象徴的な言葉であって、神による創造以前の虚無の存在を仮定するものではなかった。むしろすべての物が神を原因としており、神によって造られないものは何ひとつとしてないということを説いたものである。それだから、やはりそこに一切の有の根源として純粋形相である神（絶対有）の存在が想定されている。

これに対して、東洋では伝統的に、あらゆる形のあるものの根源に形のないものを考えてきた。すべて形のあるものは形のないもの、すなわち無から生ずるというのである。いいかえれば、一切の有は無のあらわれであるというのである。したがって、ここでは恒常不変な実体は否定される傾向にある。永遠に変化しないようなものは何ひとつとしてない、というのが東洋の伝統的な考え方であった。

例えば、仏教では、存在するものはすべて何かの因縁によって生ずるのであって、自分自身で独立に存在しているようなものは一つもない、と説く。すべてのものは相互に依存しあって存在しているというのが、仏教の「縁起」の教えである。西洋では、伝統的にあらゆる存在者の根源として実体的な存在が仮定されていたが、仏教では、そのような存在は否定される。むしろ根源的存在は、何らかの意味で形をもった恒常不変の存在ではなく、どんな意味でも形をもたない純粋な作用ないし働きである、というのである。

また、形のあるものの根源に形のないもの、すなわち無を考えるということは、その無を有の欠如として消極的な概念として見るのではなく、反対にあらゆる有を生みだす能動的な概念として見るということを意味している。ギリシアでは、無は有の否定、形の欠如すなわち「非有」(有にあらざるもの) として考えられたが、東洋では、逆にそれはあらゆる有の根源と考えられている。

無についての二つの考え方

ここに無についての考え方の相違が見られる。上述したように、ギリシアにおいては、無は形の欠如したもののことであり、まだ形をもたないもののことであった。しかし、東洋においては、それはあらゆる形の根源であり、あらゆる形を生みだす原動力のことであった。この東洋的な意味での無はギリシア人の知らなかったものである。ギリシアにあったのは有の反対概念としての無であり、有の欠如としての無であった。有とは、形相すなわち形をもったもののことであったから、それと反対に無とは、形のないもの、形を欠いたもののことであった。したがって、それは正確にいえば、無ではなく「非有」であったのである。

無という言葉は、英語では nothing とか nothingness とかいう。しかし、nothing という言葉は、文字どおり thing（物）の no（欠如）のことであり、辞典にも something でないもの、not anything のことだと説明されている。要するに、物の欠如のことである。このように、無を否定的・消極的な概念と見る考えは現代にも受けつがれているといっていいであろう。

東洋においては、無はあらゆる有を生む根源として積極的な概念であるが、西洋においては、それは伝統的に有の欠如態として消極的な概念にとどまっていた。それで、このような無の概念の相違を明らかにするために、西田の弟子の久松真一は「東洋的無」とか、「能動的無」とかいった用語を使用している。それは、歴史的に西洋においては見いだされず、東洋において見いだされたので「東洋的無」と呼ぶのであり、また有の「欠如」としての消極的な無ではなく、反対にあらゆる有を生みだす根源であるので、「能動的無」と呼ぶのである。

ところで、世界の根源を有と考えるか、それとも無と考えるかによって、二つの異なった世界観が生じてくる。その場合、「どちらの世界観が正しいか」ということを科学的に証明することはできない。なぜかといえば、カントがいっているように、それは経験的世界を超えた問題であるので、科学的に実証したり検証したりすることはできないからである。カントは彼の『純粋理性批判』の中で、「世界に始まりがあるか、始まりがないか」という問題を検討し、結局、どちらの主張を採用しても、われわれの理性は自己矛盾（アンチノミー）に陥るということをいっている。

しかし、純粋に論理的な観点から見るならば、世界の根源を有と見るよりも、それを無と見る見方の方が整合的であるように思われる。というのも、世界の根源を有すなわち「形のあるもの」と考えれば、その有（形のあるもの）の原因を考えなければならず、そのまた原因の原因を考えなければならず、こうして際限がないからである。このような悪しき連鎖を断ち切るために、西洋では第一原因とか、究極原因とか、自己原因とかいった存在が考えられた。それらは、要するに、論理的にそれ以上に溯ることのできないような存在、否むしろそれ以上に溯る必要のない存在である。けれども、世界の根源を無と考えれば、このような厄介な問題は生じない。誰も無の原因を考える必要はないからである。無は端的に無である。

また、世界の根源はもっとも普遍的なものである、いいかえれば一切のものを包むものである、と考えることができる。その場合、そのもっとも普遍的なもの、すなわち一切のものを包むものを有すなわち「形のあるもの」と考えると、それがどんなに普遍的で大なる有であっても、それを包むより普遍的なもの、より大なるものを考えることができ、さらにそのより普遍的なもの、より大なるものを包むより普遍的なもの、より大なるものを考えることができ、こうして際限がない。しかし、世界の根源を無と考えれば、このような悪循環に陥らなくてすむ。というのも、当然のことながら、だれも無を包むものを考える必要はないからである。

このことを一つの譬えでもって説明してみよう。よく風呂敷は日本の文化を象徴するものとして取りあげられる。ここでも風呂敷を例にして話をしてみよう。風呂敷はどんな形のものをも包むことができる。三角のものでも四角のものでも、角いものでも丸いものでも、何でも包むことができる。何故であろうか。その理由は、風呂敷自身は（立体的な）形をもたないからである。もし風呂敷が形をもったものであるとすれば、たとえそれがどんなに大きな風呂敷であろうとも、すべてのものを包むということはできない。自分自身は形をもたないからこそ、風呂敷はどんな形のものをも包むことができるのである。

世界の根源を有（形のあるもの）と考えれば、かならずそれよりもより大きな有を考えることができ、またその有や形の原因を考えることができる。これに反して、世界の根源を無

（形のないもの）と考えれば、無自身には大小も原因もないので、それを包むものやその根源を考える必要はなくなる。これが、世界の根源を無と考える方が、世界の根源を有と考えるよりも、論理的に整合的である理由である。

話を元に戻してみよう。西洋では、伝統的に根源的実在を対象的方向に超越したところに考えてきた。「対象」という言葉は少し理解しづらいかも知れない。しかし、それは読んで字の如く、自分（主観）に対して、あるいは自分に対立して像として立っているものという意味である。したがって、根源的実在を対象的方向に超越したところに考えるとは、つまり自分の外に、自分を超えて有る形像的なものとして考えるということである。プラトンのイデアがそうであるし、キリスト教の神もこの方向に考えられている。一言でいえば、それは有の思想である。これに対して東洋、とくに仏教思想においては、むしろ反対に、根源的実在はどうしても対象化できないものとして、内在的方向に考えられてきた。何らかの意味で形のあるものは対象的方向に見られるが、形のないものを対象的方向に見ることはできない。したがって、それは外的に超越的な方向にではなく、むしろ内的に超越的な方向にもとめられる。彼方の方向にではなく、此方の方向にもとめられる。仏教で、「脚下照顧《きゃっかしょうこ》」とか「廻光返照《えこうへんしょう》」とかいうのはこのためである。いずれも、足もとを見よ、真理は自分の外にではなく内にある、というくらいの意味である。

このように無は、有のように対象的・超越的方向にではなく、どこまでも内在的方向に、自己の内奥に見られる。無は、われわれにとって外の外なるものではなく、反対に内の内なるものである。いいかえれば、自己の底の底であり、真の自己である。無は自己の根源であり、自己は無のあらわれなのである。ここには自己と根源的実在との二元論はない。根源的実在はわれわれの真の自己なのであり、したがってそれは絶対自者である。

これに対して、西洋の伝統的な形而上学においては、根源的実在は有（形のあるもの）と考えられ、またそれはわれわれの自己の外に超越してあるものと考えられてきたので、この根源的実在はわれわれの自己とはまったく異質な存在、別個の人格と考えられている。つまり、それはわれわれにとって絶対他者である。ここでは、根源的実在とわれわれの自己との間の二元論はどこまでも残る。

仏教でいう仏は「覚者」、すなわち「目覚めたもの」のことである。真の自己に目覚めたもののことである。したがって、たとえ煩悩にまみれた衆生であっても、修行をし、努力をすれば仏になることができる。少なくとも、その素質や可能性は有している。『涅槃経』にも「一切衆生悉有仏性《いっさいしゅじょうしつうぶっしょう》」と書かれている。一切の生きとし生けるものは悉《ことごと》く仏になる性質を有しているという意味である。すなわち仏は真の自己であり、絶対自者である。これに対して、キリスト教の神は人間とは異なった別個の超越的な存在である。われわれはいくら努力し、修行しても、神やキリストになることはできない。神やキリストはわれわれとはまったく別個の人格であり、したがって絶対他者である。

西田哲学の東洋的性格

さて、話の前置きが大変長くなってしまった。今回は、西田哲学の基本的性格についての話というよりも、東洋と西洋の実在観の違いについての話になった。しかし、それは西田哲学の性格を理解する上で、非常に重要なことだと思われる。というのも、西田哲学はこのような東洋的、特に仏教的な思想の伝統にもとづいた哲学であるからである。それで、以上の点を念頭においておけば、これからの話はわかりやすくなる。

西田は一貫して根源的実在を対象的・超越的方向にではなく、反対にそれをどうしても対象化しえない、内の内なるものとして、内在的方向にもとめている。いいかえれば、根源的実在を有ではなく無と考えている。そして、その無は有に対する相対的な無ではなく、あらゆる有を包み、あらゆる有を生みだす根源であるから、「絶対無」と呼んでいる。西田哲学が絶対無の哲学といわれるゆえんである。

西田が根源的実在を絶対無と考えていたということは、恒常不変な実体的存在を否定し、真実在を、（自分にとって）どんな意味でもけっして対象とはならないもの、したがって何か形のあるようなものではなく、どのような形をもたない純粋に作用的なものとして考えていたということを意味している。彼がその思想形成の各々の時期に根源的実在と考えた「純粋経験」「自覚」「絶対自由意志」は、いずれもこのような性格をもったものである。それは存在というよりも作用であり、またその作用は存在者によってなされるような派生的な作用ではなく、むしろあらゆる存在、形あるものを生みだすような根源的な作用である。けれども、西田は最初から西洋の哲学に対抗して東洋的な哲学を構築することを企図していたわけではない。むしろ彼自身の思想形成の過程で自然にそうなっていった、というのが真相に近いのではないだろうか。西田が自己の思想の東洋的性格を自覚し始めたのは、おそらく『働くものから見るものへ』(昭和二年、五十七歳)以後のことだと思われる。同書の序で、彼は次のように書いている。

形相を有となし形成を善となす泰西文化の絢爛《けんらん》たる発展には、尚《たつと》ぶべきもの、学ぶべきものの許多《あまた》なるは云うまでもないが、幾千年来我らの祖先を孚《はぐく》み来った東洋文化の根柢には、形なきものの形を見、声なきものの声を聞くといったようなものが潜んでいるのではなかろうか。我々の心はかくのごときものを求めてやまない、私はかかる要求に哲学的根拠を与えてみたいと思うのである。(55)

ここで、西田は、西洋文化の性格を「形相を有となし形成を善となす」ところにもとめ、また東洋文化の性格を「形なきものの形を見、声なきものの声を聞く」ところにもとめている。そして、それは、だいたいにおいて、われわれが有の思想と無の思想という対比でとらえてきたものと符合しているといえるであろう。

前にも触れたように、『働くものから見るものへ』は、西田の固有の論理である場所の論理を展開した最初の著作である。この著作の後半で、西田はあらゆる「有の場所」(対象界)や「意識の野」(意識界)[56]を超えてこれを内に包む場所として「絶対無の場所」を考えているが、この根源的な場所は対象界や意識界を対象的に超越的な方向に見られるものではない。むしろこれらの世界の最内奥に、いいかえれば内的に超越的な方向の極限に考えられるものである。したがって、通常、われわれが考える「包む」という観念と西田の考えるそれとは異なっている。むしろ反対といってもいいかもしれない。われわれはどうしても包むということを外延的に考えがちであるが、西田はむしろそれを内包的に考えているようである。[57]西田は「絶対無の場所」をよく「点」でもって説明しているのも、こうした理由からだと思われる。しかしながら、同時に、西田は絶対無の場所を無限大の円や球に譬える場合もあるので、彼の用いる「包む」という概念は外延的な意味と内包的な意味の両方を併せ持ったものとして考えることもできるだろう。いずれにしても、それは従来の西洋的論理の枠組みではとらえきれない性質のものである。

しかし、この点に関して、別の機会にまとめて話をすることにしたい。ただ、最後に、もう一度注意しておきたいのは、この絶対無の場所はけっしてわれわれの自己の外に超越して存在するものではなく、むしろわれわれの自己の内の内に、あるいは底の底に見られるものだということである。それは、ある意味では、われわれの自己そのものなのであり、真正の自己なのである。そして、この点で、絶対無は絶対有の対極にあるといえるであろう。絶対有はわれわれの自己にとって絶対の他者であり、まったく別個の人格であるが、絶対無はむしろわれわれの自己にとって絶対の自者である。われわれ自身である。これが有の思想と無の思想の根本的に異なるところである。

第5回　西田哲学の性格(3)——否定の論理

　これまで西田哲学の基本的性格として、第一に、それがあらゆる二元論的な考え方ないしは分別的な思考を排除する傾向をもっていることを指摘した。すなわち、西田哲学は主観と客観（精神と自然）、内と外（主体と環境）の二元論を否定するだけではなく、また個体と普遍（自己と世界）、一と多（要素と全体）の二元論を否定し、さらには理論と実践（知と行）、現実と理想（事実と当為）の二元論をも否定することを指摘した。もちろん、西田はものごとにそのような対立的な要素や側面があることは認めるが、それらをまったく別個の独立した存在や領域と見ることに反対する。

　また、西田哲学の基本的性格として、第二に、それが東洋、とくに仏教的伝統に根ざした無の思想であることを指摘した。ここで無というのは、存在しないという意味ではなく、形をもたないという意味である。いいかえれば、けっして対象（自分の外に自分に対して有るもの）とはならないものという意味である。したがって、それは実体的存在ではなく、どこまでも作用的な（形をもたない）存在であり、また超越的な存在ではなく、むしろ内在的な存在である。それは自分の外にあるものではなく、反対に自分の内の内に、あるいは自分の底の底にあるものである。西田はそれを絶対無と呼び、一切の有（形のあるもの）の根底にあって、これを包む真実在と考えた。そして、われわれの自己はそのもっとも深い根底において、この絶対無とつながっていると考えた。それだから絶対無はもっとも普遍的な存在者であるが、しかしわれわれの自己とは別のものではなく、むしろ真の自己あるいは絶対自者である。

今回は、西田哲学の第三の基本的性格として、それが本質的に「否定の論理」であることを指摘しておきたい。上述した、西田哲学の二つの基本的性格をその根底において支えているのは、実はこの否定の論理なのである。したがって、それは西田哲学のもっとも根本的な性格といえる。

では、否定の論理とは、いったいどのような論理なのであろうか。

西田哲学における「即」の意味

中期以後の西田の著作には「即」という言葉が頻繁に出てくる。一即多・多即一、内即外・外即内、時間的限定即空間的限定、個物的限定即一般的限定等々、枚挙にいとまがない。

では、ここでいう即とは一体どのような意味であろうか。

西田自身は、再三、自分のいう即とは絶対矛盾的自己同一[58]のことだといっている。例えば、一即多・多即一とは、一が矛盾的自己同一的に多であり、多が矛盾的自己同一的に一であるという意味だというのである。これを、一が一でありながら同時に多であり、多が多でありながら同時に一であるという意味だと理解してもいいだろう。

たしかに一が多であり、多が一であるというのは矛盾であるけれども、しかしそれが現実の世界の真相であって、現実の世界はこのように矛盾を含みながら同時に同一性を保っているというのである。現実の世界のなかにある種々の矛盾が弁証法的に綜合・統一されて、そこに自己同一が生ずるというのではなく、矛盾が矛盾のままでありながら同時に自己同一が保たれているというのである。

この点は非常に難解であるが、そこに、ヘーゲル(59)やマルクスとは違った矛盾概念や弁証法観が見られるといっていいだろう。より高い次元において統一されたり綜合されたりするような矛盾は、まだ相対的な矛盾であって本当の矛盾ではない、真の矛盾というものは絶対に克服されえないものだ、絶対に綜合されたり統一されたりしないからこそ矛盾なのだ、と西田はいうのである。また、それだからこそ彼は単に矛盾的自己同一といわずに、絶対という言葉をつけて、絶対矛盾的自己同一というのである。しかし、この点については、後に詳しく検討することにしたい。

さて、一即多・多即一とは、絶対矛盾的自己同一的に一が多であり、多が一であるということだとすると、そこでいう即は単なる即ではなく、同時に（その否定である）非を含んだ即、すなわち「即非」という意味だと理解していいであろう。実際、西田は鈴木大拙宛の書簡で、彼のいう「絶対矛盾的自己同一の論理」が鈴木のいう「般若《はんにゃ》即非の論理」[60]と一致することを認めている。だとすれば、西田のいう即は即非のことであり、単なる即ではなく、同時に否定を含んだ即であることになる。すなわち一即多・多即一とは、一は自己否定的に多であり、多は自己否定的に一であるということである。こう考えれば、それは矛盾でも不合理でもない。なぜかといえば、それは一がそのまま多であり、多がそのまま一であるといっているのではなく、一が自己否定的に多であり、多が自己否定的に一であるということをいおうとしているからである。一が一であることを否定するとは、一が多になることにほかならず、また多が多であることを否定するとは、多が一になることにはかならない。一即多・多即一とは、一はどこまでも一でありながら、同時に自己否定的に多であり、また多はどこまでも多でありながら、同時に自己否定的に一であるという意味である。

しかし、以上のような説明はまだ十分ではない。一般に、自己否定という言葉は消極的な響きをもっていて、それは自己を滅却する、自己を無にする、自己を犠牲にするというような意味を含んでいる。けれども、それは同時に自己を見いだすとか、生かすとか、目覚めるとかいった積極的な要素を含んでいるのではないだろうか。自己否定は単なる自己否定ではなく、その否定によって、かえって真の意味で自己肯定となるという要素があるのではないだろうか。われわれの自己が徹底して自己を滅却することによって、はじめて真の自己に目覚めるという要素があるのではないだろうか。自分が自分がという我欲を否定することによって、かえって真の自分があらわれてくるのではないだろうか。そして、ここに自己否定の概念の弁証法的な性格があるといえる。

それだから、一即多・多即一というのは、たしかに一がそのまま多であり、多がそのまま一であるというのではなく、むしろ一が自己否定的に多であり、多が自己否定的に一であるという意味であるが、しかし同時に、一は自己を否定することによって真の一になり、多は自己を否定することによって真の多になるのだとすると、そのような真の一はそのまま真の多であり、真の多はそのまま真の一であるということにもなる。一というものがないなら、多というものもなく、多というものがないなら、一というものもない。したがって、一切が一であり、一切が多であるといえる。そして、この意味では、一はそのまま多であり、多はそのまま一である。

それで、一即多・多即一には二重の意味が含まれていると考えなければならない。一即多・多即一というのは、一が自己否定的に多であり、多が自己否定的に一であるという意味であると同時に、一がそのまま多であり、多がそのまま一であるという意味でもある。そして、その場合、重要なのは、われわれが一と多をどのレベル、どの段階でとらえているかということである。それによって一即多・多即一の意味が異なってくる。

初期の「知的直観」の思想

さて、このような否定の論理は、どの時期の西田の思想にも一貫して見られる。例えば、初期の『善の研究』の時期、われわれは否定の論理を、その「知的直観」の思想に典型的な形で見ることができるであろう。

知的直観というのは、もっとも理想的な、もっとも究極的な段階の純粋経験のことである。西田は、その例として、好んで宗教家や芸術家の直覚をあげている。宗教家の「三昧」の境地や芸術家の「神来」(インスピレーション)の状態が、知的直観の典型だというのである。例えば、画家の制作が佳境に入り、精神の集中がその頂点に達して、画家が絵筆を動かしているのではなく、あたかも絵筆が自ら動いているような状態を考えてみると、それはまさしく主客が合一し、知情意が融合している状態といえる。そこでは物と我との境がなくなり、我が物を動かすのでもなく、物が我を動かすのでもない。ただ一つの世界、一つの光景があるだけである。我と物とがお互いに自分を忘れて浸透しあい溶けあって一つになっているような状態である。西田はこのような世界こそ真実在の世界、純粋経験の世界であると考えた。後期の西田哲学の用語法に直していえば、まさしくそれは我即物・物即我の世界である。

西田はこのように「主客相没し物我相忘れ天地唯一実在の活動」だけがあるような状態、すなわち主観と客観が相互に自分を没し、物と我が相互に自分を忘れ、すべての区別や分別がなくなって天地唯一の活動だけがあるような状態が、真実の世界であり、同時にまた善行の極致であると考えた。彼は次のようにいっている。

物が我を動かしたのでもよし、我が物を動かしたのでもよい。雪舟(61)が自然を描いたものでもよし、自然が雪舟を通して自己を描いたものでもよい。元来物と我と区別のあるのではない。客観世界は自己の反影といい得るように自己は客観世界の反影である。我が見る世界を離れて我はない。天地同根万物一体である。（『善の研究』第三編「善」）

ところで、このような知的直観は一体どうしたら得られるであろうか。この問いに対して、西田は、ただ「至誠(62)」によって、と答えている。ここで西田は誠という言葉によって、世界や宇宙に対する人間の真実のあり方を表現しているように思われる。「自己の全力を尽しきり、ほとんど自己の意識がなくなり、自己が自己を意識せざる所」に真の知的直観というものが見られるというのである。それは主観的な感情や欲求や願望や作為をことごとく消滅し尽くしたところ、すなわち徹底した自己否定において得られるといっていいだろう。

また西田は、このような徹底した自己否定によって真の自己が得られる、この意味で、真の善とは真の自己を知ることであるともいっている。

中期の「絶対無の自覚」の思想

中期の西田哲学の根本思想は「絶対無の自覚」の思想である。絶対無の自覚は、これを究極的実在である「絶対無の場所」の側からいえば、絶対無の場所自身の自覚ということになるが、逆にわれわれの自己の側からいえば、われわれの自己の根底が絶対無であるということの自覚である。そして、この「絶対無の場所」自身の自覚とわれわれの自己の根底が絶対無であるということの自覚、いいかえれば「絶対無が自覚すること」と「絶対無を自覚すること」とはまったく別のものではない。ただ、方向が逆であるだけである。しかし、それはいかにも紛らわしいので、西田はわれわれの自己が絶対無を自覚する働きを「宗教的意識」とも呼んでいる。ここでも、普遍と個体もしくは一と多の二元論が否定されているのが理解されるであろう。

ところで、この宗教的意識は道徳的な自己が行きづまって自己崩壊するところにあらわれる。道徳的な自己は「悩める魂」であって、自己の良心に従おうとすればするほど自己の罪悪を意識せざるをえなくなる。そして、このような矛盾がその極限に達したとき、われわれの自己は一転して自己を放棄し、自己を否定する。(63)また、この否定的転換によって、自己の根底を見、真の自己統一を得るのである。それが回心と呼ばれる体験である。

したがって、われわれはここにも否定の論理を見ることができる。われわれはどこまでも自己を主張し自己を肯定しようとして行きづまり、深い自己矛盾を経験し、その極限においいて、一転して自己を否定するに至り、そこで安心を得るのである。自己を否定することによって自己を肯定し、自己を放棄することによってかえって真の自己を獲得するのである。

後期の「行為的直観」の思想

後期西田哲学の重要な思想に「行為的直観」の思想がある。これは直観と行為の間の相即的・相補的な関係を説いたものである。行為的直観とは何かについては、後に詳しく検討することにするが、西田はこの行為的直観を説明するのに、しばしば「物となって見、物となって行う」という慣用句を用いている。ときに「物となって働く」とか、「物となって考える」とかいった表現や、「事となって見、事となって行う」という表現が用いられることもあるが、そのいわんとする趣旨は同じであると考えていいであろう。要するに、それはわれわれの自己というものを否定して、徹底して物や事になりきるということである。

また、西田はこの精神を種々の表現を用いてあらわしている。例えば、それを「物の真実に行くこと」であるといったり、「自己が世界の物となることである、公の物となることである」といったり、あるいはまたそれを「物来って我を照らす」と表現したり、「物の中に入って物の中から物を見る」と表現したりしている。それらは、いずれも自己というものが否定し尽くされ、消し尽くされた状態をあらわしている。

西田はこのように、いわゆる自己というものがなくなった状態において、はじめて真の行為や実践が生ずると考えた。それだから、良心や当為は自己の内からの呼び声ではなく、逆に世界の底からの呼び声である、といっている。自己を無にして、ひたすら世界の呼び声に聴従するとき、真の行為や実践が生ずるというのである。

それは、われわれの自己の側から世界を見るのではなく、反対に世界の側からわれわれの自己を見ることである、といってもいいであろう。とかく、われわれは自分の側から世界を見ようとしがちである。したがって、どうしても自己中心的となり、主観主義的になる。西田哲学は、このような自己中心的・主観主義的な物の見方を転換して、逆に世界の側から物を見ることを説く哲学であるといっていいであろう。「われわれの自己は創造的世界の創造的要素である」という彼の言葉は、このような意識の転換もしくは自覚を端的に表現したものといえるだろう。

最晩年の「逆対応」の論理

最後に、西田の遺稿「場所的論理と宗教的世界観」に出てくる「逆対応」の論理にも簡単に触れておきたい。逆対応とは、絶対と相対、無限と有限、一と多のような、まったく対立的なもの、逆方向的なものが、相互に対立しながら、また方向を逆にしながら、しかも相互に自己否定的に対応しあっているというパラドクシカル（逆説的）な関係をあらわす概念である。

阿弥陀仏《あみだぶつ》と衆生《しゅじょう》の(64)関係でこれを説明してみると、一方に阿弥陀仏による救済をもとめる造悪愚痴・煩悩熾盛《ぼんのうしじょう》の衆生がおり、他方にこのような衆生を救済しようとする阿弥陀仏の誓願がある。そして、この救済をもとめる衆生の側の働きと衆生を救おうとする阿弥陀仏の側の働きとが相互に対応しているということである。他に助けをもとめる働きと他を助けようとする働きはまったく逆方向の働きであるが、この相互に逆方向の働きの、その一方が強ければ強いほど、より強く他方の働きが感じとられるというのである。すなわち衆生が、自分はいかに煩悩にまみれた罪深い人間であるかということを自覚すれば自覚するほど、そのような衆生を救済しようとする阿弥陀仏の本願が成就されるというのである。

　このような逆対応の論理にも、徹底した自己否定の要素が見られる。それは自力による救済の否定であるということはいうまでもないが、自己の造悪愚痴を自覚するということ自体が明白な自己否定にほかならない。自分の罪や悪を自覚するということのなかには、そのような罪や悪にまみれた自分を悔やみ反省するということが含まれており、またそうした自分を放棄し否定するということが含まれていなければならない。そして、この自覚すなわち自己否定の度合いが深まれば深まるほど、その人は救われるというのであるから、この自己否定は同時に自己肯定となるわけである。

　このことは阿弥陀仏の働きに関してもいえる。阿弥陀仏が極悪深重の衆生を救済しようとすることは、たとえ自分の身が地獄に落ちるようなことがあっても、それを辞さないということであるから、それは明らかに自己否定的な働きである。しかも、そのことによってはじめて本願が成就されるのであるから、その自己否定的な働きは同時に自己肯定的な働きとなっているわけである。

以上のように、西田哲学のどの時期においても否定の論理が見られる。そして、それは西田哲学のもっとも根本的な要素といっていいであろう。われわれは先に、西田哲学の基本的性格として二元論の否定と無の思想をあげた。しかし、それらの思想の根底にあるのは否定の論理なのである。

例えば、主観と客観の二元論の否定ということを考えてみると、西田がいっているのは、主観あるいは主体が自己を否定し、自己を消滅し尽くしたところに開示される世界が真実の世界であるということであり、そこに明白に否定の論理が見られる。これは個体と普遍（自己と世界）の二元論についても同様である。西田がいおうとするのは、要するに、自己が自己を否定して、自己の側から世界を見るのではなく、逆に世界の側から自己を見るのでなければならないということである。そして、自己が自己を滅却して世界の物となりきったとき、はじめてそこに真の行為や実践が生ずるということである。

このことは、同様に無の思想についてもいえるであろう。ここで無というのは、自らはどんな意味でも形のないもの、形をもたないもののことであり、しかも一切の有（形のあるもの）の根源となるもののことである。一切の形あるものを生みだすものである。それで、それは能動的無とも呼ばれる。この無は自己を否定することによって、すなわち無であることを否定することによって、無でないもの、つまり有になるのである。どんな形をもたないということを否定することによって、一切の形のあるものになるのである。私はここに西田哲学の考え方の基点があると考える。

第6回　近代日本の哲学と『善の研究』

日本における哲学の受容

日本における西洋の学問や技術の受容は十八世紀の初頭（享保年間、一七一六―三六）まで遡ることができるが、それを国家的規模で本格的におこなうようになったのは開国（安政元年、一八五四年）以後のことである。幕府は開国にともない、主として軍事上・外交上の必要から、洋学を専門にあつかう研究機関の設置を急ぎ、安政三（一八五六）年に「蕃書調《ばんしょしらべ》所《しょ》」（後に洋書調所、開成所に改称）を設立した。当初は、西洋の軍事書・砲術書・外交文書・新聞等の翻訳を主要な目的としたものであったが、それと並行して科学・技術・医学・法律・政治・経済等のいわゆる「実学」の研究が熱心に推し進められた。

日本における哲学の受容も、この蕃書調所を舞台として始まった。調所の教授手伝並（今日の助教授）であった西周《にしあまね》[65]と津田真道《つだまみち》[66]は、政治学・法学・経済学等の実学だけでなく、万物の究理の学としての哲学にも関心をもち、ほとんど独学で研究を始めた。

文久元（一八六一）年に書かれたと思われる津田真道の稿本（草稿）『性理論』はわが国における最初の哲学的文献と目されるが、西周はそれに次のような跋文を付している。

西土の学之を伝うる既に百年余。格物[67]、舎密《セイミ》[68]、地理、器械等諸科、間ま其の室を窺う者あり、独り希哲学《ヒロソヒー》一科に至っては則ち未だ其人を見ず、遂に世人をして謂わしむ。西人論気は則ち備る、論理は則ち未だなりと。独り此に見るある者、特に我友天外如来［津田真道――引用者］より始まる、今此論頗る其機軸を著わす。既に夫の西哲を圧して之に軼《す》ぐるものあり。知らず異日西遊の後、将に何等の大見識を以って其蘊奥《うんおう》を発せんとするや。（傍点引用者）

［西洋の学問が日本に伝わってからすでに百年余り。物理、化学、地理、機械等の諸学問、ときたまそれを研究する者はある。しかし、哲学に関してはまだそのような人を見ない。それで世人の中には、西洋には形而下の気（すなわち自然現象）をあつかう学問はあっても、形而上の理（すなわち宇宙の根本原理や道理）をあつかう学問はないのではないかという人がいる。しかし、今ここに西洋に理をあつかう学問があるのを洞察した人間がいる。それはわが友津田真道であって、彼が書いたこの本はすこぶるその中心問題を著わしたものである。その内容はすでに西洋哲学に勝るところがある。いつの日か、西洋に留学後、まさにその大見識をもってその奥義をきわめるであろう。］

ここでは philosophy は希哲学《ヒロヒソー》と訳され、宋学[69]でいう性理の学[70]、または理学に相当するものと考えられている。津田の『性理論』という題名も、おそらくこのような philosophy の理解にもとづくものであろう。この跋文で西が述べているように、当時一般に、西洋には形而下の気（自然現象）をあつかう学問はあっても、形而上の理（宇宙の根本原理、道理）をあつかう学問はない、と考えられていたようである。佐久間象山《さくましょうざん》[71]の「東洋道徳、西洋芸術」という言葉や、橋本左内《はしもとさない》[72]の「器械芸術取於彼、仁義忠孝存於我」（器械芸術は彼が取り、仁義忠孝は我に存す）という言葉は、いずれもそのような通俗的な西洋理解の表白と見ることができるであろう。けれども、西は、このような俗見に対して、西洋にも理（性理または道理）に関する学（ヒロソヒー）が存在することを発見し、津田とともにそれに関心を示した。この跋文には、窮理の学（宇宙の原理や道理を窮める学）としてのヒロソヒーを発見した西の喜びと自負の念がよく表現されている。

また翌安政六年六月、オランダ留学に旅立つ直前に、ある友人に宛てた書簡にもヒロソヒーへの関心が記されている。

……小生頃来西洋之性理之学、又経済学抔《など》之一端を窺候処、実ニ可驚公平正大の論に而、従来所学漢説とは頗端を異ニシ候処も有之哉ニ相覚申候、尤彼之耶蘇教抔は、今西洋一般之所奉ニ有之候得共、毛之生たる仏法ニ而、卑陋《ひろう》之極取へきこと無之と相覚申候、只ヒロソヒ之学ニ而、性命之理を説くは程朱ニも軼ぎ、公順自然之道に本き、経済

之大本を建てたるは、所謂王政にも勝り……（傍点引用者）

ここでもヒロソヒーは「西洋の性理の学」と解釈されているが、従来の漢説と比較して、「実に驚くべき公平正大の論」であって、「程朱《ていしゅ》[73]にも軼《す》ぎ」（宋学にも勝）る、と手放しの評価を与えている。明治の啓蒙思想家は、共通して、その前半を漢学に専心し、その後半を洋学に没頭しているが、長らく漢学に親しんだ彼らの目から見れば、哲学は「実に驚くべき公平正大の論」に見えたようである。この点は、東西の学問のあり方と関連して、注目すべき点ではないかと思われる。

西周と啓蒙哲学

ついでに、ここで「哲学」という言葉の由来について述べておこう。「哲学」という言葉は昔から日本にあった言葉ではない。それは英語の philosophy の訳語である。印刷された書物のなかで「哲学」という言葉が用いられたのは西周の『百一新論』（明治七、一八七四年）が最初であるが、もともとこの本は西の京都時代（慶応三、一八六七年）の私塾における講義録であるので、西はすでにこの頃から「哲学」という言葉を用いていたことになる。もっともそれは、この講義録が後に加筆ないし修正されていないという前提に立った立論であるが、それが事実か否かは断定できない。

しかしながら、明治四年に育英舎[74]でおこなった講義の講義録である『百学連環』にも『哲学』という用語が用いられているので、西が「哲学」という訳語を使用しはじめたのは遅くとも明治四年以前のことであることは確実である。

西の初期の草稿類を見ると、最初、西は philosophy を斐鹵蘇比とかヒロソヒーとか音訳していたようであるが、その内、「希哲学」とか「希賢学」とかいった訳語をあてている。同時期、津田真道はそれを「求聖《サトリヲモトムル》学《マナビ》」と訳しているが、いずれも「智を愛する学」という philosophy（philos 愛、sophia 知恵）の原義にもとづいて作られた訳語であると考えられる。それが『百一新論』において「哲学」と訳され、明治十年、東京帝国大学の創設とともに公式に採用され、今日に至っているわけである。しかし、もともと「希哲学」と訳されていたものが、どうして「希」が取れて「哲学」になったのかはわかっていない。いずれにしても、「哲学」という言葉はわが国に旧来あった言葉ではなく、翻訳語であるということと、もともとそれは philosophy という言葉の原義「智を愛する学」に即して作られた言葉であるということを知っておく必要がある。

西周は、この「哲学」という言葉だけでなく、主観、客観、先天、後天、理性、悟性、感性、観念、意識、命題、還元、帰納、演繹、綜合等、今日用いられている多くの哲学用語の命名者として知られている。一般に、西が「近代日本哲学の父」と呼ばれるのも理由のないことではない。

ついでに『百一新論』の内容について簡単に解説しておこう。「百一新論」とは、百教がそれぞれの相違にもかかわらず、その根本の趣旨において一致することを説いた新しい論、というくらいの意味であろう。「もとより千差万別の教あればこそ、百教とは申したれ。またその百教の趣き、極意のところを考えれば、同一の趣旨に帰すればこそ、一致とは申したれ。もし百教が百致、一教が一致ということならば、まことに掲示するにもたらぬこと」(同書、巻之上）と西が述べているとおりである。

この著作は、西洋の近代科学の精神である分析・総合の方法によって政と教（法と道徳）、心理と物理の区別を明確にするとともに、それらを統一する学問（統一の観）としての哲学の意義を明らかにしようとしたものであり、したがって西の学問論および哲学観を集約的に表現したものといえる。そこでは西洋の科学的精神と旧来の儒教的な伝統との相克と調和の問題が主要なモチーフの一つとなっており、わが国における西洋思想の受容の仕方を考察する上でもきわめて興味深い著作である。

さて、西と津田は幕府給費生としてオランダに留学し、ライデン大学のフィッセリング[75]について、主として政治学・法学・経済学を学んで帰国する。このフィッセリングは、当時オランダにおいて、ドイツのいわゆる歴史学派[76]に対抗して、自由主義的な古典経済学派[77]の立場に立つ代表的な人物であり、哲学的にはコント[78]やミル[79]の実証主義[80]の影響下にあったので、西と津田は彼からおのずと自由主義的・実証主義的精神を吹きこまれたと思われる。実際、彼らの著作にはそのような傾向が見られる。というよりも、一般に、明治初期の日本の啓蒙思想はこのような実証主義的・自由主義的・功利主義的傾向、いわゆる実学的傾向の強いものであった。それが明治二十年頃から観念論的なドイツ哲学の影響を受けるようになり、やがてそれが学界の中心的傾向となった。そして、この傾向は終戦まで続いた。

明治時代は全体として啓蒙時代といっていいであろう。この時代に活躍した思想家はたいてい啓蒙思想家であった。彼らはもっぱら西洋の思想の翻訳・紹介・注釈・解説の仕事に従事した。彼らのモットーは「広く浅く」であって、「深く狭く」ではなかった。また、それは時代の要請でもあったのである。彼らはあらゆる領域の事柄について答えることをもとめられた。彼らが百科全書家、つまりは「何でも屋」であったゆえんである。

明治期の思想家のなかには清沢満之《きよざわまんし》(81)や大西祝《おおにしはじめ》(82)のような深い宗教的体験と真の批判的精神をもった先覚的な思想家もいたが、残念ながら志半ばにして夭逝《ようせい》した。また、井上哲次郎《いのうえてつじろう》(83)や井《いの》上円了《うええんりょう》(84)のような儒教的伝統や仏教的伝統にもとづいて自分の哲学を構築した哲学者もいたが、その中味は通俗的であり、折衷主義を一歩も出るものではなかった。

西田幾多郎と『善の研究』

幕末に西洋哲学を受容して以後、西洋哲学の翻訳・紹介・注釈・解説の段階を脱して、日本人が真の意味で自前の哲学をもったのは西田幾多郎の『善の研究』(明治四十四年刊)をもって嚆矢《こうし》とする。この本は、いわば日本人の日本人による日本人のための最初の哲学書であり、この意味で、それは日本における哲学の「独立宣言書」といっても過言ではない。先に日本における最初の哲学的文献は津田真道の『性理論』(文久元年)だといった。したがって、それからちょうど半世紀をへて、日本の哲学はようやく一人歩きを始めたことになる。

『善の研究』が出たとき、当時、東京帝国大学の大学院生であった高橋里美は次のように評している。

『善の研究』が公にされない前、邦人の手になった独立な哲学書らしい哲学書があるか、またそれは何かと問われたならば、私はこれに曖昧な返答をするにも少なからぬ当惑を経験せねばならなかったであろう。『善の研究』が一度現われてから、私は迅速にかつ自信をもってこれらの質問に応じうるという誇りをもつ。何となれば、他の著書は暫く措いて、とにかく本書だけは哲学書らしい哲学書なるの一事は、少なくとも自分には直接に明瞭だからである。

(「意識現象の事実とその意味——西田氏著『善の研究』を読む——」)

実際、『善の研究』には、それ以前の邦人の書物には見られない深さと体系性がある。西田はこの処女作のなかで、彼が長年の禅体験によって得た境地を、当時西洋の流行思想の一つであった「純粋経験」説に託して、哲学的に表現しようとした。それは、以前の啓蒙思想家の著作によく見られたような、伝統的なものと西洋的なものとの安直な折衷ではなく、真の意味での対決と総合の試みであった。西田はこの本のなかで、己事究明《こじきゅうめい》(85)という禅の主題を西洋的論理でもって解き明かそうとした。そして、三木清や務台理作《むたいりさく》が『善の研究』から全人格的な影響を受け、哲学を志すに至った理由もまたそこにあったのである。

前にも触れたように、『善の研究』は第四高等学校における西田の講義録が基になっている。日記を見ると、西田は明治三十七年（三十四歳）頃から「心理」や「倫理」の講義草案を書き始めたようである。最初は、あくまで講義のための手控えのつもりであったようであるが、西田の講義が難解で、高校生には理解できなかったので、生徒の代表が西田の講義草案を借りうけ、それを印刷して配布したと伝えられている。実際、明治四十年頃に『西田氏実在論及倫理学』という小冊子が印刷されており、従来はこれが『善の研究』の前身とされていた。しかし、最近の研究によると、実在論と倫理学は先にそれぞれ独立に発表され、それをあとで合本したのが『西田氏実在論及倫理学』のようである。

また、明治四十一年には、「純粋経験と思惟、意志、及び知的直観」を『哲学雑誌』(86)に掲載しているが、これが『善の研究』の第一編「純粋経験」の部分にあたっている。

さらに、西田は明治四一年に「知と愛」を『精神界』(87)に、「宗教に就いて」を『丁酉《ていゆう》倫理講演集』[88]に発表しているが、これらが『善の研究』の第四編「宗教」の部分にあたっている。

したがって、『善の研究』は最初に全体の構想があって、その構想に沿って順に書き下ろされたものではなく、種々の論文を合本してなったものである。また、目次の順序と実際の執筆の順序も一致していない。まず、第二編「実在」と第三篇「善」にあたる部分が執筆され、次いで第一編「純粋経験」にあたる部分が執筆され、そして最後に第四編「宗教」にあたる部分が執筆された。このように『善の研究』は、その形式から見れば、いわば論文の寄せ集めであるが、しかしその内容から見れば、みごとな体系性と統一性を具している。その点は、読者の誰もが一様に感ずるところだと思う。

また、『善の研究』という題名は、西田自身がつけたものではない。この本の編集から出版までの一切の業務をまかされた紀平正美《きひらただよし》[89]がJ・ロイス[90]の著作『善と悪の研究』(*Studies of Good and Evil*, 1898)にヒントを得てつけたといわれている。この点に関して、西田自身は序で、「この本を『善の研究』と名づけた訳は、哲学的研究がその前半を占め居るにもかかわらず、人生の問題が中心であり、終結であると考えた故である」と語っている。

おそらくそれは西田の実感であったのではないだろうか。当時の日記に、西田は「学問は畢竟life［人生——引用者］の為なり、lifeが第一等の事なり、lifeなき学問は無用なり」と記している。まさしくここに、西田哲学の動機と核心があるといえるであろう。そして、この点で、自分の哲学体系を叙述した著作の題名を『倫理学《エティカ》』とした十七世紀オランダの哲学者スピノザ[91]との親近性を感じざるをえない。西田にとっても、スピノザにとっても、哲学の課題は真理の探究にあるというよりも、むしろ良き生の探究にあったといえる。また、両者にとって、この真理の探究と良き生の探究は別のものではなかった。

通常、われわれは「真理とは何か」ということと、「善とは何か」あるいは「良き生とは何か」ということとを、まったく別個の問題として切り離して考える傾向がある。しかし、本来、両者は不可分のものであり、否むしろ「真理とは何か」という問いは、「良き生とは何か」という問いに従属すべき性質のものなのである。真理は良き生のために必要なのであって、良き生は真理のために必要なのではない。ソクラテスがいっているように、良き生が第一のことであり、根本である。現代における科学や技術の問題性は、この根本である良き生との結びつきから離れて、ただ真理が真理として追い求められたところにあるといえるのではなかろうか。

第7回「純粋経験」とは何か

純粋経験とは何か

処女作『善の研究』において西田が立っているのは「純粋経験」の立場である。彼は、同書の序で、「純粋経験を唯一の実在としてすべてを説明してみたいというのは、余が大分前から有っていた考えであった」と語っている。では、純粋経験とはいったい何なのであろうか。

西田は、『善の研究』第一編「純粋経験」において、純粋経験を説明しておおよそ次のようにいっている。

通常、経験といわれているものは、すでにその内に何らかの思想や反省[92]を含んでいるので、厳密な意味では純粋な経験とはいえない。純粋経験とは、一切の思慮分別の加わる以前の経験そのままの状態、いいかえれば直接的経験の状態である。例えば、ある色を見たり、音を聞いたりするその瞬間、それがある物の作用であるとか、私がそれを感じているとかいった意識や、その色や音が何であるかという判断の加わる以前の原初的な意識や経験の状態である。

西田はその具体的な例として、「一生懸命に断崖を攀《よ》ずる場合」や「音楽家が熟練した曲を奏する時」をあげている。それは主観と客観が未だ分離していない意識の直接的状態である。そして、この意味では、純粋経験は何らの意味や価値をもたない単なる事実、現在の意識にほかならない。

例えば、道を歩いていて、思いがけなく野辺に咲く花を見、「アッ！」と驚きの言葉を発したその瞬間の状態が純粋経験である。その瞬間においては自分と花は一体になっていて両者の区別はない。ただ一つの事実があるだけである。しかるに、そこに反省的思惟が働いて、「私が花を見ている」とか、「その花は月見草である」とかいった判断が生ずると、私と花、主観と客観が分離してくる。純粋経験とは、このような思慮や分別の加わる以前の、意識の統一的状態のことである。西田は、このような純粋経験をもっとも具体的な実在と考え、現実にある一切のものを、この純粋経験の発展の諸形態として説明しようとした。

このように、主観と客観の対立を前提する自然科学的・常識的な二元論的世界観を抽象的な物の見方として斥《しりぞ》け、それに代わって直接的経験を具体的な実在と考える心理主義的な考え方は当時の流行思想の一つであり、G・フェヒナー[93]、W・ブント[94]、E・マッハ[95]、R・アヴェナリウス[96]、W・ジェイムズ[97]等はいずれもこのような考え方に立っていた。西田の純粋経験説もこのような流れに棹《さお》さすもので、彼自身、著作のなかで折に触れてこれらの思想家の思想や言説に言及している。とくにジェイムズの「根本的経験論[98]」(radical empiricism)の影響は大きかったといわなければならない。

しかし、それと同時に、西田の純粋経験説の根底には、彼自身の原体験にもとづいた直覚的な思想があった。多くの人はそれを彼の参禅と結びつけるのであるが、このような考え方というよりも感じ方は、西田が十余年の永い禅修行に入るずっと以前から、すでにおぼろげながらもっていたものであるように、私には思われる。

この点に関して、西田は『善の研究』の新版の序で、次のように述べている。

> 私は何の影響によったかは知らないが、早くから実在は現実そのままのものでなければならない、いわゆる物質の世界というごときものはこれから考えられたものにすぎないという考えをもっていた。まだ高等学校の学生であった頃、金沢の街を歩きながら、夢みるごとくかかる考えに耽ったことが今も思い出される。その頃の考えがこの書の基ともなったかと思う。
>
> （『善の研究』「版を新にするに当って」）

この言葉は、若干の脚色はあるにしても、ほぼ額面どおりに受けとっていいように思う。

そして、このような感じ方は、その後、只管打坐《しかんたざ》の禅体験によって強められ自覚的になっていったように思われる。

純粋経験と思惟

だとすれば、西田は当時のマッハやアヴェナリウスの主張するいわゆる「経験批判論[99]」やジェイムズの説く「根本的経験論」の影響のもとに自分の純粋経験説を展開したというよりも、自分の原初的な体験によって直覚的にとらえたものを、純粋経験論に託して表現したといった方が適切ではないだろうか。純粋な経験を主観と客観、意識と存在に分裂しない中立的なものと考える考え方は経験批判論や根本的経験論に共通した考え方であった。西田は彼の長年の禅修行によって彼の確信となっていた無差別・平等の物の見方が、この純粋経験の思想に近いことを知り、彼の思想をこの「純粋経験」の概念でもってあらわそうとしたのだと思われる。先ほど触れた、「純粋経験を唯一の実在としてすべてを説明してみたいというのは、余が大分前から有っていた考えであった」という西田のコメントは、このような脈絡のもとで理解されるべきであるように思う。「初めはマッハなどを読んでみたが、どうも満足できなかった」という評言も、このような事情から出ていると考えられる。それは、マッハなどの説く「思惟経済[100]」理論の立場に立つ純粋経験説と、西田自身が内から実際に体験した純粋経験の中味との間には隔たりがあるということの自覚の表明であったのだろうと思う。

高橋里美が西田の純粋経験説の論理的矛盾を指摘したのに対して、西田がその答弁のなかで、「氏［高橋里美――引用者］は普通の心理学者や経験論者のように純粋経験ということを内から見ないで、外から見ておられるのでもなかろうか、かくては純粋経験の真相を得ることはできぬと思う」（「高橋（里美）文学士の拙著『善の研究』に対する批評に答ふ」）と答えている。ここには、西田のいう純粋経験が、理論的な側面と同時に実践的な側面、すなわち通常、心境とか境位とかいった言葉であらわされているような体験的側面をもっているということが示されている。

このように西田のいう純粋経験は外から反省された経験というよりも、むしろ内から体験された経験という意味をもっている。それはいわば対象的に眺められた経験ではなく、主体的に生きられた経験なのである。われわれ自身が純粋経験するのである。というよりも、われわれ自身が純粋経験なのである。

しかし、心境や境位は宗教ではあっても、それ自体は哲学ではない。哲学は、このような心境や境位を直覚したり実践したりする立場ではなく、それを反省し説明する立場である。哲学はこのような「生きられた経験」を説明しなければならない。そして、それを説明するためには、何らかの形で、それを考察の対象として反省してみる必要がある。しかし、もともと純粋経験は一切の思慮分別の加わる以前の直接的経験の状態をいうのであるから、反省によって得られた純粋経験はもはや真の純粋経験ではない。それはいわば純粋経験の脱け殻にすぎない。

このように純粋経験の理解には最初から困難がともなっている。純粋経験は「生きられた経験」であるので、それは、西田のいうように、外から見ていたのではとらえることはできない。純粋経験をとらえるためには、内からそれを見なければならない。ということは、実際に経験してみなければ解らないということである。自分自身が純粋経験の世界に入っていって、自ら純粋経験を体験するのでなければ解らないということである。

しかし、それと同時に、そのようにして内から体験された純粋経験を哲学的に説明しようとする場合、われわれはそれを思惟の対象として反省してみなければならない。そして、純粋経験を反省するためには純粋経験の世界から離れなければならない。純粋経験の流れを一端断ち切って、その流れの外からそれを考察する必要がある。

反省によっては得られないものを反省によって得ようとすると、得られたものは元のものではなく、その影像だということになる。しかし、他方、およそわれわれが何かを認識しようとすれば、何らかの形でそれを対象化し反省する必要がある。ここに明白な矛盾がある。純粋経験はけっして反省によってはとらえられないものでありながら、それを認識するには、どうしてもそれを思惟の対象として反省しなければならないからである。それは明らかに矛盾である。しかし、『善の研究』の時期には、西田はこのような矛盾を十分には自覚していなかったようである。この矛盾を解決するには、反省によらない認識、対象認識ではないような認識、いいかえれば反省が同時に直覚であるような認識を考える必要がある。そして、ここに西田哲学の、以後の展開と発展がある。

純粋経験の諸段階

さて、西田は経験の純粋性を意識の統一性にもとめている。ある経験が純粋経験であるということは、そこでは意識が厳密な統一的状態にあるということである。そして、この統一性が保持されているかぎり、その時間的な断絶や長短に関係なく、それらはいずれも純粋経験と呼ぶことができる。

例えば、夜、床についたときの意識と、翌朝、目覚めたときの意識との間には時間的な断絶があるが、そこに意識の厳密な統一が保たれているかぎり、それを純粋経験と呼ぶことができる。

また、たとえ瞬間的な経験であっても、そこにすでに何らかの思惟や反省が働いている場合はもはや純粋経験とはいえないのに対して、反対に比較的長時間にわたる経験であっても、そこに意識の厳密な統一が保持されている場合は純粋経験といえる。

さらに、この統一はなにも個人の意識に限定されているわけではない。それは個人的意識の範囲を超越することができる。個人的な意識統一が存在するのと同様、普遍的な意識統一も存在する。自己と他者、個体と普遍の区別は純粋経験にとっては第二義的なことである。

最後に、意識の統一の程度についても考えてみなければならない。というのは、同じく意識の統一といっても、一方には明暗の区別さえつかない「幼児の意識」の状態もあれば、他方には「天才の神来」のような真の意味での意識の統一的状態もある。前者はおよそ意識というものが生ずる以前の「無意識」ないし「前意識」の状態だとすれば、後者はむしろ通常の分別的意識を超越した「超意識」ないし「脱意識」の状態だといえるだろう。この二つの段階にはあまりに大きな隔たりがあり、両者を同じ純粋経験と呼ぶのは難しいように思われる。しかし、西田は、たとえ両者の間に高下深浅の差はあっても、両者はともに純粋経験と呼べると考えている。

このように純粋経験は日常ありふれた無意識的な状態であるとともに、また意識のもっとも理想的な、究極的な状態でもある。だとすれば、純粋経験は意識の一様な統一的状態ではなく、統一のさまざまな程度や段階をもった意識状態であることになり、それは「意識の厳密な統一的状態」という最初の定義と矛盾するように思われる。実際、西田は、統一とか不統一とかいっても相対的、程度上のものであって、一切のものは純粋経験と呼べるとさえ述べている。ここに「純粋経験を唯一の実在としてすべてを説明してみたい」という西田の意図を見ることができるであろう。

しかし、そうすると、意識の分裂的状態である反省的思惟の段階でさえ純粋経験と呼べることになるであろう。というのも、先に述べたように、分裂とか統一とかいっても相対的、程度上のものであって、まったく統一的側面のない分裂というもののもなければ、まったく分裂的側面のない統一というもののもないからである。実際、西田自身、「思惟と経験とは同一であって、その間に相対的の差異を見ることはできるが絶対的区別はないと思う」（同書、第一編「純粋経験」）と述べている。これは明らかに矛盾ではないだろうか。

『善の研究』の中で展開されている西田の純粋経験の思想に、このような矛盾が見られること、あるいは少なくとも純粋経験という概念が多義的な性格をもっていることは否定できないと思う。それは種々の要素と段階をもった複合的な概念であるとともに、それらを自己の体系的発展の諸契機とするような統一的概念なのである。

西田は、『善の研究』第二編「実在」において、意識現象（純粋経験）が唯一の実在であるということを述べた後、この実在の自己展開の形式を次のように定式化している。

先ず全体が含蓄的 implicit に現われる、それよりその内容が分化発展する、而してこの分化発展が終った時実在の全体が実現せられ完成せられるのである。一言にていえば、一つの者が自分自身にて発展完成するのである。

このような見方をすれば、意識の分裂や分化は、より大なる意識統一にいたる意識作用自身の不可欠の契機であることになり、したがってそれは純粋経験であるということになる。

以上のことを整理してみると、西田のいう純粋経験は三つの意味ないしは段階をもっていることになる。

㈠　まず、それは意識の原初的ないし直接的な統一的状態を意味している。西田が「意識の厳密な統一的状態」とか、「主客未分の状態」とかいっているのがこの段階であり、この場合、純粋経験は直接経験と同義である。これは純粋経験の最初の規定であって、「初生児の意識」のような、いわゆる無意識ないし潜在的な意識とか、感覚や知覚などが、この段階にあたる。そして、この段階の純粋経験は、まったく何の価値も意味も含んでいない直接的事実を指している。

㈡　次に、それは意識の分化・発展の側面を意味している。この段階は意識の分裂的段階であって、厳密な意味では純粋経験とはいえない。しかし、それはより大なる統一へといたる意識自身の発展の、不可欠の契機であるという理由と、統一とか不統一とかいっても相対的なものであり、程度上の相違でしかないという意味で、広義の純粋経験と呼ぶことができる。そして、この段階にはすべての反省的思惟が含まれる。また、事物の価値や意味が生ずるのはこの段階においてである。

㈢　最後に、それは意識の理想的な、また究極的な統一的状態を意味している。この段階の純粋経験は㈠のような無意識的な意識統一の状態ではなく、むしろ自覚的な意識統一の状態を指している。それは、初生児の意識におけるような主客未分の状態ではなく、むしろ天才の「神来」や「三昧」の境地におけるような主客の対立を超越した意識状態である。西田が「知的直観」と呼んでいるものがこの段階にあたる。また、事物の真の価値や意味はこの段階において得られる。

　このように純粋経験は、自分の内に三つの契機ないしは発展段階を有する意識の体系であり、またこの体系全体が同時に一つの純粋経験でもある。経験は不断の活動であって、それはつねに自己の内なる矛盾や衝突をとおして体系的に自己を展開していくのである。このような西田の考え方はきわめて弁証法的であるといえるだろう。というのも、そこでは意識は直接的ないし無意識的な統一的状態から、その分化・対立の契機をへて、より大なる、より理想的な統一的状態へと発展していくと考えられているが、その発展の方式は、まさしく定立・反定立・綜合[101]という弁証法的方式に対応しているからである。ただ、『善の研究』の時期に、西田が自分の思想の弁証法的性格を自覚していたか否かは定かではないが、その後、彼自身の思想を展開していく過程で、しだいにそれを自覚するようになった。この点については、後にヘーゲル哲学との関係を考察する際に触れることにしたい。

純粋経験から自覚へ

純粋経験は西田の思想のいわば「原型」ともいうべきものである。それは『善の研究』以後の、彼の思想的発展の出発点であるとともに、彼の思想がつねにそこへと還帰していく根源である。また、そのようなものとして純粋経験の概念は無限の奥行きと多様性を秘めている。しかも、『善の研究』においては、その点が十分に自覚されないまま、したがって精密な論理的分析をへないまま、いわば直接的な形で提示されている。

それは、前述したように、さしあたりは㈠主観と客観の未分離の統一的な意識状態、いいかえれば直接的経験の状態と規定されている。つぎに、㈡それは不断の活動であって、自己分化をとおしてより大なる統一的状態へ発展していくと考えられている。そして、このような分裂的な意識状態も一種の純粋経験と考えられている。さらには、㈢このような発展の究極に考えられる意識の理想的な統一的状態が真の意味での純粋経験と考えられている。そして最後に、㈣意識のこのような展開過程の全体がまた一つの純粋経験と考えられている。

㈠は感覚や知覚の段階であり、㈡は反省的思惟の諸段階であり、㈢は知的直観の段階であり、㈣は普遍的意識である。純粋経験のこの四つの段階あるいは局面は相互に明確に区別されなければならないが、その点に関して、『善の研究』では自覚的には論じられていない。また、それはある意味では道理にかなっている。というのも、それらはまったく別個のものではないからであり、また西田の意図は、彼自身がいっているように、その差異性を示すことにではなく、むしろ反対にその同一性を示すことにあったからである。

しかしながら、思想の論理的展開という面からみれば、一方では、これら四つの段階ないし局面は明確に区別されなければならないとともに、他方では、それらの段階ないし局面の相互の連関が明らかにされなければならない。あるいはまた、それを可能にするような、より根源的な原理が探究されなければならない。そして、このような要求に応えるものとして、「純粋経験」の概念に代わって提示されたのが「自覚」の原理であったのである。

第8回　西田幾多郎とW・ジェイムズ

西田幾多郎とW・ジェイムズ

西田が『善の研究』の草稿を書き始めた頃、もっとも大きな影響[102]を受けたのはW・ジェイムズであったと思われる。一般に、ジェイムズはプラグマティズムの創始者として知られているが、その晩年には、彼が「根本的経験論」(radical empiricism)と呼んでいる形而上学的な認識理論を提唱し、そのなかでpure experienceを唯一実在として説いた。西田が用いている「純粋経験」という言葉は、このジェイムズのpure experienceをそのまま日本語に訳したものである。

西田はジェイムズに対してかなり早い頃から関心をもっていたように見える。すでに明治三十五年(一九〇二、三十二歳の頃)、当時、東洋学者ポール・ケーラス[103]の助手として滞米中であった旧友鈴木大拙からジェイムズの『宗教的経験の諸相』を薦《すす》められ、同三十七年一月、同書を読み始めている。また、彼の日記には、明治三十八年と四十一年にジェイムズの『心理学』の読書の記述があり、同四十三年には同じく『論文集』(おそらく、その前年に出版された『真理の意味』のことだと思われる)を読んだという記述がある。

また、西田の書簡を読むと、上記の著作のほかに『プラグマティズム』を読んだ形跡が見られ、さらには鈴木大拙から送られてきたジェイムズの論文「純粋経験の世界」の別刷を熟読していることがわかる。

西田はジェイムズの著作によほど満足したらしく、『宗教的経験の諸相』については「深く面白し」と日記に記し、『心理学』に関しては「『心理』を之によりて講ぜんと思う」と記している。自分の講義の種本《たねほん》として使おうというわけである。また、明治三十八年七月三日の日記には、「ゼームス氏が哲学研究に転じたりときく。この人哲学を研究せば定めし面白からんと信ず」と記している。

また、同年（?）七月、鈴木大拙宛の書簡では、「近来 W. James 氏などの Pure experience の説はよほど面白いと思う。氏は Metaphysics［形而上学——引用者］を書くというがまだ出来上がらぬか……ゼームス氏の論文手に入ったらどうか送ってくれたまえ」（書簡五五）と依頼し、さらに同四十三年、同僚堀維孝に宛てて、「小生はこの頃ジェームスの近頃出したる論文などを読みおり候。面白く候。よほど禅に似たる所あるように思われ候」（書簡一一二）と書き送っている。これらの記事は、この時期、西田がいかにジェイムズの思想に傾倒していたかを端的に物語っている。

当時、西田は金沢の第四高等学校で主としてドイツ語を教えるかたわら、心理学や倫理学を講じていた。『善の研究』はその講義草案を基にしたものであることは前に述べたとおりである。西田は自分の講義に関しては、かなり周到な準備をしていたようである。またその必要上、彼は、当時としてはきわめて多くの西洋の文献を読んだように思われる。

しかし、よくよく考えてみると、「今の西洋の倫理学という者は全く知識的研究にして、議論は精密であるが人心の深き soul-experience に着目する者」一人としてなく、「全く自己の脚根下《きゃっこんか》を忘却し去る」、「パンや水の成分を分析し説明した」ものはあっても、「パンや水の味を説く」ものはいない、すべてこれ「虚偽の造物」であって、人心に何の効用もない、ということを痛感せざるをえなかった（書簡四二）。それらは、当時、人生の問題や自己の在処の問題で苦悩していた西田に一片の指針をも与えるものではなかった。彼が日記に、「学問は畢竟 life の為なり、life が第一等の事なり、life なき学問は無用なり」とか、「余は life の研究者とならん」と記さざるをえなかったゆえんである。

ところが、西田が鈴木大拙に薦められてジェイムズの『宗教的経験の諸相』を読むにおよんで、そこに自分の魂の琴線に触れるものを感じ、また彼が目指していた「生の探究者」の模範的な先達をジェイムズの内に見いだしたのである。西田が最初にジェイムズに関心をもったのは、主としてこのような実践的・人生観的動機によるものと考えられる。そして、ジェイムズが心理学から哲学に転じたことを聞いたとき、「この人哲学を研究せば定めし面白からん」と感じたのも同一の理由によると考えられる。

西田とジェイムズの類似点

しかしながら、西田がジェイムズに共感したのは、ただ単にこのような実践的・人生観的動機だけによるものではなかった。先の鈴木大拙宛の書簡にもあるように、西田はまた理論的・世界観的側面においてもジェイムズの考えに共鳴するものがあった。それは、一言でいえば、ジェイムズの『心理学』における「意識の流れ」や、『根本的経験論集』における「純粋経験」の概念によって展開されている「経験」についての基本的な考え方に対してである。

西田とジェイムズの「経験」概念で一致しているのは、およそ次の三点である。

その第一は、西田とジェイムズの共通の出発点は「純粋経験」の事実であったということである。両者にとって唯一の具体的な世界、真実の世界は主観と客観の分裂以前の、純粋経験の世界であって、いわゆる物質界と精神界の独立的存在を想定する通俗的な二元論的世界観は、思惟による抽象の産物であると考えられている。ジェイムズにとっては、「世界を構成する根本素材（primal stuff）」は純粋経験であり、西田にとっては、「純粋経験の事実はわれわれの思想のアルファであり、又オメガである」のである。そして、意識とその内容、精神と物質、あるいは「知るもの」と「知られるもの」等々の区別は、個々の純粋経験が相互に結ぶ種々の関係から生ずるのである。また、そのような関係自身も一種の純粋経験と考えられている。したがって、唯一の実在は純粋経験であって、主観と客観、意識とその対象等の区別はけっして実在的区別ではなく、むしろ機能的区別なのである。つまり、それらはものの存在をあらわす言葉ではなく、機能をあらわす言葉である。しかし、この点に関しては、前回かなり詳しく話したので、このくらいにしておきたい。

第二は、西田とジェイムズがともに経験を能動的な性質をもったものと考えていることである。一般に、近代西洋哲学においては「知性」の働きは能動的であるのに対して「経験」の働きは受動的であると考えられてきた。(104)要するに、経験とは「刺激を受けとて」にすぎないと見られたのである。例えば、ロックにとって経験とは「対象が感官に与え」にすや印象を受けとる能力」のことであり、またカントにとっては、それは「対象を受け取る能力」のことであった。

これに対して、西田もジェイムズも、経験というものをどこまでも能動的な性格のものとして考えていた。すでに触れたように、西田は経験を、自らの分裂をとおして体系的に発展していくもの、「自発自展」していくものと考えていた。ジェイムズもまた、われわれの経験は単なる受動的な働きではなく、対象を選択し、強弱をつける能動的な働きであるといっている。

意識は常にその対象中の一部分に対して他の部分に対してよりも多くの興味を感じ、対象を歓迎、排斥あるいは選択するものである。（「意識の流れ」）

晩年、ジェイムズは自分の哲学を「根本的経験論」(radical empiricism) と呼んでいるが、それは文字どおり、伝統的なタイプの経験論ではなく、経験論をどこまでも徹底させた経験論というくらいの意味である。それは、従来のように主観と客観を別個の存在と考えるのではなく、それを経験の二つの側面と考えるというものであるが、それと同時に、そこには、従来のように経験を受動的なものとしてではなく、どこまでも能動的な働きとして考えようとする精神が含まれている。また、ジェイムズは経験と経験との関係をも一つの経験と考えた。

第三は、西田もジェイムズも実体的存在というものを否定していることである。実体というのは、あらゆる変化や現象や作用の根底にあって、それらを支えていると[illegible]れる、それ自身は恒常不変な存在のことである。例えば、神とか物体とか精神（心）[illegible]を存在が一般に実体と呼ばれている。しかし、西田もジェイムズも、このような実[illegible]徹底して否定している。

この点を、心という存在を例にして考えてみよう。常識では、われわれは[illegible]いう実体があって、この心が考えたり、感じたり、意欲したりしているのだと思っている。しかし、ジェイムズによれば、われわれが直接に経験する事実は「ある意識が進行しているという事実」であり、実際に存在するのは心という実体ではなく、不断の「意識の流れ」だというのである。意識というものはつねに経過的な意識であって、過去の意識は現在の意識によって、いわば「相続」される。したがって、時々刻々にあらわれる新しい自己は過去の自己を相続し、それを自己の内に包摂する。現在の自己はいわば「全過去の（意識の）流れの代表者」であり、経過的な一々の自己をつなぐのは、（そこに見られる）機能としての同一性にほかならない、というのである。つまり、一瞬一瞬の時の経過において、そのつど過去の全意識の流れを相続し、その代表者となるという同一の機能が見られるが、われわれが通常、自我とか心とかいっているのは、まさしくそのような機能のことにほかならないというのである。

同様に、西田もあらゆる実体的な存在を否定している。『善の研究』の序に、「個人あって経験あるにあらず、経験あって個人あるのである、個人的区別より経験が根本的であるという考えから独我論を脱することができ」た、と書かれている。ここで西田が個人といっているのは、無論、実体的存在としての自我のことであり、また経験といっているのは、心的作用（意識現象）のことである。西田の考えでは、存在するのはただ心的作用だけであって、この作用の背後にその本体である実体的な自我が存在すると考えるのは、思惟による抽象の産物にすぎない。われわれは作用には必ずその原因がなければならないと考えるから、作用の原因ないし主体としての自我の存在を想定するようになるのである。この点に関して、西田は「意識現象においては統一作用の外に統一者があるのではない。働きの外に働くものがあるのではない、働くものなき働きである、働きが働き自身を維持するのである」(「意識とは何を意味するか」)といっている。

西田とジェイムズの差異点

このように、経験を主客未分の意識現象として見ること、またそれをどこまでも能動的な性質のものとして見ること、さらにはそれを実体的な存在としてではなく作用的な存在として考えるという点で、西田とジェイムズの考えは一致していた。しかし、同時に、両者の純粋経験の思想にはいくつかの顕著な相違が見られる。

第一に、西田もジェイムズも主客未分の純粋経験を唯一の実在と考える点では一致しているが、しかしジェイムズが単に意識と事物の二元論を否定するばかりでなく、経験の内的二元性をも否定しているのに対して、西田はこの内的二元性を承認している点で、両者の間に微妙な意見の相違が見られる。経験の内的二元性というのは、経験の内には主観的側面(ないし機能)と客観的側面(ないし機能)の二つの要素があるという主張のことで、西田はこのような意味での二元性を認めているのに対して、ジェイムズはそれを認めていない。

ジェイムズによれば、経験を意識とその内容に分ける際、われわれは経験からある要素を除去するのではなく、むしろ反対にそれに他の経験を付加しているのである。例えば、それ自身は中性的な「あれ」(that)である原初的な経験が、ある文脈(心的文脈)のなかに置かれると、いいかえればそれにある文脈が加算されると、その経験は「意識」の役割を担い、またそれが他の文脈（物的文脈）のなかに置かれると、いいかえればそれに他の文脈が加算されると、その同じ経験が今度は「内容」の役割を担うというのである。例えば、ある音楽を聴くという経験が、昔の恋人との間のなつかしい思い出につながるとき、それは「意識」の役割を担い、またそれが昔見た映画の一場面とつながるとき、その同じ経験が今度は「内容」の役割を担うのである。

したがって、経験それ自身に意識と内容の二側面があるのではなく、同じ経験が回顧的な経験によって二度取りあげられるとき、それがその文脈において果たす役割に応じて、まるごと「意識」ともなれば、反対にまるごと「内容」ともなるというのである。

これに対して、西田においては経験の内的二元性が承認されている。すなわち経験自体が意識と内容、西田流にいえば「統一する側面」と「統一される側面」という二つの機能ないし要素をもっていることが承認されている。

西田の考えでは、経験は不断の活動であり、それは自己分化と統一の不断の過程である。この自己分化は経験内部の種々の矛盾と衝突によって生ずるが、このような矛盾と衝突を媒介として経験は不断に発展していく。そして、意識とその内容というのは、経験のこのように分化した二つの側面ないし契機にほかならない。すなわち、純粋経験がその内的矛盾によって分裂するとき、そこに意識とその内容とが分離してくるというのである。

通俗的な二元論を否定して、意識とその内容を、経験相互の関係項ないし機能として考えるという点では、両者の考えは一致しているのであるが、経験それ自体に内的な二元性を認めるか否かという点においては、両者の考えは分かれている。

第二に、これと連関して、経験を本質的に個人的なものと見るか、それとも普遍的な経験を認めるかという点で、西田とジェイムズの考えは分かれている。ジェイムズは意識(経験)というものは人格的・個人的性格のものであることを強調している。「普遍的な意識的事実は『感じや考えが存在する』ことではなく、『私は考える』『あなたは考える』ことである」(「意識の流れ」)といっている。ジェイムズは普遍的な経験というのは矛盾であるとして、その存在を認めなかった。この点で、彼は彼自身がいっているようにヒューム哲学[105]の後継者であった。したがって、ジェイムズの純粋経験論は多元論的である。ジェイムズ自身、自分の哲学を「モザイク哲学」とか、「複数の事実の哲学」とか呼んでいる。

これに対して、西田は経験に個人的、普遍的の区別を設けなかった。むしろ個人的経験を普遍的経験の分化・発展の諸相と考えていた。「個人あって経験あるのではなく、経験あって個人あるのである。個人的経験とは経験の中において限られし経験の特殊なる一小範囲にすぎない」(『善の研究』第一編「純粋経験」)とか、「個人性とは一般性に外より他の或者を加えたのではない、一般性の発展したものが個人性となるのである」(同書、第四編「宗教」)、といっている。そして、この点で、西田の純粋経験説は、カント以後のドイツ哲学とくにヘーゲル哲学[106]と結びついているといえるであろう。

しかし、西田が自説を説明するのに、インド哲学における「梵我一如」の思想や大乗仏教における「天地同根・万物一体[107]」という言葉を援用しているところからも理解されるように、もともとそれは東洋に伝統的な考え方でもあったといえる。いずれにしても、個体と普遍の二元論をも否定している点で、西田の経験論はジェイムズの経験論と相違している。ジェイムズの経験論が多元論的経験論であるとすれば、西田のそれは一即多元論的経験論であるといえるであろう。

第三に、西田は主観と客観、個体と普遍の二元論を否定するばかりでなく、理論と実践の二元論をも否定している。もともと『善の研究』の意図は、純粋経験でもってすべてのものを説明するところにあった。実際、西田は認識の問題、実在の問題、道徳の問題、宗教の問題等を同じ純粋経験の原理でもって説明している。西田にとって、純粋経験は理論的原理であると同時に実践的原理でもあり、認識の原理であるとともに行為の原理でもあったのである。したがって、それはまたもっとも平凡な現実の世界であるとともに、もっとも理想的な世界でもあったのである。

これに対して、ジェイムズは純粋経験の思想を展開した「根本的経験論」を彼の認識理論の原理と見なし、その実践的行為の理論は、それとは別個のいわゆるプラグマティズムの原理でもって構築している。そして、この根本的経験論とプラグマティズムを結ぶ橋梁はどこにも見られない。理論と実践、認識と行為は截然と分離されている。理論は理論、実践は実践であり、また認識は認識、行為は行為であって、両者を結合する統一的な原理はどこにも見られない。また、その必要性をジェイムズは少しも自覚しなかったようである。

この点について、ジェイムズ自身次のようにいっている。

少なくとも一つの誤解を避けるためにことわっておきたいが、私の理解しているようなプラグマティズムと、最近私が『根本的経験論』として述べた教説との間には、なんら論理的連関はない。根本的経験論はそれ自身独立したものである。人はそれをまったく拒否してもなおプラグマティストであることができる。（『プラグマティズム』序）

一般に、西洋の哲学は理論と実践、認識と行為、事実と当為、現実と理想を截然と分ける傾向があるが、西田哲学の特徴の一つは、このような一切の区別や差別を否定するところにあるといえるだろう。そして、それは東洋に伝統的な物の見方であった。

第9回　『善の研究』の宗教思想

宗教は意識統一の要求である

『善の研究』の時期においては、宗教は意識統一の要求、しかもその最大で最深の要求として考えられている。ところで、西田の考えでは、意識の統一はそもそも意識の成立の根本要件であり、したがってまたそれは意識自身の根本的要求である。たしかに意識は不断に分化し発展しているが、それはより大なる統一へ至るための分化・発展であるから、意識にとっては統一が根本であり、基礎であるといえる。それだから、意識の最大にして最深の統一をもとめる宗教は意識の本質的な要求であるということになる。

したがって、宗教は日常的な生とは別個に、それを離れてあるものではない。むしろ日常的な生そのものの要求が宗教である。行住坐《ぎょうじゅうざ》臥《が》・著衣喫飯《じゃくえきっぱん》[108]の日常的な要求がすなわち宗教である。であるから、「なぜ宗教は必要であるか」と問うことは、『なぜわれわれは生きる必要があるか」と問うことに等しい。実際、日常的生活におけるあらゆる要求は、その根底において、宗教的要求より分化したものであり、またその発展の究極において、宗教的要求へと帰着する。この意味で、宗教的要求はあらゆる要求の出発点であり、また帰着点である。

以上は、『善の研究』第四編「宗教」の最初の部分の要旨である。ここで注目すべきは、㈠宗教が意識統一の最大最深の要求であると規定されていることと、㈡このような宗教的要求は日常的な生活を離れてあるのではなく、むしろ日常的な生活の要求がそのまま宗教であると考えられていることである。ここでは、宗教はあくまで日常的生活に密着したものとして、また日常的生活に徹するものとして考えられている。宗教の本質は日常的な生活を瞬時も離れることなく、その内底を突き破っていくところにあるというのである。そして、この意味で、宗教は生の根本であると同時に目的でもある。

これが、宗教についての西田の根本的な考え方であるが、このような考え方は、一般に、究極的なものは、何か超越的な彼岸的な方向の極限にあるのではなく、かえって平凡な日常的な生そのものの内奥にあるという確信によって支えられている。この確信によれば、日常的な生は無限の奥行と底知れぬ深さを蔵しており、その奥の奥、底の底に究極的なものがある、したがって意識統一の最大最深の要求である宗教の本質は、日常的な生を超越することによってではなく、むしろ日常的な生そのものの内に奥深く沈潜し、その意味を最も深く把握することによってはじめてとらえることができる、と考えられている。

ことさらに改まって禅堂にこもり、坐禅を組んだり、経典を読んだり、講話を聞いたりするところに宗教の本質があるのではなく、むしろ食事の仕度をしたり、家畜の世話をしたり、田畑を耕やすといった、ごく平凡な日常の業務に徹しきるところに宗教というものの本質があるというのである。

このような考え方は西田哲学に一貫した考え方であった。『善の研究』が出版されてからおよそ三十年後、西田はある講演のなかで次のようにいっている。

我々の最も平凡な日常の生活が何であるかを最も深く摑《つか》むことによって最も深い哲学が生れるのである。（講演「歴史的身体」）

このように宗教的要求は日常的な生そのものの要求であり、しかもそれは自己の一部の統一の要求ではなく、自己そのものの、あるいは自己の最大にして最深の統一への要求である。では、この自己の最大最深の要求とはいったい何であろうか。それは、西田によれば、「我々の自己がその相対的にして有限なることを覚知するとともに、絶対無限の力に合一してこれによりて永遠の真生命を得んと欲するの要求」（『善の研究』第四編「宗教」）である。約言すれば、宗教的要求とは、全宇宙的生命との一致の要求である。

自己否定は自己肯定である

では、このような要求はどのようにして達成されるのであろうか。西田は、このような要求は、われわれの自己を無限に拡大していくことによっては達成されない、と説いている。

自己という主観的な統一力をどんなに拡張していっても、所詮、それが相対的なものであることを免れないからである。そこには、つねに主観と客観との衝突・対立があり、また主観の内部には深い自己矛盾がある。むしろ反対に、われわれがわれわれの主観的統一力を否定して客観的統一力に従うところに、絶対的統一力というものが成立する。このようにわれわれは自己を否定することによって、かえって自己を肯定するのである。したがって、宗教には自己否定と、（その自己否定による）自己の転換という契機が不可欠である。「真正の宗教は自己の変換、生命の革新を求める」（同）、と西田もいっている。

こうして西田は、われわれの自己の最大最深の統一をもとめる宗教的要求は、主観と客観の対立の方向にではなく、反対に主客の合一の方向において実現されると説く。この場合、主客の合一の方向とは、主観が自己を否定し、より大なる客観に没入していく方向である。それは、より大なる客観を自己とするということであり、自己がより大なる統一力となるということである。したがって、この意味で、自己を否定することは自己を肯定することである。

西田は『善の研究』第三編「善」においては、「偽我」と「真正の自己」とを対立させ、われわれはわれわれの偽我を否定し尽くすことによって真正の自己を得ることができると説いている。（日常的な生の段階で）自己が自己を肯定しようとすることは、自己が自己に執着することであり、この執着によって自己と世界の対立は超えがたいものとなる。反対に自己が自己を否定し、自己を放棄することによって、自己と世界の対立は解消し、自己は主客の合一のなかにある真正の自己を発見することができる。

真の自己を知り神と合する法は、ただ主客合一の力を自得するにあるのみである。而してこの力を得るのは我々のこの偽我を殺し尽して一たびこの世の欲より死して後蘇《よみがえ》るのである……かくの如くにしてはじめて真に主客合一の境に到ることができる。これが宗教道徳美術の極意である。キリスト教ではこれを再生といい仏教ではこれを見性《けんしょう》という。（『善の研究』第三編「善」）

このような主張は『善の研究』第一編「純粋経験」における認識理論と符合している。そこで、西田は、真理を純粋経験すなわち主観と客観とが一致している状態と規定し、われわれはより大なる実在の体系と一致すればするほどより大なる真理を得ることができる、ところで、より大なる実在の体系と一致するとは、より大なる自己と一致することであり、そしてこの一致は（より小なる）自己を否定することによって得られる、われわれが自己を否定するということは、より大なる体系へと入っていくことであり、その究極においてわれわれは宇宙の根源的統一力そのものと一致する、と説いている。それが認識論的には「知的直観」の状態であり、また道徳論的には「宇宙の本体と融合し神意と冥合」している状態である。こうして『善の研究』においては、実在と真理と善と美の一致が説かれる。竹は竹、松は松と各自その本性を発揮した時、美であるように、人間も各自がその天分を発揮した時、美である。また同時に、それは善であり、真でもある。

神と自己との同性的関係

このような西田の主張の根底には、純粋経験は何も個人的なものとは限らない、個々の純粋経験の根底には普遍的な根源的な統一力があり、前者は後者の分化・発展の諸相（諸段階）であるという考えがある。そしてこれが、われわれの自己の根底は同時に宇宙の根底であり、自己の根本と宇宙の根本とは同一であるという主張となり、さらに自己を否定することは、より大なる宇宙と一致することであり、したがってまたそれはより大なる自己と一致することであるという主張の根拠となっているのである。それは、一言でいえば、自己と宇宙と神との同性的関係の主張であり、自己と宇宙における神の内在性の主張であり、個体と普遍の二元論の否定である。この点に関して、西田は「すべての宗教の本《もと》には神人同性の関係がなければならぬ、即ち父子の関係がなければならぬ」といい、「神は宇宙の根本であって兼ねて我らの根本でなければならぬ、我らが神に帰するのはその本に帰するのである」（同書、第四編「宗教」）といっている。

こうして『善の研究』の時期の西田の宗教論は汎神論(109)的色彩のきわめて強いものとなって

いる。神を宇宙の統一者、実在の根底と考え、またわれわれの自己の内に働く根源的統一力と見る考えは、必然的に神の内在的性格を強調し、その超越性を否定する傾向を帯びる。実際、『善の研究』第二編「実在」では、「この（唯一実在の）無限なる活動の根本をば我々はこれを神と名づけるのである。神とは決してこの実在の外に超越せる者ではない、実在の根柢が直ちに神である、主観・客観の区別を没し、精神と自然とを合一した者が神である」と規定している。

このような神の規定は第四編「宗教」においてもまったく同様であって、「神は宇宙の根本であって兼ねて我らの根本でなければならぬ、我らが神に帰するのはその本に帰するのである」とか、「我々の神とは天地これによりて位し万物これによりて育する宇宙の内面的統一力でなければならぬ、この外に神というべきものはない」とか述べられている。

そして、他方では、超越者としての神、創造者としての神という観念は一貫して否定されている。例えば、「宇宙の外に立てる宇宙の創造者とか指導者とかいう神は真に絶対無限なる神とはいわれない」とか、「超越的神があって外から世界を支配するという如き考えは啻《ただ》に我々の理性と衝突するばかりでなく、かかる宗教は宗教の最深なる者とはいわれないように思う」（同）とか述べられている。

西田は『善の研究』のなかで、信仰の神髄をあらわす言葉として『聖書』から多くの言葉を引用しているが、それらは、例えば「パウロは『もはや余生けるにあらずキリスト余にありて生けるなり』とい」(第三編「善」)ったようにとか、「キリストが『十字架を取りて我に従わざる者は我に協《かな》わざる者なり』といったように」(第四編「宗教」)とかいった言葉に窺えるように、もっぱら信仰の本質である自己の否定的転換をあらわす言葉として引用している。また、「我々がキリストの神性を信ずるのは、その一生が最深なる人生の真理を含む故である」(同)と述べ、信仰の本質が神の超越性にあるのではないことを示唆している。

このような神と人間との同性的関係あるいは神の内在的性格が宗教の本質であるという主張は、その人格概念にもあらわれている。西田はその道徳論や宗教論において人格とか人格主義とかいう言葉を好んで使用し、それを自分の立場としている。そこにはカントやT・H・グリーン(110)の影響があったと考えられるが、しかし西田のいう「人格」はキリスト教でいう人格とは異なり、自己の根底において働いている「統一力」(111)をあらわす言葉であった。西田は人格を、通常考えられているように、人間をして人間たらしめているものとか、人間と他の被造物とを分かつ所以のものとは考えなかった。むしろそれを、宇宙の根源的統一力につながるものと考えていた。したがって、人格的神という言葉も同じ文脈で用いられている。例えば、西田は、神はわれわれの自己の根底に働いている「宇宙の内面的統一力」であると主張した後、次のようにいっている。

もし神が人格的であるというならば、かくのごとき実在の根本において直ちに人格的意義を認めるとの意味でなくてはならぬ。然らずして別に超自然的を云々する者は、歴史的伝説にあらざれば自家の主観的空想にすぎないのである。また我々はこの自然の根柢において、また自己の根柢において直ちに神を見ればこそ神において無限の暖かさを感じ、我は神において生くという宗教の真髄に達することもできるのである。

（同書、第四編「宗教」）

『善の研究』の宗教思想の汎神論的・唯心論的傾向

このような西田の汎神論的な宗教観は彼の純粋経験説の必然的な帰結であった。『善の研究』第一編「純粋経験」における、個々の経験とその根底に働いている普遍的意識との関係は、同第四編「宗教」においては、そのまま自己という統一力と神という根源的統一力との関係に置き換えられている。したがって、そこでは自己と神との同性的あるいは内面的関係が強調され、自己における神の内在性が主張されると同時に神の超越性が否定されている。同所で、西田は有神論と汎神論の主張を対比させ、また両説に対する簡潔な批評をおこなっているが、その内容は明らかに汎神論の主張に対して同感的である。

まず、西田は「神人その性を同じうし、人は神においてその本に帰すというのはすべての宗教の根本思想」であるが、この根本思想に立って神人の関係を考える場合、種々の考え方が可能であるとし、その典型的な例として有神論と汎神論をあげている。有神論とは、「神は宇宙の外に超越せる者であって、外より世界を支配し人に対しても外から働く」と考える立場であるが、反対に汎神論は「神は内在的であって、人は神の一部であり神は内より人に働く」と考える立場である。そして、西田は両説の優劣を論じているが、あきらかに有神論に対して批判的である。西田は、先に引用したように、超越的な神の支配という観念はわれわれの理性と衝突するということを力説するとともに、「我々が神を敬し神を愛するのは神と同一の根柢を有する故でなければならぬ、我々の精神が神の部分的意識なるが故でなければならぬ」（同）といっている。

反対に、汎神論のように神と自然を同一視することは神の人格性と尊厳を損なうことになるのではないかという批判に対しては、「神と実在の本体とを同一視するも、実在の根本が精神的であるとすれば必ずしも神の人格性を失うこととはならぬ」（同）といっている。つまり神は自然であるという汎神論の主張は、必ずしも神を物質化することにはならず、むしろ反対に自然を精神化することでもあるというのである。実際、西田は、他の個所で、「神は宇宙の大精神である」（第二編「実在」）といい、また「実在は精神的であって我々の精神はその一小部分にすぎない」（第四編「宗教」）ともいっている。

しかしながら、西田の純粋経験説は主客未分の純粋経験を唯一の実在と考え、この純粋経験の事実から一切のものを説明していこうとするものであった。したがって、それは唯心論対唯物論[112]あるいは観念論対実在論[113]という図式をも超越した立場に立とうとするものであった。だとすれば、このような立場からどうして自然に対する精神の優位の思想が出てくるのであろうか。それは西田の基本的立場と矛盾するのではなかろうか。この点を明らかにするために、ここで西田の純粋経験説の内部構造を略式化して検討を加えてみよう。

㈠　宇宙には唯一の根源的統一力（神）がある。これはまた純粋経験とも呼ばれる。

㈡　この統一力は独立自全の活動であって、それは不断に自己を分裂させ、またこの分裂をとおしてより大なる統一へと発展している。

㈢　ところで、この根源的統一力がその発展の過程で分裂するとき、そこに主観と客観あるいは精神と自然の対立が生ずる。したがって、主観と客観、精神と自然はけっして異なった二つの存在ではなく、それらは唯一の実在がより大なる統一へといたる契機として有する二つの機能ないしは要素にほかならない。そして、この意味では、あらゆる二元論的図式は廃棄される。

㈣　主観（精神）とは、実在分裂の際の統一的側面のことであり、客観とは、統一される側面である。すなわち主観（精神）は統一者（統一力）であり、客観（自然）は被統一者である。

㈤　ところで、実在そのものは不断の統一力と考えられているから、この意味で、客観（自然）に対する主観（精神）の優位の考えが生ずる。何故かといえば、精神は実在と同様、統一力（統一するもの）として、反対に自然は被統一者、統一されるものとして考えられているからである。

実際、西田は「物体に由りて精神を説明しようとするのはその本末を顚倒《てんとう》した者といわねばならぬ」（第四章「宗教」）といい、また「実在の根柢には精神的原理があって、この原理が即ち神である……神は宇宙の大精神である」（第二編「実在」）といっている。

したがって、このような主張からは、さらにすべての実在が精神的なものであるという結論が生ずる。というのも、すべての実在はその統一力によって成立すると考えられ、そしてこの統一力を精神と呼ぶのであるから、したがってすべての実在は精神的なものであるということになるであろう。実際、西田は「我々の精神とは実在の統一作用であるとして見ると、実在にはすべて統一がある、即ち実在にはすべて精神があるといわねばならぬ……厳密にいえば、すべての実在には精神があるといってよい」（同）といっている。したがって、西田の純粋経験説は、その根底において唯心論的であり、否むしろ汎心論的であるといえる。それはすべてのものの根底に精神的活動原理を承認するもので、この点ではライプニッツの単子論[114]にきわめて近いといえるだろう。

第10回　「自覚」とは何か

「純粋経験」から「自覚」へ

先にわれわれは、西田のいう純粋経験には種々の段階があるということを指摘した。それを三つに要約すると、次のようになる。

㈠　意識の原初的ないし直接的な統一的状態
㈡　意識の分化・発展の状態
㈢　意識の理想的ないし究極的な統一的状態

㈠は、初生児の意識に見られるような潜在的な意識、および感覚や知覚における直接的意識の状態であって、そこでは主観と客観とが未だ未分の状態にある。西田はこのような原初的な純粋経験を「直接経験」と呼んでいる。

㈡は、㈠の段階の純粋経験が発展していく過程で内部的に分裂した状態であって、それは厳密な意味では純粋経験と呼べないのであるが、しかしこのような状態においても何らかの程度に意識は統一されており、またこのような分裂はより大なる統一への不可欠の契機であるという意味で、広義の純粋経験と呼ばれる。この段階は、判断とか価値とか意味とかいった反省的思惟の段階をあらわしている。

㈢は、宗教的・芸術的天才の直観に見られるような理想的な意味での、また究極的な意味での純粋経験である。㈠の純粋経験が意識以前の、いわば前意識的(未意識的)な主客の未分の状態であるとすれば、㈢の純粋経験は超意識的ないし脱意識的な主客の統一的状態である。そして、このことは、西田のいう純粋経験の概念がいかに心境的性格の強いものであるかをあらわしている。この段階の純粋経験を西田は知的直観と呼んでいるが、その中味を説明するのに、彼は好んで宗教家の三昧の境地や芸術家の神来の境地を範例として用いている。

ところで、西田は意識のこのような発展過程の全体(普遍的意識)もまた一種の純粋経験と考えていた。そして、先の三つの段階をこの普遍的意識自身の分化・発展の諸段階と見なしていた。しかし、『善の研究』においては、まだこの普遍的意識は具体的に論じられることはなく、また独自の名称さえ与えられていなかった。それは「潜勢力」「統一的或者」「潜在的一者」「潜在的統一者」等々の名称で呼ばれ、また『思索と体験』においては「動的一般者」とも呼ばれている。そして、『自覚に於ける直観と反省』においては、この普遍的意識は「自覚」という名称でもって統一されるようになる。

純粋経験の立場においては、西田は主観と客観を分別しない一種の直覚主義の立場に立っていたので、個々の純粋経験と普遍的意識との関係、および意識の統一的状態である純粋経験とその分裂的状態である反省的思惟の諸段階との関係、すなわち無分別の意識状態と分別的意識状態との関係が今ひとつ明確さを欠いていた。それらは純粋経験を直観することによってではなく、それを反省することによってのみ可能であるからである。「自覚」は、「純粋経験」の概念がもっているこのような矛盾や課題を解決するために導入された概念である。したがって、それはきわめて論理的な性格をもっていた。純粋経験の概念が個体的で直観的であるとすれば、反対に自覚の概念は普遍的で論理的である。

上述したように、『善の研究』においては、反省的思惟の諸段階は広義の純粋経験と考えられていた。それは、知覚、思惟、意志および知的直観が同一の性質をもったものであることを明らかにし、これらを同じ純粋経験の概念でもって説明しようとする西田の意図のあらわれであると考えられる。しかし、これを逆にいえば、そこでは反省的思惟が狭義の純粋経験にとって、いわば「外的な契機」、つまり純粋経験にとって外なるもの、異質なもの、対立的なもの、であることがまだ十分に自覚されていなかったということのあらわれであるともいえる。主客の分離を前提する反省は主客未分の純粋経験からは出てこない。西田の思索のなかで、反省[115]が経験にとって外的な契機であることが自覚されるようになるのは、彼が新カント学派の考えに接するようになってからのことである。『善の研究』においては直観的なものが表面にあらわれ、論理的なものは背景に退いているが、『自覚に於ける直観と反省』においては論理的なものが前面に出てきている。そして、前著において普遍的経験と考えられた「普遍的意識」が、後著において論理的に深められて「自覚」の概念に発展し、狭義の純粋経験と反省的思惟は自覚の二つの契機として位置づけられるようになった。いいかえれば、個体的経験の立場から直覚的に見られていた世界が、次第に普遍的意識の自覚の立場から論理的に分析的に説明されるようになった。

「自覚」とは何か

では、自覚とはいったい何であろうか。また、それは直観や反省とどのような関係にあるのであろうか。

『自覚に於ける直観と反省』の冒頭の部分で、西田は直観と反省と自覚の関係を次のように説明している。

直観というのは、主客の未だ分かれない、知るものと知られるものと一つである、現実そのままな、不断進行の意識である。反省というのは、この進行の外に立って、翻って之を見た意識である。……余は我々にこの二つのものの内面的関係を明らかにするものはわれわれの自覚であると思う。自覚においては、自己が自己の作用を対象として、之を反省するとともに、かく反省するということが直ちに自己発展の作用である、かくして無限に進むのである。反省ということは、自覚の意識においては、外より加えられた偶然の出来事ではなく、実に意識そのものの必然的性質であるのである。
（『自覚に於ける直観と反省』一）

西田がここで「直観」といっているのは『善の研究』における「純粋経験」にあたり、また「反省」といっているのは「反省的思惟」にあたり、「自覚」は「普遍的意識」ないし「根源的統一力」にあたっている。したがって、『善の研究』における、純粋経験—反省的思惟—普遍的意識の関係が、『自覚に於ける直観と反省』においては、直観—反省—自覚の関係に置きかえられている。またそれとともに、それら相互の関係に若干の、しかし重要な変更が加えられている。

その一つは、いままで経験（直観）の一種と考えられていた反省が、経験（直観）の外に立って経験を見る意識である、と明確に規定されていることである。いいかえれば、反省は、経験（直観）にとって外的な、対立的な意識であるということが自覚されている。そうして、この対立的な二つの契機を内面的に結合するのが自覚であると考えられている。

したがって、また、自覚は、もはや普遍的意識のような単に個々の経験の根底にある普遍的な経験ではなく、経験（直観）と反省との共通の根源ないし基礎として考えられている。いいかえれば、『善の研究』ではすべてのものが経験（直観）から見られていたが、『自覚に於ける直観と反省』ではすべてのものが自覚（普遍的意識）から見られている。そして、そこには、すべてのものを個体的なもの、個別的なものから説明していこうとする態度から、反対に、より根源的なもの、より普遍的なものからすべてのものを説明していこうとする態度への変更が、否むしろ前進が見られる。

では、直観と反省とを自己の内面的な二つの契機として不断に発展していく自覚とはいったい何なのであろうか。また、そこにおいて直観が反省を生み、また反省がただちに直観と結合するような、そうした自覚とはいったい何なのであろうか。

西田は自覚の根本的性格を「自己の内に自己を映す」ことだとしている。彼の考えでは、自己が自己を反省するということは、自己の内に自己自身を映すことである。この「映す」という日本語は、一見、奇異な感じを与えるが、しかしそれはreflectという言葉の本来の意味に合致している。それは反射する、反映する、映すという意味である。自己を反省するということは、自己を自己の内に反射する、反映する、映すことにほかならない。その際、重要なのは「自己の内に」という点である。経験の内容を概念の形式に映す（包摂する）場合のように、自己を離れて自己を映すのではなく、自己の内に自己を映すのである。

例えば、長さの異なる二本のチョークを「関係」という概念の内に包摂する場合、チョークをチョークとは別のもの（大小関係）の内に映すのであるが、自覚において直観を反省する場合は、自己の内に自己を映すのである。前者においては、映すもの（包摂するもの）は映されるものにとって外なるものであるが、後者においては内なるものである。

こうして自己は自己の内に〈或るもの〉を加える。というのも、反省するということは、自己の内に何かを加えることにほかならないからである。また、その何かは自己と別のものではない。自己は反省によって、自己の内に新しい自己を加えるのである。したがって、それは自己の発展でもある。自己が自己を反省するということは、自己についての知識であるとともに、自己発展の作用でもある。自覚においては、自己を直観するということが自己を反省するということであり、自己を反省するということが自己を直観するということなのである。こうして、自覚においては直観が反省を生み、また反省があらたな直観となって無限に発展していく。このように、自覚の働きは自己の内に無限に自己自身を映す働きと考えられる。

ロイスの自己表現的体系

このように西田のいう自覚は、自己の内に自己自身を映しながら無限に発展していく体系と考えられているが、このような考えはデデキント[116]の「無限論[117]」やロイスの自己表現的体系の思想に触発されたものであった。この点を、西田の「自覚」の概念とロイスのいわゆる「自己表現的体系」(self-representative system)の思想とを比較しながら見ておくことにしよう。

ロイスは一切の自己の思惟を完全に自己自身の思惟として意識している「完結した自己」

国の地図を描く場合をあげている。

(completed Self) が、数学における無限の系列の典型的な例であるばかりでなく、むしろ数の無限性という考えの基礎になっていると考えた。この例として、ロイスは英国に居て英国の地図を描く場合をあげている。

この地図が正確であるためには、それが英国のどのような細部をも写しているばかりでなく、その地図さえもそのなかに写していなければならない。また、その地図（第一の地図）に写された地図（第二の地図）には、同様に英国の細部が写されているばかりでなく、またそれを写している地図（第三の地図）自身がそのなかに写されていなければならない。こうして無限に続くことになる（『世界と個人』第一巻、補遺）。

ロイスはそれを、単なる全体と部分との対応として見るのではなく、同時に全体が自己自身を分化し発展していく過程として考えている。西田も、ロイスと同様、それを自己表現的体系である自己の統一的な発展としてとらえようとしている。彼はロイスがあげている地図の例を次のように説明している。

ロイスのいうように、自己の中に自己を写すという一つの企図から、無限の系列を発展せねばならぬのである。例えば英国に居て完全なる英国の地図を写すことを企図すると考えて見よ。ある一枚の地図を写し得たということが、すでにさらに完全なる地図を写すべき新たなる企図を生じて来る、かくして無限に進み行かねばならぬことは尚両明鏡の間にある物影が無限にその影を映していくのと一般である。

（『自覚に於ける直観と反省』　一）

西田のこの説明においては、地図と地図との対応関係よりも、そこに含まれる無限の系列の発展の方に重点が置かれていることは明瞭である。このような自己表現的体系という考えが西田の自覚の概念の基礎になっている。英国において英国の地図を写すという企てが、ただちにより完全な地図を写す企てに発展していくように、自己が自己を反省する、すなわち自己の内に自己を映すということは、そのなかに無限の統一的発展の意義をもっているのである。反省が直観を生み、直観が新たな反省を生む。自己を認識するということは自己が発展するということであり、「真の自己同一は静的同一ではなく、動的発展である」（同）のである。

フィヒテの「事行」との関係

これまで、われわれは西田の自覚の概念とその成立の経緯を見てきたが、しかし西田が彼の自覚の思想を形成するにあたって、もっとも大きな影響を受けたのはフィヒテ[118]の「事行《じこう》」（Tathandlung）の概念であった。

フィヒテは「自我」というものを、カントのように単に意識統一の根拠としてばかりでなく、同時に自己自身を定立し、自己自身を創造する働きと考え、それを「事行」と呼んだ。

自己自身による自我の定立[119]は自我の能動性である。――自我は自己自身を定立する、そして自己自身による単なる定立によって自我は存在するのである。また、逆に、自我は存在する、そして自我はその単なる存在によってその存在を定立する――自我は働くものであると同時に活動の所産である。能動的なものであると同時に能動性によって産みだされたものである。活動（ハントルング）とそこから生まれた事（タート）とは絶対的に同一である。したがって、自我は存在するという命題は一つの事行（タートハントルング）を表現している。

（『全知識学の基礎』第一節）

これを、「自我は自我である」という同一判断を例にして説明してみよう。この判断において、「自我は」という第一の自我と「自我である」という第二の自我は同じ対象であるというのではない。対象（客体）として同一物であるというのではない。むしろ「思惟される自我」（客体としての自我）がただちに「思惟する自我」（主体としての自我）と同一であるというのである。すなわち、それは自我の超越的同一性の自覚を表現したものである。

これをいいかえれば、「自我は自我である」という命題は、（主体と客体という）二つの意識の根底にある統一的意識の自己表現であり、内面的な当為の意識である。しかも、この

「自我は自我である」という当為の意識は、その一面に「自我がある」という事実を含んでおり、また「自我がある」という事実は、その一面に「自我は自我である」という当為を含んでいるので、この具体的全体を「事行」として表現することができる。「私がある」ということは「私は私である」ということであり、「私は私である」ということが「私がある」ということなのである。「私がある」というのは事実であるが、「私は私である」というのは事実ではなく、当為の意識である。したがって、厳密にいえば、事実と当為は別のものであるから、「私がある」ということ（事実）と、「私は私である」ということ（当為）とは別のものである。しかしながら、私の活動においては、両者は別のものではない。「私がある」ということは「私は私である」ということであり、「私は私である」ということは「私がある」ということなのである。そして、先に触れたように、西田はこのような統一的意識作用ないしその具体的全体を「自覚」と呼ぶのである。

自覚は純粋に能動的な働きであり、どこまでも「意識する意識」である。それはけっして対象化されることのないものでなければならない。対象化されたものは反省されたものであって、それはもはや働くものではない。この意味で、自覚は概念的思惟によっては説明することのできない直接的な意識であり、根本的な事実である。平たくいえば、それは知るものと知られるものとが同一であることの意識であり、事行の意識である。フィヒテはそれを「知的直観」とも呼んでいる。また、この点で、自覚の概念が先の純粋経験のそれと同じ性格をもっていることがわかるであろう。

フィヒテの「知的直観」は知るもの（主体）と知られるもの（客体）が同一であることの意識を指しているが、西田自身はそれを内面的当為の意識、すなわち「当為が当為自身を承認すること」である、と解釈している。それだから、先に直観と反省を内面的に結合すると考えられた「自覚」は、さらにまた事実と当為、存在と価値をも内面的に結合するものとして考えられている。いいかえれば、現実の活動における直観と反省の統一としての自覚と、当為の意識が自己自身を承認することという意味での自覚が同一にして不二なるものとして結合されている。「存在と当為とは一つの事行 Tathandlung の両面であって、自覚はその具体的な真相を表したもの」（『自覚に於ける直観と反省』[120] 十六）である。そして、この点で、西田の自覚の思想は、フィヒテの「事行」とリッケルトの「価値哲学」[121] との綜合を企図したものであるといえるであろう。西田自身、「フィヒテに新しき意味を与うることによって、現今のカント学派とベルグソン[122] とを深き根柢から結合することができると思うた」（同書、序）といっている。

西田はこのような自覚の根本形式によって、もっとも抽象的な論理的思惟の体系から、もっとも具体的な経験の体系にいたるまでのすべての学問体系を基礎づけようとした。しかし、そこには多くの難問が伏在していた。この自覚の概念は、純粋思惟の諸体系に適用する場合はそれほど困難ではなかったが、そこからさらに経験の諸体系を説明する段階になると多くの問題が生じてくる。西田自身、「プラトンの理念（イデア）は如何にして現実に堕しくるか、右の考えを十分に徹底するのは容易ではなかった」（同）と告白している。西田は、フィヒテの事行の概念にベルクソンのエラン・ヴィタール（生の飛躍）[123]の概念を盛りこんだり、コーヘン[124]の極限概念[125]を援用したりして、その解決を図ろうとしたが成功しなかった。「この書は余の思索における悪戦苦闘のドッキュメントである。幾多の紆余曲折の後、余はついに何らの新しい思想も解決も得なかったといわなければならない。刀折れ矢竭きて降を神秘の軍門に請うたという譏《そしり》を免れないかもしれない」（同）といっている。

このように西田の第二の主著『自覚に於ける直観と反省』は労多くして功少ない著作であったが、そこには西田の強靱な思索力が余すところなく発揮されていて、読者をぐいぐいと自分の世界に引きこんでいく迫力と魅力を秘めている。物事を深くその根源へと徹底して掘りさげて考えるということがどういうことであるかを、身をもって示した著作といってもいいだろう。また、この著作のなかで示された「自己の内に自己を映す」という自覚の概念は、これ以後の西田の思想の中心概念となった。

第11回 「場所」とは何か

自覚と場所

西田哲学は、一言でいえば、根源的実在の探究であるといってていいであろう。すべてのものがそこから出来し、またすべてのものがそこへと還帰していく、そうした根本的実在、西田の言葉でいえば、すべてが「そこからそこへ」という立場を明らかにしていくこと、これが西田哲学の根本課題であった。

すでに話したように、最初、西田はこのような根本的実在を「純粋経験」と考えた。純粋経験というのは、主観と客観が未だ分離していない意識の統一的な状態のことをいうのであるが、西田はこのような純粋経験を唯一の実在と考え、一切のものをこの純粋経験の発展の諸形態ないしは諸段階として説明しようとした。

しかし、もともと純粋経験は意識の統一的な状態のことをいうのであるから、そこからどうしてその分裂的状態が生ずるのか、あるいは意識の直覚的状態がどうして反省的状態に移行するのか、その点がうまく説明できないという欠陥をもっていた。そこで、そのような問題を解決するために新たに考えだされたのが「自覚」の思想であった。自覚というのは、自己の内に自己自身を映す働きのことであるが、その場合、映す働き（映すもの）と映されるものとは同じである。直観（純粋経験）と反省とが同じである。自己自身を反省するということが自己を直観するということであり、自己自身を直観するということが自己を反省するということである。

それだから、自覚とは純粋経験自身の自覚、あるいは純粋経験の自己反省という性格をもっている。純粋経験が単なる直覚的状態にとどまらないで、自己自身を反省するに至った段階が自覚である。そして、西田はこのような自覚の概念でもって一切のものや一切の学問体系を説明しようとした。

こうして純粋経験は純粋経験の自覚へと深められたが、純粋経験にしろ、自覚にしろ、根本的実在を作用や働きにもとめているという点では一致している。ここまでの西田の思想は主意主義(126)の一形態であったといえる。純粋経験の根本を意志作用にもとめ、自覚の根源を絶対自由意志にもとめたのは、そのような考えのあらわれであるといえるだろう。

このように純粋経験から自覚へ、自覚から絶対自由意志へと根本的実在を掘りさげていく過程で、今度は、西田は経験や自覚や意志の働きが（そこに於いて）生ずる「場所」という思想に行きつく。ここでいう場所とは、一切の作用や存在を自己の内において成立させ、またそれらを自己自身の内に映して見るもののことである。ここでは、西田はいままでの作用主義(127)や主意主義から一転して直観主義に転じたということができる。すなわち、いままでの作用するもの、「働くもの」を実在と考える立場から、そのような「働くもの」を、自己の内に映して、これを「見るもの」を実在と考える立場に転じたということができる。そして、このような立場の転換は、彼の著作の題名『働くものから見るものへ』によくあらわれているといえるであろう。

主観と客観、個体と普遍という二元論を否定するといっても、これまでの西田はそのような無差別の立場を、なお主観の側から、個体の側から明らかにしようとしていた。その傾向は自覚の立場においても見られる。後年、西田がこの時期の自分の思想を回顧して、それがなお意識の立場ないし心理主義の立場であることを認めるゆえんである。

ところが、場所の立場に至って、西田は彼のもとめる根源的立場を、それまでの主体や意識の側からではなく、反対にそれを包む場所すなわち普遍の側から明らかにしようとしている。たしかに、自覚も、ある意味では普遍的なものなのであるが、しかしそれはなお主体的な普遍であって、真の普遍者ではなかった。この意味で、場所の思想は西田哲学の転換点であるといっていいであろう。それは、世界とその中にある自己とを、自己（個体）の側から説明していこうとする立場から、一転して世界（普遍）の側から説明していこうとする立場への転換を示している。

もともと場所の論理は、新カント学派の認識論の批判を通して形成された一種の認識理論である。もっとも、西田の主張は単なる認識論にとどまらず形而上学にまでおよんでいるが、もともとそれは新カント学派の認識論に対抗する意図をもったものであったことに留意する必要がある。

カントならびに新カント学派においては、主観と客観、意識とその対象、形式と質料等の対立が前提され、認識とは、形式によって質料を統一すること、いいかえれば主観によって客観的対象を構成する働きであると考えられていた。つまり主観がもっている認識形式にしたがって客観的対象を再構成する働きが認識だというのである。このような考え方を、通常、構成説という。(128)

しかしながら、西田の考えでは、対象と対象が相互に関係するには、そのような関係が（そこに於いて）成立する「場所」というものがなければならない。例えば、物と物とは共通の空間においてはじめて関係するのである。空間がなければ、物と物は関係を結ぶことはできない。これは意識作用についても同様である。意識作用の主体ないし統一として「自我」というものが考えられ、その自我が自我でないもの（非我）に対して考えられる以上、この自我と非我をともに包容するもの、いいかえればあらゆる意識現象がその内に（於いて）ある「場所」というものが考えられなければならない。すべての意識作用は共通の意識界（西田はこれを「意識の野」と呼ぶ）において成立する。そして西田は、認識とは、主観による対象の構成作用ではなく、意識も対象もともにそこに「於いてある場所」(意識の野)のなかに対象を映してみることだ、というのである。

このように「場所」の立場においても、認識とは「自己の内に自己を映す」ことであるという「自覚」の立場が受けつがれている。ただ根本的に違っているのは、「自覚」の時期においては、主観はあくまで「意識現象の結合点」ないしは「統一点」として考えられているのに対して、「場所」の時期になると、それが「意識の包容面」すなわち「場所」と考えられるようになっている点である。いいかえれば、西田は、自覚という意識の「統一点」からものを見る立場から、それを包む面である場所からものを見ようとする立場に転じている。前者においては、自己はもっぱら「働くもの」として考えられているのに対して、後者においては、むしろそれは「働くもの」を自己自身の影として、これを「見るもの」として考えられるようになっている。先に、「自覚」の根本形式は「自己が自己に於いて自己を見る」ことだといったが、このうちの「に於いて」の意味が深く掘りさげられ、それが具体的に「場所」として提示されたといっていいであろう。また、それとともに対象が自己の側からではなく、場所の側から見られるようになった。

場所とは、物と物、意識とその対象、人格と人格とが、そこにおいて関係し、またそこにおいて存在する、そうした全体のことである。通常、物と物とが関係する場合、関係の各項と、関係がそこに「於いてある場所」とを区別することができる。そして、そのような「場所」として、われわれは「空間」と「力の場」を考えることができる。前者においては、場所は物に対して外的と考えられるが、後者においては内在的と考えられる。また、前者においては、物は単に「有るもの」であるが、後者においては、それは「働くもの」である。例えば、机と椅子は教室という空間の中にあるが、その場合、教室は机と椅子にとって外的であり、また机と椅子は単に教室の中に「有るもの」である。しかし、磁石や電流は「力の場」（磁場）においてあるものであるが、その場合、力の場は磁石や電流にとって内在的であり、また磁石や電流は磁場において「働くもの」である。そして、西田はこのような場所を一括して「有の場所」と呼んでいる。それは、通常、われわれが自然界とか、現象界と呼んでいるものにあたるであろう。一般に、物と物とは「有の場所」においてあり、「有の場所」において働くのである。

同様に、意識とその対象とが関係する場合、そのような関係の統一者である意識的自己と、そのような自己の成立根拠である場所とを区別することができる。つまり意識作用の主体と、その主体がそこに「於いてある場所」とを区別することができる。物と物とが関係する場所が「有の場所」だとすれば、意識とその対象が関係する場所は「有の場所」に対立する場所、すなわち「対立的無の場所」であるが、西田はそれを「意識の野」と呼んでいる。「意識の野」は、意識とその対象をともに自己の内に包容する場所であるが、これを意識する意識（主観）の側から見れば、対象を「映す場所」となり、また意識される対象（客観）

の側から見れば、それが「於いてある場所」ということになる。

絶対無の場所

このように「意識の野」はあらゆる意識現象の相互連関の根拠であり、あらゆる意識作用を自己の内に包む場所である。そして、西田の考えでは、このような「意識の野」が無限に拡大していったその極限に、自らは無にして、しかも一切のものを自己自身の影として自己の内に映す「真の無の場所」すなわち「絶対無の場所」が見られる。これを「絶対無の場所」と呼ぶのは、「意識の野」が「有の場所」を否定した相対的無であるのに対して、それは有無の対立を超越した絶対的な意味での無であるからである。

この絶対無の場所においては有無の対立はなくなり、したがって意識は無と化す。しかも、それは意識が真の意識（自己）に目覚めることであり、個物（人格的自己）が、あるがままの具体的な有となることである。西田は、このような「絶対無の場所」を「自己の中に自己の影を映すもの、自己自身を照らす鏡という如きもの」と形容している。それはただ単に知識が成立する場所であるばかりでなく、また感情や意志もともに成立する場所である。

以上のように、一口に「場所」といっても、三つの場所がある。しかしながら、それは三つの異なった場所があるという意味ではない。むしろ三つの場所は相互に重なりあっているのであり、また結合しあっているのである。すなわち、「意識の野」は「有の場所」および

「有の場所」においてある一切のものを自己の認識対象として含むという意味で、「有の場所」を包む一般者[129]であり、また「絶対無の場所」は「意識の野」を無限に拡大していったその極限に見られるものとして、「意識の野」を包む一般者である。いいかえれば、「有の場所」の極限に「意識の野」が見られ、さらに「意識の野」の極限に「絶対無の場所」が見られる。

そして、逆にこれを「絶対無の場所」の方から見れば、「有の場所」と「意識の野」はともに「絶対無の場所」の特殊化であり、その自己限定面として考えられる。例えば、色という一般者が自己自身を限定して赤色や青色といった具体的な色となってあらわれるように、絶対無の場所という究極的な一般者が自己自身を限定して具体的な形態となってあらわれたものが「有の場所」（と、そこに於いてあるもの）であり、「意識の野」（と、そこに於いてあるもの）であるというのである。このように、三つの場所は、相互に独立した並在的関係にあるのではなく、むしろ一般が特殊を包摂する重層的関係にある。それはあたかも無限大の円と、その内に包まれる無限に多くの円との関係にたとえられるであろう。

「場所」という言葉は、とかく空間的な広がりという意味に受けとられがちである。それが「一般者の一般者」と呼ばれたり、無限大の円にたとえられたりするとき、なおさらそうである。しかし、西田は実在を対象的方向、すなわち自己にとって外的で超越的な方向に考えるのを一貫して拒否した。実在は対象的方向には絶対に無なるものであり、内在的・作用的方向の極限に考えられるものである。

また、「場所」というと、とかく静的な印象を与えがちであるが、実際は無限に活動的なものである。真の場所は「絶対無の場所」であるが、それはすべてのものを自己の内に包み、それを直観するものである。しかも、そこで直観されるのは、ほかでもない自己自身である。したがって、「絶対無の場所」においては、この場所に「於いてあるもの」と、「於いてある場所」と、このような場所において「直観するもの」とは同一である。それが「自己が自己に於いて自己を見る」ということの意味である。そして、やがてそれは「絶対無の自覚」と呼ばれるようになる。

主語の論理と述語の論理

西田は、以上のような場所の思想を論理化しようとした。それが「場所の論理」と呼ばれているものである。場所の論理は従来の西洋の論理とはまったく異なった、西田独特のものであって、それだけに西洋の論理に慣れたものには理解しづらい論理であるといえるだろう。また、西田は完成した論理を読者に提示するのではなく、形成途上の未完成なものを十分整理しないまま読者に提示しているので、それはきわめて錯綜していると同時に、紆余曲折をきわめたものとなっている。この点に関して、西田自身「一つの哲学体系が組織せられるには、論理がなければならない。私はこの問題に苦しんだ」(『哲学論文集第三』序)、と告白している。

さて、場所の思想は、一言でいえば、自己の内に自己を映す「自覚」の思想と、述語（一般）が主語（特殊）を包摂するという判断の[130]基本形式とが結合したものである。そして、その際、両者の媒介となったのがアリストテレスの「基体」（ヒポケイメノン）の概念である。

アリストテレスは「基体」（個物）を、「主語となって述語とならないもの」と考えた。いいかえれば、基体は述語的なもの（一般）によって包摂されるものではなく、反対に述語的なものは主語的なもの（特殊）に内属する、と考えた。例えば、「ソクラテスは人間である」という判断においては、主語である「ソクラテス」は述語である「人間」の内に包摂されるのではなく、反対に述語である「人間」は主語である「ソクラテス」に内属する性質であると考えた。主語（特殊）は述語（一般）によって包摂されるのではなく、反対に述語（一般）は主語（特殊）に内属するというのである。この意味で、アリストテレスの「基体」の論理は「主語の論理」であったといえる。それは主語である基体（個物）を中心にした論理である。

しかしながら、基体をこのように考えると、それはあらゆる判断を超越したものとなってしまう。というのも、そもそも判断は主語（特殊）を述語（一般）の中に包摂することによって可能となるからである。例えば、「ソクラテスは人間である」という判断は、ソクラテス（特殊）を人間（一般）の内に包摂することによって可能となるからである。したがって、基体は概念的には認識されず、ただ直覚によってのみ把握されるものとなる。けれども、直覚も一種の知識であり、またすべての知識は判断の形式によって表現されるとすれば、このような基体も何らかの意味で述語的なものにおいてあり、また何らかの意味で一般的なものに包摂されると考えなければならない。そこで、西田は、「主語となって述語とならない」アリストテレスの基体に対して、反対に意識を「述語となって主語とならない」ものと考え、前者（基体）は後者（意識）によって包摂されることによって認識の対象となる、と考えた。

もちろん、ここでいう述語は、通常の意味の述語すなわち主語に対立する述語ではなく、主語面を含んだ述語面を意味している。そして、この述語面を無限に拡大していけば、その極限において、もはやどのような述語によっても包摂されない、否むしろ反対にあらゆる述語を自己の内に包摂する述語に到達すると考えられる。このようなあらゆる述語を超越した「超越的述語面」が「絶対無の場所」であって、このような場所において超越的主語面である基体が映されると考えられるのである。

これを具体的にいえば、意識の世界を無限に拡大していけば、その極限において、あらゆる意識現象を自己の内に包んでいるような、しかも自分自身はけっして他のものによっては包まれないような究極的な意識界を考えることができる。それはあらゆる意識界を超越した世界であるから超越的意識界と呼んでもいいだろう。西田はこのような超越的意識界を「絶対無の場所」と呼び、このような場所においてはじめて「主語となって述語とならない」基体が映されると考えたのである。

以上が、判断的関係から見た「場所」の論理的構造である。このように、西田の「場所」の論理は、述語を基礎とした「述語の論理」であって、これを要約していえば、主語的なものの根底に述語的なものがあり、主語的なものは述語的なものの内に包摂される。したがって、主語的なものの極限に考えられる超越的主語面である「基体」の根底には、述語的なものの極限に考えられる超越的述語面である「絶対無の場所」があり、前者は後者の内に包摂されることによって認識が成立する。しかし、「絶対無の場所」においては、いわゆる無そのものもなくなるから、そこにおいてあるものは自己自身を直観するものとなる。したがって、認識は、知るものの方向である述語の方からいえば、自らは無にして自己自身の内に自己を映すことであり、知られるものの方向である主語の方からいえば、自己が自己に述語することであることになるのである。

それだから、「有の場所」「意識の野」「絶対無の場所」は、いわば自覚の深まっていく三つの段階であって、高次的な立場は低次的な立場に対して、無にしてこれを包むがゆえに、意識の意義をもつことができるのである。しかし、真の意味での意識の立場は最後の無の立場でなければならない。西田は、相対的無の立場が「意識された意識」の立場であるのに対して、絶対無の立場は「意識する意識」の立場である、としている。こうして「有の場所」

と「意識の野」は「絶対無の場所」の限定面となり、「働くもの」「作用」「意志」等は、このような限定面において見られることになるのである。

以上のような場所の思想は、従来の西洋的思惟方法をその根底から一変するものであった。それは西洋的「有の論理」に対する東洋的「無の論理」ともいうべきものであって、それは、有るものの根底に、自ら無にして自己自身の内にこれを映すものを想定し、また作用の根底に、自ら無にして自己自身の内にこれを見るものを想定する立場である。一言でいえば、有るもの、働くものの根底に、これを包む絶対無の存在を想定し、そして前者を後者のいわば影像として考える立場である。この意味で、「場所」の論理は東洋的無の思想の哲学的論理化であったといえるであろう。

第12回　西田幾多郎とヘーゲル

西田幾多郎とヘーゲル

西田幾多郎は、彼の思想形成の過程で、多くの西洋の哲学者の影響を受けたが、彼が生涯をとおしてもっとも影響を受けたのは、おそらくヘーゲルだったと思われる。ヘーゲルの影響は、すでに処女作『善の研究』に顕著に見られる。そこでは、西田は主客未分の「純粋経験」を唯一の根本的実在と考え、この純粋経験から一切のものを説明しようとしたが、しかし経験を必ずしも個人的なものとは考えず、個々の純粋経験の背後ないしは根底に、普遍的な意識の存在を考え、またこのような普遍的意識の分化・発展の諸形態として個々の純粋経験を考えていた。

西田は実在の発展の形式を次のように方式化している。

> 先ず全体が含蓄的 implicit に現われる、それよりその内容が分化発展する、而してこの分化発展が終った時実在の全体が実現せられ完成せられるのである。一言にていえば、一つの者が自分自身にて発展完成するのである。
>
> （『善の研究』第二編「実在」）

これを少し敷衍して説明してみよう。以前にも触れたように、純粋経験は三つの段階ないし契機を有している。㈠まず、それは意識の直接的な統一的状態である。㈡次に、この直接的な統一的意識状態である純粋経験は分化・発展する。㈢さらに、意識はこのような分化・発展をとおして理想的な統一的状態へともたらされる。このように純粋経験は自分の内に三つの契機ないし発展段階をもった意識自身の体系であり、この体系全体がまた純粋経験であることになる。

このような考え方はきわめて弁証法的である。というのも、そこでは意識は直接的な統一的状態から、その分化・対立の契機をへて、より大なる、またより理想的な統一的状態へと発展していくと考えられているが、その発展の方式は、まさしく定立・反定立・綜合あるいは正・反・合という弁証法的発展の方式に対応しているからである。いいかえれば、意識は直接的な自己肯定の段階から、その否定の段階をへて、さらにその否定の段階をも否定する、いわゆる「否定の否定」としての綜合の段階へと発展していくと考えられている。

この点について、『思索と体験』（大正四年）において、西田自身もはっきりと次のように述べている。

動的一般者（普遍的意識――引用者）の発展の過程は先ず全体が含蓄的に現われ、これより分裂対峙の状態に移り、また、元の全体に還り来って、此処《ここ》にその具体的真相を明らかにするのである。ヘーゲルのいうように an sich より für sich に移り、それからまた an und für sich となるのである。（「論理の理解と数理の理解」）(131)

西田の思想には、その当初から、このような弁証法的な性格が見られる。したがって、この意味で、西田哲学はヘーゲル哲学と類縁性をもっているということができる。そして、このような弁証法的な性格は「自覚」の時期にも受けつがれ、さらには「場所」の時期に至って、ヘーゲルの「過程的弁証法」に対する「場所的弁証法」として完成した。

また、西田哲学は個物を普遍に対立するものとしてではなく、むしろ個物を普遍の現われ、ないしは普遍の発展の形態と考えている点でも、ヘーゲル哲学と類縁性をもっている。西田哲学においては個物と普遍は矛盾的・対立的な関係にあるのではなく、むしろ相即的・相補的な関係にあると考えられている。いいかえれば、普遍はつねに個物の側から見られているとともに、その個物はつねに普遍の側から見られている。つまり普遍はつねに一切の個物の根底にあるものとして、また反対に一切の個物は普遍の現実における現われとして考えられている。

最初、このような考えは、「梵我一如」とか「天地同根、万物一体」とかいった古言を借りてあらわされていたが、後には「一即多・多即一」という定式であらわされるようになった。そして、それは、内容的にはヘーゲルの「具体的普遍」の思想ときわめて近いものであった。

西田が自分の考えとヘーゲルの考えとの基本的な類似性と同時に、その決定的な差異性を自覚したのは、おそらく「場所」の論理の形成期ではなかったかと思われる。この時期に、西田は「私の判断的一般者というもの」（昭和四年三月）と「私の立場から見たヘーゲル弁証法」（同六年二月）と題する小論を書いているが、そこには西田がヘーゲルの思想に対して抱いている親近感と違和感が実によくあらわされている。

前回、話をしたように、西田の「場所」の論理は新カント学派の認識論に対抗して提示された一種の認識論であり、それは「自己の内に自己を映す」という自覚の思想をさらにその根源へと深めたものであった。この「場所」の思想の論理的構造を説明するのに、西田はアリストテレスとヘーゲルの論理学を参考にしている。

アリストテレスの論理学

すべての認識は判断の形式において成立する。判断の一般式は「SはPである」という形であらわされる。Sは主語であり、Pは述語である。またSは特殊であり、Pは普遍である。そして、判断とは、述語の中に主語を包むこと（包摂）である、と考えられる。例えば、「人間は動物である」という判断においては、主語（特殊）である「人間」は述語（普遍）である「動物」の中に包摂されている。

ところで、このような主語と述語、特殊と普遍の包摂関係によっては、けっして個物をとらえることはできない。というのも、普遍にいくら種差を加えて特殊化していっても、けっして個物には到達できないからである。最低の種といっても、それはなお種であって、個物ではないからである。

そこで、このように述語から出発して、述語が主語を包むと考えるのではなく、反対に主語の方から出発して、主語が述語を有する、あるいは述語が主語に内属すると考える考え方が出てくる。これは判断の根底に個物（ヒポケイメノン）をおく考え方である。そして、その典型はアリストテレスである。

アリストテレスは個物を「主語となって述語とならないもの」と定義した。述語の位置にくるのはすべて普遍的なものであるから、特殊の特殊である個物はけっして述語にはならないというのである。アリストテレスはこのような個物を実体と考え、すべての述語はこれによって規定されると考えた。つまり、すべての述語は実体である個物に内属しているというのである。例えば、「ソクラテスは人間である」「ソクラテスは賢者である」「ソクラテスは死すべきものである」というような一連の判断において、「人間」「賢者」「死すべきもの」等の諸性質はすべて主語であるソクラテスに内属しているというのである。このような論理学を仮に「主語の論理」と呼ぶことにしよう。

ところで、アリストテレスのいう個物（ヒポケイメノン）はけっして述語にはならないもののことであった。述語にならないということは概念化されないということであるから、それはけっして普遍の中に包摂されない。しかし、一般に、事物を普遍の中に包摂するのでなくては概念的知識を得ることはできない。というのも、上述したように、すべて認識は判断の形式によってあらわされるが、その判断は主語である特殊を述語である普遍の中に包摂することによって成立するからである。したがって、ここに主語の論理の欠陥がある。アリストテレスの論理学においては、自己自身は概念にならないもの（個物）が概念を規定することになり、それは必然的に形而上学に行きつく。というのも、そのような個物はけっして概念的には認識できず、直観によってのみとらえられるものとなるからである。

ヘーゲルの論理学

そこで、主語となって述語とならない個物がなお概念的知識の対象となるためには、それが何らかの形で普遍の中に包摂され、普遍によって規定される必要がある。しかし、このように個物を包摂し、個物を限定する普遍はもはや先の普遍すなわち個物（特殊）に対立する普遍（抽象的普遍）ではなく、反対に自己の内に個物（特殊）を含むような普遍（具体的普遍）、否むしろ個物の中に内在しているような普遍でなければならない。個物はこのような具体的普遍の自己限定として考えられるのである。(132) これがヘーゲルの論理学である。われわれはそれを「述語の論理」と呼ぶことができるであろう。アリストテレスの論理学が主語（個物）を基にした論理学であるとすれば、反対にヘーゲルの論理学は述語（普遍）を基にした論理学である。(133)

ヘーゲルの論理学では、個物（特殊）は普遍によって規定される。しかし、ここでいう普遍はもはや特殊と対立する普遍（抽象的普遍）ではなく、特殊を包摂する普遍、否むしろ特殊に内在する普遍（具体的普遍）である。具体的普遍の特徴は自分自身を限定するところにある。自分自身を特殊化し個別化するところにある。そして、このような普遍の自己限定の極端が個物であると考えられるのである。

判断 Urteil とは、文字どおり Ur-teil すなわち ursprüngliche Teilung（根源的分割）である。字義的にいえば、判断とは何かを付加することではなく、逆に分割することである。例えば、「馬が走る」という判断は、「走る馬」という一表象を分析することによって生ずるのである。最初にあるのは全体であり普遍である。その全体や普遍を特殊や個物に分割することによって判断が生ずるのである。このような考えに立てば、個物とは、普遍が自己自身を分割し、そして自己自身に還帰したものと考えられる。

同じく普遍＝個物といっても、ヘーゲルの場合、普遍の方から個物を規定するのであって、アリストテレスの場合とは方向が逆になっている。アリストテレスにおいては、個物が普遍をもつ、あるいは普遍が個物に内属するのであるが、ヘーゲルにおいては、普遍が自己を限定し、自己を特殊化して個物となるのである。例えば、「このリンゴは赤い」という判断において、アリストテレスでは、このリンゴが赤いという性質をもつと考えるが、ヘーゲルでは、赤いという普遍概念がこのリンゴに自己自身を限定すると考える。

以上を要約すると、アリストテレスの論理学では、主語（個物）が述語（普遍）を規定するのに対して、反対にヘーゲルの論理学では述語（普遍）が主語（個物）を規定する。したがって、同じく個物といい、普遍といっても、その中味は異なっている。アリストテレスにおいては、普遍は個物（特殊）の外にあって、個物に対立する普遍（抽象的普遍）であるが、ヘーゲルにおいては、それは個物の内にある普遍、あるいは自己自身を特殊化し個物化する普遍（具体的普遍）である。また、アリストテレスにおいては、個物は実体的なものであるが、ヘーゲルにおいては、それは個物化された普遍すなわち一つの具体的普遍である。前者が主語の論理であるとすれば、後者は述語の論理であるといえるだろう。

西田とヘーゲルの論理の相違

では、西田の場所の論理はどちらのタイプなのだろうか。西田は、ヘーゲルのいう具体的普遍が彼のいわゆる「場所」にあたる、といっている。すると、西田の「場所の論理」はヘーゲルと同様、述語の論理であることになる。どちらも主語（個物）を述語（普遍）の自己限定と考える。そして、この点では、両者は基本的に一致している。

では、西田とヘーゲルの考えの違いはどこにあるのだろうか。一言でいえば、それは両者における具体的普遍の観念の違いにある。同じく具体的普遍といっても、その性格が異なっているのである。というのも、ヘーゲルにおいては、たしかに普遍はすなわち個物であるのだが、しかしその場合、普遍が個物を包むということはできない。普遍は個物に発展する(entwickeln)ということはできても、普遍が個物を包含する(enthalten)ということはできない。ヘーゲルのいう普遍は過程的一般者という性格をもっているからである。弁証法的な自己展開者であるからである。いいかえれば、それは歴史的(時間的)性格をもったものとして考えられており、空間的な性格のものとしては考えられていない。

これに対して、西田のいう「場所」はまさしくこの「包含」の意味をあらわすために考案されたものである。したがって、そこでは、普遍はすなわち個物であるのだが、同時にその普遍は個物を包含するものである。繰り返していえば、ヘーゲルの場合、普遍(絶対者)は個物に発展するが、西田の場合には、普遍(絶対無の場所)は個物を包含するのである。しかし、この点はもう少し説明が必要であろう。

ヘーゲルの普遍(絶対者)観の特徴は、普遍(絶対者)を超越的なものとは見ないで、内在的なものと考えたことと、それを永遠不動のものと見ないで、不断に自己を展開していくもの(自己展開者)と考えたことである。彼の考えでは、現実の世界は普遍(絶対者)の弁証法的な自己展開の過程にほかならない。普遍(絶対者)は現実にあるもの(個物)の内にあって、また現実にあるもの（個物）の運動をとおして、自己自身を展開していくのである。この意味では、たしかに普遍（絶対者）は個物（現実にあるもの）である。

ヘーゲルの晩年の著作に『法哲学』（一八二一年）という著作がある。その序文に「理性的なものは現実的であり、現実的なものは理性的である」という有名な言葉が出てくる。ここで「理性的なもの」というのは普遍（絶対者）のことであり、「現実的なもの」というのは「個物」のことである。すると、この言葉は「絶対的理性は超越的なものではなく、内在的なものであって、現実にある個物の内に宿っており、したがってまた現実にある個物は理性的である」という意味だということになる。一般に、このような考え方は「汎理論」といわれる。それは文字どおりにとれば、「あらゆるものの中に理性が内在している」という考え方ということになるが、たしかにヘーゲルの哲学にはこのような性格が顕著である。ただ、ヘーゲルのいう理性は、ただ個物に内在しているばかりでなく、個物の運動をとおして自分自身を展開していく動的な存在者である。

しかし、ヘーゲルのいう普遍はつねに自分を展開し発展させていくものであるから、その展開の過程において、個物に発展するとはいえても、個物を包含するということはできない。これが、西田のヘーゲル批判の要点である。要するに、同じく「具体的普遍」を説いても、それをヘーゲルのように「過程的な」性格のものと見るか、それとも西田のように「場所的な」性格のものと見るかの違いである。

場所的弁証法と過程的弁証法

ヘーゲルにおいても西田においても、個物は普遍の自己限定として考えられている。西田がつねにヘーゲルを評価するのも、このような具体的普遍の思想に関してである。しかし、普遍そのものについての両者の考えには大きな隔たりがある。西田から見れば、ヘーゲルのいう普遍すなわち絶対者はいわば過程的な統一者であって、それはなお対象的・ノエマ的方向に考えられたものにすぎない。つまり、なお超越的な実体的な要素が残っているということである。これに対して、西田のいう普遍すなわち絶対無は純粋ノエシスであり、したがって対象的・ノエマ的には絶対に無なるものである。(134) そして、この絶対無は自ら無にして一切のものを自己の内に包摂し、また一切のものを自己の影として自己の内に映す。したがって、ヘーゲルの絶対者も絶対無の場所の内に包摂され、絶対無の場所において映される。それは絶対無の場所の自己限定（ノエマ的限定）にほかならない。過程的一般者の根底には場所的一般者があり、場所的一般者は過程的一般者の根拠である。それで、ヘーゲルの過程的弁証法は、その根底に絶対無を必要とし、またそれは絶対無の自覚的限定として成立する、と西田はいうのである。

ヘーゲルにおいては、歴史は絶対者の弁証法的な自己展開の過程と考えられていたので、歴史の真の担い手は個人ではなく、絶対者であることになり、個人はいわばその傀儡《かいらい》にすぎないことになる。このような「理性の狡智[135]」の思想においては、個人の真に自由な、また創造的な行為の入り込む余地はなくなる。

これに対して、西田のいう具体的普遍は場所的一般者であって、それは対象的・ノエマ的には絶対に無なるものである。しかも、すべてのものを自己の内に包摂し、それをいわば自己の影として自己の内に映すものである。いいかえれば、自らは無にして一切のものを映す鏡である。したがって、ここでは歴史の担い手は個物であることになる。歴史は個物の真に自由で主体的な行為によって作られる。しかも、歴史はどの時代においても「絶対的なもの」「永遠なもの」に接している。そこには現在が絶対であり、永遠であるという意味がなければならない。すなわち、歴史は個物の個性的で創造的な行為によって作られるのである。

このように西田はヘーゲルの「思惟の弁証法」に対して「行為の弁証法」を対峙させる。要するに、ヘーゲルの弁証法はまだ観想的であって、真に個物の主体的な行為にもとづいた行為的自己の弁証法にはなっていないというのである。これに対して場所的弁証法は、ヘーゲルの全体主義的立場とは異なって、真の創造的個性の創造的行為を力説する主体的な弁証法である。

第13回　「絶対無の自覚」とは何か

絶対無の場所とは何か

西田のいう「場所」は、自らは無にして一切のものを自己の内に包み、それをいわば自己の影として自己自身の内に映して見るもののことであった。それは絶対に無なるものであり、したがって「場所」とは、正確にいえば「絶対無の場所」のことである。

ところで、西田は『一般者の自覚的体系』（昭和五年）においては、それまでの「絶対無の場所」という表現のほかに、あらたに「絶対無の自覚」という表現を用いるようになり、次第にその使用頻度も増加して、次作『無の自覚的限定』（同七年）に至ると、もっぱら「絶対無の自覚」という表現が用いられるようになり、逆に「絶対無の場所」という表現はほとんど見られなくなってくる。

では、この「絶対無の場所」と「絶対無の自覚」はどのような関係にあるのであろうか。また、両者の間にはどのような違いがあるのであろうか。さらには、「絶対無の場所」から「絶対無の自覚」へと次第に焦点が移っていった理由は何だったのであろうか。

まず、「絶対無」とはいったい何か、また当初、どうしてそれが「絶対無の場所」という慣用形で用いられたのか、という点から考えてみよう。

西田のいう「絶対無」は通常の意味での絶対無、すなわち絶対に何もない、何も存在しない、という意味ではない。西田が有・無という言葉を用いる場合、それはつねに対象的な意味での有・無を意味している。つまり形のあるもの、目に見えるものとしての有・無である。

西田はよくフッサール(136)の用語を借りてノエマとかノエシスという言葉を使用しているが、それは意識によって志向される対象と志向する作用を意味している。したがって、この用語を用いていえば、絶対無はノエマとしては(ノエマ的には)絶対に無であるということになる。それは絶対に対象化されないものであるという意味である。絶対無はつねにノエシスとして、あるいは作用としてあるのであって、絶対にノエマにはならない、対象とはならないようなもののことである。

しかし、「対象化されないもの」「形象化されないもの」は「存在しないもの」「非存在」というわけではない。反対に、西田はこのようなものこそ真の意味で存在するもの、実在であると考えている。例えば、「意識する意識(137)」は絶対に対象化(客観化)できない。もしそれが対象化されるとすれば、その場合、それはもはや意識する意識ではなく、(意識する意識によって)「意識された意識」になってしまう。しかも、われわれはこの「意識する意識」の存在をけっして疑うことはできない。それはわれわれの意識の明白な事実だからである。

通常、われわれが自己といっているものが、まさしくこの「意識する意識」なのである。それはつねに意識する主体であって、けっして対象化されないものである。そして、一切の「意識された意識」はこの「意識する意識」の事実の上に成立している。このように非対象的なもの・非形象的なものは一切の対象的なもの・形象的なものの根底であり、根拠である。すなわち無は有の根底であり、根拠である。

もし自然的世界にあるものが「有」であるとすれば、さしずめ意識的世界にあるものは「無」である。前者は形のあるものであるが、後者は形のないものである。しかし、この場合の無は、有に対立する意味での無、すなわち相対的な意味での無である。それで、西田はそれを「対立的無」とか「相対的無」とか呼んでいる。この意味で、自然現象が相対的な有だとすれば、意識現象は相対的な無である。

このような相対的な有・無に対して、それらの根底に両者を包み、両者を生じさせる絶対的な実在が考えられる。それが西田のいう「絶対無」である。それは、もはや有に対立する相対的な無ではないから「絶対無」と呼ばれる。また、相対的有無の根底にある実在を絶対無と呼んで、絶対有と呼ばないのは、形あるものの根底には形なきものがあり、「形あるものは形なきものの影である」と西田は考えているからである。ここに、西田の思想の東洋的性格がある。

また、「場所」とは、文字どおり「ものが（於いて）ある場所」のことである。ものを自分の内に包むもののことである。例えば、物がある場所が「有の場所」(自然界)であり、意識現象がある場所が「意識の野」(意識界)であり、さらに叡智的・人格的自己がある場所が「絶対無の場所」である。このように、「そこに於いてあるもの」が何であるかによって、「有の場所」「意識の野」「絶対無の場所」の三種の場所を考えることができる。また、「そこに於いてある場所」が何であるかによって、自然的現象、意識的現象、叡智的現象を考えることができる。

しかし、このように三つの場所を考えることができるといっても、三つの異なった場所が独立に存在しているというわけではけっしてない。むしろ三種の場所は相互に重なっており、相互に結びついている。意識の野は、有の場所およびその場所においてあるものを自己の対象とするという意味で、有の場所を包む場所であり、また絶対無の場所は、意識の野を無限に拡大していったその極限に見られるという意味で、意識の野を包む場所である。

このように種々の異なった世界が相互に重層的に重なりあっている。また、それによって同一のものが、異なった観点から見られる。例えば、有の場所における自然的自己は、意識の野においては意識的自己となり、絶対無の場所においては叡智的自己となる。このように、ものを包む場所が深まるにつれて、包まれるものも深まっていくのである。

道徳と宗教との関係

さて、『働くものから見るものへ』の後編で示された「有の場所」―「意識の野」―『絶対無の場所」という定式は、『一般者の自覚的体系』に至ると、表題の示すとおり、種々の一般者の自覚的な体系として説明されるようになり、「判断的一般者」―「自覚的一般者」―「叡智的一般者」という定式に置きかえられている。また、それにともなって若干の思想の変化や修正が見られるが、基本的な考え方はそれほど変わっていない。

ただ、注意すべきは、叡智的一般者がそのまま絶対無の場所に置きかえられているのではなく、叡智的一般者が深まっていくその極限に絶対無の場所が考えられていることである。つまり『一般者の自覚的体系』では、叡智的一般者がさらに掘りさげられ、さらに分析されていって、そこに種々の段階が考えられるようになり、そしてそのような種々の段階の極限に絶対無の場所（この時期には「無の一般者」とも呼ばれている）が考えられるようになった。

西田は叡智的一般者のもっとも深いところに見られるのが道徳的世界であり、またこの道徳的世界においてあるものが道徳的自己だと考えている。ところで、この道徳的自己は矛盾に満ちた存在である。道徳的自己は自分の内に良心とか義務意識とか理想とかをもっているが、しかし一方ではそのような価値的なものに反抗する反価値的な傾向をもっている。それは善をもとめる意志であると同時に悪を犯す意志である。それだから、道徳的自己はつねに「悩める魂」であり、罪を意識するものである。良心がとぎ澄まされればとぎ澄まされるほど、道徳的自己は自己の罪悪を意識する。そして、この罪と悪の意識が深まれば深まるほど、道徳的自己は深い自己矛盾と絶望に陥り、またこのような自己矛盾と絶望の極限において、一転して自己を否定し、この自己否定によって自己の根底に真の自己を見るのである。

このように道徳的自己は矛盾的な存在であり、苦悩する存在である。そして、道徳的自己はその矛盾と苦悩の極限において、一転してそれを超越して、真に自己自身の根底を見る。それが宗教的意識である。それだから、宗教的意識にはかならず回心がともなう。回心とは、自己の否定的転換の意識にほかならない。この点に関して、西田は次のようにいっている。

道徳的自己があるということは、自己を不完全として何処までも理想を求めることであり、良心が鋭くなればなるほど、自己を悪と感ずるのである。かかる矛盾を越えて真に自己の根柢を見るには宗教的解脱に入らなければならない、徹底的に自己を否定することによって自己の根柢を知るのである。（「叡智的世界」）

こうして宗教的意識は道徳的自己の完全な自己否定の底に成立する。それは、道徳的自己がもっている自己矛盾性が統一されている状態である。道徳的自己は叡智的自己として、自己の内に自己自身を見るものであるが、しかしそこではなお「見るもの」（自由意志）と

「見られるもの」(良心、義務、理想) が対立している。これに対して、宗教的意識は、このような対立をも超越した絶対無の場所においてあるものである。それは一切の認識を超越した神秘的直観の世界というほかはなく、したがってその内容は実際に体験されるほか知りようのないものである。

道徳的自己はいわば叡智的一般者がもっとも深まった段階である。それは「自由意志」としてつねに自分を切断するもの、あるいは自分に対立するものを含んでおり、したがってまたつねに深い矛盾と対立のなかにある。しかし、道徳的自己がこのように自己矛盾的存在であるということは、いいかえれば、道徳的自己は自分の内に自己超越の要求をもっているということである。また、自己の内に自己超越の要求をもっているということは、ある意味で、自己の根底に自己を超越したものがあるということである。というのも、もし自己の根底に自己を超越したものがまったくないのであれば、そもそも自己を超越しようとする要求も起こりえないはずだからである。そして、このような自己の根底にある自己を超越したものを、西田は宗教的意識と呼んでいる。

ところで、自己矛盾的存在である道徳的自己はただ自己の絶対否定、また自己否定による自己転換(回心)によってのみ宗教的意識となることができる。道徳的自己はただ自己の否定的転換によってのみ、自己の矛盾を突破して、真の自己の根底を見る。したがって、そこには飛躍がなければならない。しかし、その飛躍は外的・対象的方向への超越ではなく、反対に内的方向への超越である。つまり自分のもっとも深い根底へと超越することである。

こうして道徳的自己と宗教的意識は非連続的に連続している。両者は、われわれの自己の否定と、否定による超越をとおして結びついている。いいかえれば、道徳的自己と宗教的意識は実線で結ばれているのではなく、かろうじて点線によって結ばれているにすぎない。叡智的一般者と絶対無の場所との関係も同様である。

「宗教的意識」と「絶対無の場所」と「絶対無の自覚」の関係

では、「宗教的意識」と「絶対無の場所」と「絶対無の自覚」はどのような関係にあるのであろうか。

ある意味では、宗教的意識と絶対無の場所と絶対無の自覚は同じものである。というのは、上述したように、宗教的意識は絶対無の場所においてあるものであるが、絶対無の場所は文字どおり絶対に無なる場所であり、したがってそこでは「見るもの」と「見られるもの」との対立はなくなる。というのも、絶対無の場所においては、主観と客観、個と普遍の区別はないからである。それで、そこに「於いてあるもの」は自己自身を直観するものとなる。すなわち、それは「見るものなくして見るもの、聞くものなくして聞くもの」である。その場合、「見るものなくして見るもの」とは、「見る対象なくして見るもの」であると同時に、また「見る主体なくして見るもの」である。同様に、「聞くものなくして聞くもの」とは、「聞く対象なくして聞くもの」であると同時に「聞く主体なくして聞くもの」である。そして、これが宗教的意識の真相である。したがって、それは同時に「絶対無の場所」でもある。

実際、絶対無の場所とは、あらゆる一般者を超越したものであって、一般者の無（もはやそれを包むより大なる一般者が存在しないこと）を意味するから、そこでは「於いてある場所」と「於いてあるもの」とは別のものではない。「於いてある場所」は同時に「於いてあるもの」である。そして、これを「於いてある場所」の方からいえば「絶対無の場所」であり、「於いてあるもの」の方からいえば「宗教的意識」である。

一方、宗教的意識とは、われわれの自己の根底が絶対無であるということの意識であるから、それは絶対無の自覚と同義である。実際、西田はたびたび「宗教的意識ないし絶対無の自覚」という表現を用いている。宗教的意識とは、叡智的自己の根底に自己自身の内容を見ること、いいかえれば自己自身を直観することであり、具体的には、自己が絶対に対象化されえないということ、すなわち自己が（対象的には）絶対に無であることの自覚である。それだから、絶対無の自覚は宗教的意識自身の自覚であるが、同時にそれは絶対無の場所自身の自覚でもある。こうして「宗教的意識」と「絶対無の場所」と「絶対無の自覚」は相互に一致し重なりあっている。

では、どうして西田は「宗教的意識」「絶対無の場所」「絶対無の自覚」という異なった三様の表現を用いるのであろうか。

この点で、注意しなければならないのは、宗教的意識はわれわれの自己の自己否定による自己転換の意識であるということである。それは徹底した自己否定による自覚である。ところで、自己が否定されるということは自己がなくなるということであろう。徹底して自己を否定するということは、徹底して自己を殺し尽くし、自己を絶対の無とするということである。そして、自己がなくなるということは、自己が場所の方から見られるということにほかならない。何故かといえば、自己がなくなるということは（自己という）見るものがなくなるということであり、したがっていままで見るものであったものが、逆に場所の光に照らされて、場所の側から見られるようになるということだからである。

いままで自己の側から見てきたものが否定され、それに代わって自己が場所の側から見られ、場所の側から位置づけられるのである。そして、このような転換がすなわち超越であり、回心にほかならない。しかも、この場所は絶対に無なるものであって、それ自身、「見るものなくして見るもの」であるから、同時にそれは（われわれの）自己が自己自身を見るものとなるのである。それで、絶対無の自覚は絶対無の場所自身の自覚であるとともに、宗教的意識自身の自覚でもある。つまり絶対無の自覚は絶対無が自覚することであるとともに絶対無を自覚することである。この意味で、「絶対無の自覚」は「自己」（宗教的意識）と「場所」（絶対無）との交差面であり、媒介面である。自己と場所は、世界の構造上は別個の契機であるが、実質的内容においては符合している。両者は自他不二の関係にある。そして、そのことを明らかにするのが「絶対無の自覚」にほかならない。

以上が、宗教的意識と絶対無の場所と絶対無の自覚の内面的な関係である。そこには、以前に指摘した西田哲学の基本性格、すなわち（個体と普遍の）二元論の排除、無の思想、否定の論理という性格が集約的に表現されているといえるであろう。そして、これが、中期西田哲学が到達した思想であった。

中期西田哲学から後期西田哲学への展開

ついでに、この中期の西田哲学から後期の西田哲学への移行について簡単に触れておこう。

中期の西田哲学はその究極において「絶対無の自覚」の思想に到達した。絶対無の自覚は、絶対無の場所の自覚であるとともに宗教的意識の自覚でもあった。すなわち、絶対無の自覚は、これを場所の方から見れば、絶対無の場所が自己自身を自覚することであり、またこれを宗教的自己の方から見れば、自己の根底が絶対無であることの自覚であった。いずれにしても、ここでは絶対無の自覚は形而上学的色彩が濃厚であった。これが中期の西田哲学の特徴である。

ところで、後期の西田哲学においては、西田の目は一転して歴史的な現実界に注がれるようになり、それを絶対無の自覚的限定として論ずるようになる。また、それにともなって、絶対無の自覚はそれまでの形而上学的もしくは宗教的自覚から歴史形成的自覚へと次第にその性格を変えていく。以前の観想的・体験的な性格が行為的・実践的な性格へと変化していく。この点は、西田が「絶対無の自覚」という言葉よりも、「絶対無の自覚的限定」とか「絶対無の自己限定」という言葉を多用するようになったことからも窺われる。つまり「限定」とか「自己限定」という言葉のなかに、それまで宗教的な心境や境涯という性格の強かった「絶対無の自覚」が、歴史的現実界において実際の行為や実践としてあらわれるという意味が含まれている。

したがって、また、後期の西田哲学においては、われわれの自己の真相は絶対無そのものではなく、むしろ絶対無の顕現としての歴史的現実界と考えられるようになった。「世界が自覚する時、我々の自己が自覚する。我々の自己が自覚する時、世界が自覚する」(「自覚について」)、と西田がいうゆえんである。しかし、このような変化にもかかわらず、西田哲学の基本的な性格はまったく変わっていない。そこには終始一貫したものがある。

『善の研究』の宗教思想との比較

最後に、中期西田哲学の宗教思想と『善の研究』の時期の宗教思想の相違点について簡単に触れておきたい。「絶対無の自覚」の思想に見られる中期の西田哲学の宗教思想と『善の研究』の時期の宗教思想の顕著な相違点としては、次の二点があげられるであろう。

その第一は、宗教と道徳との関係についての考え方の変化である。『善の研究』の時期においては、宗教は学問道徳の根本であり、すべてのものが宗教から出て、また宗教に還ると考えられていた。したがってまた、道徳はその究極において宗教と一致すると考えられていた。この点に関して、例えば西田は次のようにいっている。

実地上真の善とはただ一つあるのみである、即ち真の自己を知るというに尽きている。我々の真の自己は宇宙の本体である、真の自己を知れば、ただに人類一般の善と合するばかりでなく、宇宙の本体と融合し神意と冥合するのである。宗教も道徳も実にここに尽きている。（『善の研究』第三編「善」）

このように、『善の研究』の時期においては、主客合一の境地に至るのが宗教・道徳の極意とされていた。これは、「純粋経験」でもって一切のものを説明していこうとする西田の意図の必然的帰結であり、そこでは、道徳がもともと宗教的なものとして考えられていた。これに対して、中期の西田哲学においては、上述したように、道徳と宗教との相違が明確にされ、道徳から宗教に至る道はなく、宗教は道徳的立場の否定的転換においてはじめて成立するものであることが力説されている。

第二の相違点は、『善の研究』においては、神の内在的性格と同性的性格が強調され、人間の側の自己否定による神との直接的な合一が説かれ、神の超越的性格や非連続的性格がほとんど無視されていた。たしかに神の内在的性格は、西田哲学に一貫した特徴であるが、同時に神は自己の内の内、底の底に「超越」するものであり、したがって内在的であると同時に超越的でもあるという性格、すなわち西田のいう「内在的超越」という性格をもっていなければならない。中期の西田哲学においては、このような神（絶対無）の超越的性格と、神と人間との間の非連続的側面が強調されるようになってきている。すなわち神（絶対無）が人間にとって内在的超越的な性格をもっていることが自覚的に論じられている。

以上が、『善の研究』の時期と『一般者の自覚的体系』の時期との間の、西田の宗教論の顕著な相違点である。われわれは、そこに、西田の思想のたしかな発展を見ることができるであろう。それは、一言でいえば、宗教の即自的段階から対自的段階への進展である。より解りやすく表現すれば、宗教的体験の直接的な表白の段階から、その反省的あるいは自覚的な段階への発展といってもいいかもしれない。しかしながら、一方、ここでも宗教というものが、まだもっぱら自己の側から、いわば自己の否定的自覚として考えられていて、それが同時に神（絶対無）の側から、神の否定的自覚として見られるという側面が希薄である。そこでは、自己の側から見た宗教の論理的構造は明確にされているが、神（絶対無）の側から見た宗教の論理的構造の分析はほとんどなされていない。したがって、絶対無の自覚も「見

るものも見られるものもなく色即是空・空即是色の宗教的体験」（『一般者の自覚的体系』「総説」）、と規定されるにとどまっている。宗教を自己の側から見るにとどまらず、同時にそれを絶対者（絶対無）の側から見るという態度は後期の西田哲学において顕著にあらわれてくる。そして、この意味では、西田の宗教論はその前期・中期・後期において、弁証法的な正（即自）、反（対自）、合（即自・対自）の発展を遂げたということができるであろう。しかし、この点については、後にまたあらためて論ずることにしたい。

第14回 「行為的直観」とは何か

西田哲学の展開

西田幾多郎は彼の思想の最終的立場を確立した『哲学論文集 第三』(昭和十四年)の序で、自己の長い思索生活を回顧して、「私はいつも同じ問題を繰り返し論じているといわれるが、『善の研究』以来、私の目的は、どこまでも直接な、もっとも根本的な立場から物を見、物を考えようというにあった。すべてがそこからそこへという立場を把握するにあった」と書いている。たしかに西田哲学の展開の過程は、それでもって一切のものを説明できるような、また一切のものがそこから出来し、またそこへと還帰していくような、そうしたもっとも根源的な実在ないし立場を不断に掘りさげ深めていく過程であったといえるであろう。西田哲学には繰り返しが多いといわれるのも、その探究課題のこのような不変性や一貫性という性格と関連があるように思われる。

最初、このような根本的な立場は、主客未分の意識の統一的状態である「純粋経験」にもとめられ、ついでこの直覚的な純粋経験が、自分の中に反省の契機をとりいれることによって、あるいは自分自身を反省することによって、「自覚」の立場、正確には純粋経験の自覚

の立場に移行していった。そして、そこからさらに、一切の自覚が成立する基礎ないし根拠をもとめて「絶対自由意志」の立場に到達し、さらに一転して、「場所」の立場、すなわち一切の自覚および絶対自由意志をも自己の内に成立させる究極的な根拠としての「場所」の立場に到達した。

西田のいう「場所」とは、一切のものを自分の内に包み、また一切のものをいわば自分の影として自分の内に映して見るもののことであり、このような性格のものとして、それは究極的には「絶対無の場所」の論理として、あるいは「絶対無の自覚」の思想として確立されていった。これが中期までの西田哲学の展開の過程である。この「絶対無の場所」の論理や「絶対無の自覚」の思想はきわめて形而上学的・宗教的な要素の強いものであったが、後期の西田哲学は、この「絶対無の場所」の自覚的限定の諸相として現実の歴史的世界の構造を明らかにしようとするようになった。中期までの西田哲学が、現象界からその根底にある根本的実在へと至る往相《おうそう》の過程であったとすれば、後期の西田哲学は、逆に根本的実在からその顕現としての歴史的現実界へと至る還相《げんそう》(138)の過程あでったといってもいい。西田自身、『一般者の自覚的体系』(昭和五年)と『無の自覚的限定』(同七年)の関係について、前著では「表から裏を見ていった」とすれば、後著においては「裏から表を見ようと努めた」といっている。

このように後期西田哲学は、いわば「絶対無の場所」という形而上学的な高所から、弁証

法的に進展していく歴史的現実界(139)へと向下していった。いいかえれば、西田の関心は、それまでの認識論や形而上学の問題から、現実界の歴史的形成の問題へと移っていった。それはだいたい昭和十年前後からのことであり、したがって西田の晩年の十余年間は、もっぱら歴史的現実界の自己形成の構造を解明することに向けられたといえる。そして、この時期の西田幾多郎の思想を解くキー・ワードは「行為的直観」と「絶対矛盾的自己同一」であった。

行為的直観とは何か

では、「行為的直観」とはどのような思想であり、また「絶対矛盾的自己同一」とはどのような思想なのであろうか。まず、「行為的直観」とはいったい何であるのかを考察してみよう。

通常、われわれは行為と直観を対立的概念としてとらえる傾向がある。すなわち、一般に、行為とは「働くこと」(行動すること)であるのに対して、「直観」とは「見ること」(静観すること)であると考えられている。それで、一見すると、行為的直観という表現は矛盾しているようにも思われる。では、行為的直観とはいったい何なのであろうか。それは行為と直観との間のどのような関係を表現しているのであろうか。

西田は、現実の歴史的世界は不断に弁証法的に自己自身を形成していく世界である、と考えた。そして、このような弁証法的世界がもっている内的な論理的構造を「絶対矛盾的自己

同一」という概念であらわし、また同じくこの弁証法的世界を直接に主体の側から見たものを「行為的直観」という概念であらわした。現実の歴史的世界は「絶対矛盾的自己同一」という論理的構造をもったものであるが、これを歴史の担い手である主体的な自己の側から見れば、「行為的直観的」に自己形成していく世界であるというのである。このように行為的直観とは、歴史的現実界の展開過程を主体的自己の側から、また主体的自己の行為に即してとらえたもの、ということができるであろう。これに対して、この歴史的現実界の自己形成を、反対に世界の側から、また世界自身の働き（作用）に即してとらえたものが「作られたものから作るものへ」の思想である。そして、この「行為的直観」と「作られたものから作るものへ」に通底している論理的構造が「絶対矛盾的自己同一」という概念である。それだから、「行為的直観」と「作られたものから作るものへ」と「絶対矛盾的自己同一」は一体不二の関係にあるといえる。

さて、先に触れたように、一般には行為と直観とは相互に矛盾的で対立的であると考えられている。すなわち、行為は能動的であるのに対して直観は受動的であると考えられ、また前者は動的であるのに対して後者は静的であると考えられている。しかし、西田の考えでは、行為と直観は相互に矛盾的でありながら、しかも同時にそれらは現実の世界において自己同一的に結びついている。行為と直観は相互に対立的な関係にあると同時に、相互に依存的な関係にある。いいかえれば行為と直観は相即的であり、否むしろ相補的でさえある。行為と直観は相互に補足しあう関係にある。実際、われわれは行為することによって直観し、また直観することによって行為する。行為は直観を生み、直観は行為を生む。そして、この意味で、「働くこと」は実は「見ること」であり、「見ること」は実は「働くこと」である。それだから行為的直観とは、行為するために直観することでもなければ、また反対に直観するために行為することでもない。実に行為的直観とは、行為と直観が相互に矛盾的・対立的でありながら、しかも同時に相即不離なものとして行為即直観、直観即行為であるということをあらわす思想である。

このことは、例えばポイエシス（芸術的制作）という行為をとって考えてみれば明らかであろう。西田自身、行為的直観を説明するのに好んでポイエシスを例にとっている。

ポイエシスは、単に観念や概念によって物を構成することでもなく、また反対に物の単なる模倣でもない。すなわち、単なる物の主観的構成でもなければ、単なる物の模写でもない。それは、われわれが物によって刺激され、動かされることによって、われわれの外に物を作る働きである。

これを、画家の制作を例にとって考えてみよう。画家が絵を描く場合、彼は対象も何もないところに、いきなり無から、何かを描くのではない。まず画家はある対象を見る。そして、その対象によって動かされる。その対象を見れば見るほど、ますます強くその対象によって動かされる。画家はすっかりその対象に魅惑され、それを描きたいという欲求に駆られる。こうして彼は絵筆をとってカンバスに向かい、その対象を描くのである。

だとすれば、絵を描くという行為は対象を見ることによって生ずるといえるだろう。対象を見ることによって、そこに興趣がわき、それが画家を制作という行為へと駆り立てる。だとすれば、見ることが描くことであり、直観が行為である。そして、対象に対するわれわれの直観が深ければ深いほど、われわれの行為はより創造的となる。このように考えれば、行為と直観はまったく矛盾し対立するものではなく、むしろ両者は相即的・相補的であって、見ることが働くことであり、行為は直観をとおして生ずるといえる。

また一方、画家が描いた絵は独立した作品として、画家の意向とは無関係に一人歩きをする。それは一つの芸術作品として鑑賞の対象になったり、投機の対象になったりする。画家が描いた絵は、いわば画家とは別個の人格をもつようになり、画家の意図したものとは別個の独立した道を歩むようになる。しかし、その絵は画家が自分の全精力を投入して制作したものであって、その絵の中には実は画家自身の全本質が反映されているといえる。画家が描いた絵はいわば画家の分身である。そして、この意味では、その絵は画家自身であり、画家はその絵のなかにまさしく自分自身を見るのである。

だとすれば、画家は絵を描くという行為をとおして実は自分自身を見るのであり、この意味で、直観は行為によって生ずるといえる。すなわち、働くということは見るということであり、行為は直観である。こうして直観が行為を生み、行為が直観を生む、直観即行為・行為即直観であるといえる。

また、上に述べた行為と直観の関係は、内と外との関係に置き換えて説明することもできるだろう。対象は画家にとって外なるものであるが、画家がその対象によって動かされ、それを描きたいという欲求が生ずるとき、すでにその対象は画家の外にあるのではなく、むしろ画家の内にあって、画家の内側から画家を唆《そそのか》して、自分を描くことを迫るものとなっているといえる。すなわち、画家自身の内部から「描け！　描け！」と突き上げる声となっているのである。だとすれば、その場合、外なる対象は実は内なるものであり、この意味で、外即内であるといえる。

また反対に、画家が描いた絵は画家の手を離れて独立した作品となり、一人歩きをはじめる。この意味では、たしかにそれは画家にとって外なるものであるが、しかしその絵の中に描かれているのは実は画家自身であって、画家はその絵の中に自分自身あるいは自分の分身を見るのである。だとすれば、その場合、内なるものが外なるものであり、内即外であるといえる。こうして内なるものが実は外なるものであり、外なるものが実は内なるものであるのである。すなわち内即外・外即内である。

行為的直観の性格

以上が、西田のいう行為的直観の概要である。それは、一言でいえば、行為と直観との間の相依的・相補的な関係をあらわす思想であるが、そこには、いくつか留意すべき要素が含まれている。

まず第一に、「行為的直観」という表現における「直観」は、例えば感覚的ないしは感性的な直観のように、ただ外界や対象の刺激を受けとる受動的で消極的な能力ではなく、むしろ反対に外界や対象を作っていく能動的で積極的な能力であるということである。「直観」を能動的と考えるのは、『善の研究』以来、西田哲学に一貫した考え方であるが、そのような性格はこの「行為的直観」の思想にもっともよく表現されているといえるだろう。そして、このような能動的な直観はつねに具体的な行為と相即しており、この直観と行為を切り離すことはできない。

しかし、第二に、直観が行為を生み、行為が直観を生む「行為的直観」は、実は主体的自己の絶対的な自己否定をとおしてはじめて成立するということである。物が真にわれわれを動かし、われわれを行為へと駆り立てるのは、実はわれわれが徹底的に自分というものを否定して、物そのものになりきったときである。物の外に自己というものを立てて、物の外から物を見るのではなく、むしろ虚心坦懐に物の中に入っていって、物の中から物を見たとき、われわれは行為へと駆り立てられる。西田が「物となって見、物となって行う」というのは、まさにこのことなのである。それは自分というものがなくなることであり、自分が物になりきることである。「行為的直観」の概念には、このような自己否定の契機が不可欠である。実に直観と行為という相互に矛盾的なものが、同時に自己同一的に結びつくのは、このような自己否定による媒介をとおしてである。西田は、この行為的直観を説明して、それは「物の真実に行くことである」とか、「自己が世界の物になることである」とか、「物来って我を照らす」状態とか、いろいろな表現を用いているが、それらの表現に通底しているのは無私性ないし自己否定性という性格である。

第三に、「物となって見、物となって行う」ということは、物を自己にとって外なるもの、超越的なものと考えるときには成立しない。むしろ反対に、物が物でありながら同時に（自己否定的に）自己であり、自己が自己でありながら同時に（自己否定的に）物であるときにはじめて成立する。したがって、そこには、外なるものが外なるものであると同時に内なるものであり、また内なるものが内なるものであると同時に外なるものであるという関係がなければならない。いいかえれば、行為的直観とは、自己の内に他を見、他の内に自己を見ることである。すなわち内即外・外即内である。しかし、この点についてはすでに触れた。

第四に、この行為的直観は弁証法的世界を直接化して、それを主体的に見た概念であるが、しかし人格的自己[140]は本来、創造的世界の創造的要素[141]にほかならないので、この行為的直観は同時に世界が世界自身を形成していく自己形成の形にほかならない。こうして歴史的現実界は「作られたものから作るものへ」と、どこまでもポイエシス的に自己自身を形成していく。自己は創造的世界によって作られたものでありながら、同時に世界の創造的要素として世界を作っていく。したがって、そこには作られたものが作るものであり、作るものが作られたものであるという関係が成立する。こうして行為的自己[142]に即していえば「行為的直観」であったものが、表現的世界[143]自身に即していえば「作られたものから作るものへ」となる。

第五に、行為的直観はポイエシス（芸術的制作）において典型的に見られるが、しかしそれはポイエシスにおいてばかりでなく、本来、人格的自己のあらゆる行為や働きの中に共通して見られる特質であるということである。したがって、それは人格的自己の政治的・社会的実践（プラクシス[144]）においてはもちろん、一見、行為的直観とは対極的に考えられる自然科学的認識作用においても同様にみとめられるのである。そして、それが可能なのは、世界を自己にとって対象的・超越的なものとしてではなく、反対に自己を世界の内にあって世界の内から働くものとして考えることによってである。この意味で、行為的直観とは、人格的自己が、（世界の外からではなく）世界の内から世界を把握する具体的な仕方である。

最後に、行為的直観は、人格的自己が主体的・行為的に世界を把握するもっとも具体的な仕方であるが、その論理的構造は相互に矛盾・対立するものの（自己否定を媒介とした）同一性、すなわち「絶対矛盾的自己同一」であるということである。これを平たくいえば、行為と直観という相互に矛盾・対立するものが直接的あるいは無媒介的に同一であるというのではなく、相互の自己否定の働きを媒介として同一性を保っているということである。人格的自己は行為的直観的に世界を把握する。そして、そこには上述したように、行為即直観・直観即行為、内即外・外即内という矛盾的相即の関係が見られる。すなわち、行為的直観の概念の内的な論理的構造は「絶対矛盾的自己同一」である。絶対に矛盾的なものが、矛盾的でありながら、しかも同時に自己同一を保持している。しかし、それは行為と直観が直接的に自己同一であるとか、絶対に矛盾するものが無媒介的に自己同一であるというのではない。そうではなくて、行為は自己否定的に直観となり、直観は自己否定的に行為となるということ、また絶対に矛盾的なものが自己否定的に自己同一を保っているということである。つまり、行為的直観の本質は自己否定性にあり、したがってまたその論理化である「絶対矛盾的自己同一」の論理は「否定の論理」であるということである。

行為的直観と純粋経験

以上、「行為的直観」という概念がもっているいくつかの注意すべき性格を箇条書きしてみた。なお、二点ほど追加しておきたい。

既述したように、行為的直観は歴史的現実界を主体的自己の側から主体的自己の働きに即して見たものである。それは、一言でいえば、自己と世界、あるいは主体と環境との間に相即的・相補的な関係があること、しかもそのような関係は自己や主体の側の徹底した自己否定の働きによって基礎づけられているということを説いた思想である。そして、西田はそれを事実として説くとともに当為としても説いている。すなわち、それは事実即当為・当為即事実であって、歴史的現実界は主体的自己の働きに即して見れば、行為的直観的に自己自身を形成しているのであり、また行為的直観的に自己自身を形成していくべきなのである。ここにも二元論的・分別的思考の排除という西田哲学の基本的性格がみとめられる。自己と世界、主体と環境の分別の段階から見れば、行為的直観的な働きは当為であり、これを無分別の段階から見れば、それは事実である。

また、「行為的直観」という言葉は、後期の西田哲学においてはじめて用いられるようになった、しかしこのような考え方そのものは初期の頃からあったといえる。実際、行為的直観の世界は、最初、西田が純粋経験の世界と考えていたものと基本的には変わっていない。両者ともに主観即客観・客観即主観、内即外・外即内という内的構造をもっている。ただ、純粋経験の世界は心理的世界であったのに対して、行為的直観の世界は歴史的世界であり、したがって前者がもっていた観想的・心境的な内的構造が、後者においては歴史的現実界の行為的・創造的な内的構造として具体的な表現形態をとっている。この点は、西田が『善の研究』の新版（昭和十一年刊）の序で、「この書において直接経験の世界とか純粋経験の世界とかいったものは、今は歴史的実在の世界と考えるようになった。行為的直観の世界、ポイエシスの世界こそ真に純粋経験の世界である」といっているとおりである。

純粋経験という概念は心理的な色彩のきわめて強い概念であって、この立場においては、世界はもっぱら心理的・意識的な側面から見られている。この点は、純粋経験の精華と考えられる「知的直観」の概念を見れば明らかである。例えば、知的直観の典型としてあげられる芸術家の「神来」や宗教家の「三昧」の境地は心理的な要素がきわめて濃厚である。それは世界に対する深い洞察によって得られる一種の心的な境位であって、そのようなものとしてそれはきわめて観想主義的[145]である。これに対して、行為的直観の概念は、何よりもまず歴史的実践や制作の概念と深く結びついている。しかし、知的直観が単なる知覚や感覚と違って、純粋経験のもっとも純粋で、もっとも理想的な働きであったように、行為的直観は単なる意識的自己の働きではなく、主観と客観の対立を超えた真に人格的な行為的自己の働きである。そして、そのような働きは徹底した自己否定を媒介としてなされる。知的直観が「主客相没・物我相忘[146]」の境地であったように、行為的直観は「物となって見、物となって行う」働きにほかならない。それはいわば物と自己との区別がなくなったときに生ずるような働きである。このような徹底した自己否定をとおして主観即客観・客観即主観、内即外・外即内の立場に立ち、またそのような立場から物を見、行為しようとする点では一貫したものがある。そこに西田哲学の基本的な性格があるといえるだろう。

第15回　作られたものから作るものへ

「行為的直観」と「作られたものから作るものへ」

「行為的直観」は弁証法的世界の内的な構造を「直接化」したもの、いいかえれば歴史的現実界の自己形成の過程を、主として主体的自己（個物）の側から、また主体的自己の行為や働きに即してとらえたものであった。これに対して、「作られたものから作るものへ」の思想は、この同じ過程を、反対に世界の側から、世界自身の働きや作用に即してとらえたものであるといえるだろう。したがって、「行為的直観」と「作られたものから作るものへ」は同一の事態をいわばその両極からとらえたものといえるが、もともと西田哲学においては、主体的自己は世界とまったく別個の存在ではなく、「創造的世界の創造的要素」と考えられており、「個物と個物の相互限定即一般者の自己限定」（一即多・多即一）と考えられているので、その実質的な内容自体に違いがあるわけではない。実際、西田は歴史的現実界を、再三、「作られたものから作るものへ」と「行為的直観」的に移り行く世界である、と説明している。行為的直観は、世界を見ること（直観）と世界に対して働きかけること（行為）との間に見られる弁証法的な関係、すなわち絶対矛盾的自己同一的な関係を説いた思想であるが、「作られたものから作るものへ」は、歴史的現実界における「作るもの」と「作られたもの」との間に見られる絶対矛盾的自己同一的な関係を説いたものである。いいかえれば、行為的直観が、客体に対する主体の二つの働き、すなわち直観と行為の間に見られる弁証法的な関係をあらわしているのに対して、「作られたものから作るものへ」は「作られたもの」(自己)と「作るもの」(環境)との間に見られる相即的・相補的な関係をあらわしている。

作られたものと作るもの

では、「作られたものから作るものへ」とは、いったいどのような思想なのであろうか。また、作られたものと作るものとは、いったいどのような関係にあるのであろうか。

いきなり「作るもの」と「作られたもの」とか、また両者の関係とかいわれても、いささか抽象的で理解しづらいと思われるが、西田がここで念頭においているのは、自己と環境、あるいは主体と客体との間の関係である。自己は環境によって「作られたもの」であり、環境は自己を「作るもの」であるが、しかし同時に自己は環境を作り、環境は自己によって作られる。これを「作られたもの」と「作るもの」との関係で表現すると、「作られたもの」(自己)が「作るもの」(環境)を作り、「作るもの」(環境)は「作られたもの」(自己)によって作られるということになる。したがって、歴史的現実界においては、「作られたもの」は同時に「作るもの」であり、「作るもの」は同時に「作られたもの」であるという一種の弁証法的な関係が成立する。西田が主張するのは、この主体（自己）と客体（環境）との間の相即的・相補的な関係であり、また同時に両者の間の可逆的な関係である。

作るもの（環境）とは、（それによって）作られたものを作るもののことであり、作られたもの（自己）とは、（その）作るものによって作られたもののことである。このように、作るものと作られたものとの関係は、さしあたりは能動と受動との関係としてとらえることができる。作るものは能動であり、作られたものは受動である。これほど明白なことはない。しかし、作られたものは、作るものによって作られたものでありながら、同時にそれは、作るものからは独立したものとして、作るものに対立する。そして、逆に、作るものを動かし、作るものを作る。作られたものは、作るものによって作られたものでありながら、同時に作るものを作る。すなわち、自己は環境によって作られたものでありながら、同時にまたその環境を作っていくのである。

一方、作るものは、（それによって）作られたものを作るものでありながら、同時に作られたものによって作られる。作るもの自体が作られたものから生じ、作るという行為自体が作られた世界から生ずる。こうして作るものは、実は作られたものであり、反対に作られたものは、実は作るものであるという関係が成立する。先ほど、作るものは能動であり、作られたものは受動であるといったが、反対に作られたものが能動であり、作るものは受動であるといえるのである。すなわち、能動が受動であり、受動が能動である。このような弁証法的な関係は、先に述べた行為的直観における直観と行為との関係とまったく同様である。したがって、それは行為的直観の観念に準じて理解することが可能である。

しかし、「作られたものから作るものへ」の観念には、行為的直観にはなかった要素が含まれているといわなければならない。というのも、行為的直観の場合、たしかに行為が直観を生み、直観が行為を生むという意味で、行為即直観・直観即行為ということがいえたが、しかし行為と直観はあくまで方向の異なった別個の働きであって、両者を混同することは許されなかったし、またありえなかった。実際、行為を直観だという人はいないであろうし、また直観を行為だという人もいないであろう。あくまで行為は行為であり、直観は直観である。ただ、その行為と直観が、一見するところ矛盾的・対立的であるように見えて、実際は相即的であり、相補的であるということを説くのが行為的直観の思想である。

しかし、「作られたものから作るものへ」の場合、単に作られたものと作るものが相即的・相補的な関係にあるというばかりでなく、作られたものは作るものを作るという意味で、作られたものは作るものであるといえるばかりでなく、作られたものと作るものは実際に同一物でもある。それは身体的自己というものを考えてみれば一目瞭然であろう。われわれの身体的自己は環境によって作られたものであるが、しかし同時にそれは環境を作っていくものである。われわれの自己においては、「作られたもの」と「作るもの」が分離していない。自己は「作られたもの」であると同時に「作るもの」である。すなわち「作られて作るもの」である。

したがって、「作られたものから作るものへ」という場合、そこには二重の意味が考えられる。その一つは、環境によって作られたものから環境を作っていくものへという意味であり、もう一つは自己によって作られたものから自己自身を作っていくものへという意味である。しかも、正確にいえば、「作られたものから作るものへ」という観念は、この二重の意味をつねにもっており、またこのような二重の意味でつねに用いられているのである。すなわち、それは「主体から環境へ」という意味であると同時に「環境から主体へ」という意味である。

環境と自己

後期の西田哲学は個物と世界（一般者）との関係の問題をめぐって展開しているが、一口に個物といっても、三種類ないし三段階の個物が考えられている。物質的世界における個物、生物的世界における個物、歴史的世界における個物である。

ところで、物質的個物はもとより生物的生命も真に「作るもの」とはいえない。たしかに生物的世界は物質的世界のように、現在が過去から決定される機械論的ないし因果論的な世界[147]ではなく、むしろ現在が未来から決定される目的論的世界[148]であるといえる。生命の過程が、再三、創造の過程と考えられるゆえんである。しかし、生物的世界においては、まだ真に個物が個物と相対立しあうということはない。個物が自己自身を限定するということがない。この意味においては、生物的世界はまだ外的媒介の世界、つまり外から媒介される世界であるということは否定できない。いいかえれば、生物的生命はなお環境から独立しておらず、いわば環境に付着していて、つねに環境による限定を受けている。個物が環境を限定するということはなく、したがって真の創造ということもない。そこでは、まだ作られたもの（生物）が作るもの（環境）に対立していない。作られたものが作るものから独立していない。それで西田は、生物的世界は「作られたものから作るものへ」の世界ではなく、まだ「作られたものから作られたものへ」の世界であるといっている。

個物が真に創造的になるのは人間的身体においてである。そして、西田は人間的身体を歴史的身体と呼んでいる。それは、生物的世界における生物的身体と区別するためである。すなわち、人間は生物的世界に属しているのではなく歴史的世界に属している、それだから人間的身体は単なる生物的身体ではなく歴史的身体である、というのである。そこには、人間的身体が歴史的世界の創造者であるという意味も含まれている。

歴史的世界においては環境が個物を限定するとともに、個物が環境を限定する。こうして世界は作られたものから作るものへと不断に自己自身を創造していく。そして、それは同時に、（環境によって）作られた自己が自己自身を作っていく不断の過程でもある。このように「作られたものから作るものへ」は二重の意味をもっており、それゆえにまた西田は、一方では、歴史的世界は環境的限定即個物的限定・個物的限定即環境的限定として、作られたものから作るものへと自己自身を創造していく、と表現すると同時に、他方では、世界は作られたものから作るものへと行為的直観的に自己自身を創造していくとも表現するのである。

また、このような二重性は、「作られたもの」と「作るもの」という観念自身にもあらわれている。一般的には、「作られたもの」は環境や客体をあらわし、「作るもの」は自己や主体をあらわしていると考えられる。例えば「作られたものが作るものを作る」と西田がいう場合、彼は「作られたもの」として環境を、また「作るもの」として主体的自己を考えている。この表現を受動形にして、「作るものは作られたものによって作られる」という場合も同様である。しかし、この「作るもの」である自己は、同時に環境によって「作られたもの」である。したがって、この意味では、「作られたもの」は自己をあらわし、「作るもの」は環境をあらわしている。例えば、西田が「私はいつも作られたものから作るものへとして、作られたものを前にするのは、作られたものとして生れる我々からはかくいうの外ないのである」(「行為的直観」)という場合がそうである。

このように、「作られたもの」と「作るもの」という表現は、それ自身、二重性をもっており、実際、西田自身の用語法も一定していない。それは、「行為的直観」における、「見ることは働くことであり、働くことは見ることである」という場合の二重性とはまったく性質の異なったものであって、「作られて作るもの」であるわれわれの自己そのものがもっている二重性である。そして、西田は、この「作られて作るもの」としての自己の自覚が、歴史的身体としての自己の真なる自覚である、と考えている。すなわち、それは創造されたものであると同時に創造するものであるという自覚であり、「創造的世界の創造的要素」としての自己の自覚である。

では、「作られたものから作るものへ」という術語によって、いったい西田は何を強調しようとしたのであろうか。おそらく、それは、歴史的現実界においては単に「与えられたもの」というようなものはなく、すべて与えられたものは「作られたもの」である、ということだったのではないだろうか。そして、この作られたものが単に作られたものとして消滅していくのではなく、それがあらたに作るものを作っていく、消滅していくものがいわば基体となって、その上にあらたなものが生ずる、こうして世界は弁証法的に進展していく、世界は不断に自分自身を創造していく、ということであったのではないだろうか。しかも、それは単に連続的な展開ではなく、絶対否定を媒介とした非連続の連続的な展開である。また、それを自己についていえば、われわれの自己は一瞬一瞬に自己を否定することによって自己自身を作っていく、自己は死ぬことによって生まれる、作られた自己が消滅することによって、そこにあらたに作る自己が作られるのである。このように、作られるものが作るものであり、作るものが作られるものであるところに、歴史的身体的自己の自覚があるのである。

「作られたものから作るものへ」は、環境から自己へということであるとともに、客体としての自己から主体としての自己へということでもある。また、「作られたものから作るものへ」は同時に「作るものから作られたものへ」でもあるから、したがって環境から自己へは、同時に自己から環境へであり、客体としての自己から主体としての自己へは、同時に主体としての自己から客体としての自己へでもある。作られたものと作るものの関係は可逆的であって、重要なのは両者の、絶対否定を媒介とする絶対矛盾的自己同一的関係である。そして、われわれの自己においてそれが可能であるのは、自己が「歴史的身体」であるからにほかならない。

西田とマルクス

最後に、西田の行為的直観および「作られたものから作るものへ」に見られる実践概念とマルクスの実践概念とを比較しておこう。

昭和の初期はマルクス主義運動がもっとも盛んな時期であった。西田自身も、弟子の三木清や戸坂潤が盛んにマルクスを説いたこともあって、マルクス主義に無関心ではいられなかった。そのことは、「この頃屢々《しばしば》マルキスト来りマルクスを論ず」と前書きして詠った、「夜ふけまで又マルクスを論じたりマルクスゆゑにいねがてにする」という歌によくあらわれている。それは当時、西田がマルキストたちによって日夜煩わされているという嘆きを詠んだものではなく、西田自身が「いねがてにする」ほどマルクスに強い関心をもったということを告白したものと理解される。そして、実際、西田とマルクスの思想との間には、意外なほどの共通点が見られるのである。

すでに『無の自覚的限定』（昭和七年）の後半に収められた諸論文に、マルクスに対する関心とその影響が見られるが、それがもっとも顕著にあらわれているのは『哲学論文集　第二』（昭和十二年）、とくにその第二論文「実践と対象認識」においてであろう。同論文において、西田が、それまで長らく論じてきた弁証法的世界の「論理」の問題から「実践」の問題へと視点を移したとき、彼の内にあったマルクスに対する関心が一挙にほとばしり出たかのような感がある。西田は、マルクスの思想の内に、彼のいう「行為的自己」の立場に近いものを感じとったようである。例えば、西田は同論文において、「これまでのすべての唯物論……の主要な欠陥は、対象、現実性、感性がただ客体あるいは直観の形式のもとでのみとらえられていて、人間の感性的な活動、実践としてとらえられず、主体的にとらえられていないことにある」（松村一人訳『フォイエルバッハ論』「フォイエルバッハに関するテーゼ」[149]岩波文庫）というマルクスの言葉を引用して、それを、彼の「行為的直観」の思想と同一の精神を表現したものとして理解している。この点を、若干、解説してみよう。

マルクスにおいても西田においても、いわゆる客体と主体は二元論的な対立的関係にあるものとしてではなく、相互に内在的な相即的な関係にあるものとしてとらえられている。客体は主体の働きとはまったく区別された、単なる観想や直観の対象であるのではない。それは人間的な活動の所産である。いいかえれば、それは内なるものの（外にあらわれた）表現である。この意味で、われわれは「外なるもの」の内に「内なるもの」を見るのである。内即外である。しかしながら、また、この人間的活動の所産である客体は、それ自身独立したものとして主体に対峙し、主体の活動を惹起させ、その内容を規定する。この意味では、主体の活動は逆に客体の表現であり、人間的活動は対象的活動である。いいかえれば、それは外なるものの（内にあらわれた）表現である。つまり、われわれは「内なるもの」の内に「外なるもの」を見るのである。外即内である。こうして主体と客体、個人と世界（環境）は相互に限定しあい、相即相入しあっている。すなわち、内即外・外即内の関係にある。

このように、西田は、マルクスの実践概念の内に、彼の行為的直観ないしはポイエシスの概念と共通した精神を見いだした。また、論文「論理と生命」（昭和十一年）において、西田は、人間は「道具を作る動物」であると規定した後、次のように述べている。

　動物も物を作る、海狸《ビーバー》の如きは巧妙な建築家といわれる。またある動物は道具を作るとすら考えられる。……動物はなお、真に道具というものをもたない。彼らが道具をもつというのは、我々から類推して然《しか》考えるのである。動物はなお、対象的自然の域を脱せない。道具というものは、既に客観化せられたものでなければならない、我々の身体を離れたものでなければならない、他をもって代用することのできるものでなければならない。加之《しかのみならず》、真の行為はポイエシスであり、我々の行為というのは、外界を変ずるということである、物を作るということである。而《しか》も作られた物は独立的なものであり、それは又物として我々を限定するものである。加之、物は我々の身体的存在をも決定するものである。我々の行為というのは、かかる物の世界において成立するのである。

以上のようなポイエシス（制作）の規定は、『経済学・哲学草稿』におけるマルクスの労働概念と多くの共通点をもっている。

……なるほど、動物もまた生産する。蜂や海狸や蟻などのように、動物は巣や住居をつくる。しかし動物は、ただ自分またはその仔のために直接必要とするものだけしか生産しない。すなわち、動物は一面的に生産する。ところが人間は普遍的に生産する。動物はたんに直接的な肉体的欲求に支配されて生産するだけであるが、（中略）他方、人間は自分の生産物にたいし自由に立ち向かう。動物はただそれの属している種属の規準と欲求とにしたがって形づくるだけであるが、人間はそれぞれの種属の規準にしたがって生産することを知っており、そしてどの場合にも、対象にその（対象）固有の規準をあてがうことを知っている。だから人間は、美の諸法則にしたがってもまた形づくるのである。

（城塚登・田中吉六訳『経済学・哲学草稿』岩波文庫）

西田は、上述した「制作」の概念から、物をつくることは自己を対象化することであり、作られた物の内に自己自身を見ることである、いいかえれば行為は直観であると結論づけるのであるが、マルクスもまた、同様に、上述した「労働」の概念から、生産は人間の類的な制作的活動であり、労働の対象は、人間の類的生活の対象化である、したがって人間は、彼によって創造された世界のなかで自分自身を直観する、と結論づけている。

しかし、マルクスの意図は、その「疎外された労働」という論文の題名からも窺われるように、このような本来、類的生活であり、類的活動である労働、つまり本来的に、私的・個人的なものではなく、社会的・類的性格をもった労働が、資本主義社会においては人間から疎外されていることを暴露することにあった。そして、このような労働や人間性の疎外を生む原因が私有財産制度にあることを指摘し、そこから真の労働と人間性の回復のための、共産主義社会の実現の必要性を力説することにあった。これに対して、西田の行為的直観の思想は、われわれの現実の働きが、その根底において行為的直観の形式をもっていることを指摘することにあった。いいかえれば、あらゆる行為や実践が共通して制作（ポイエシス）的な意義をもっていることを指摘することにあった。

ところが、制作においては、物（対象）を直観することをとおして、われわれの自己が物の中に入っていき、物になりきるということが要求される。制作とは、そのような真に物に即した心的境地からおのずと生じてくる行為のことである。したがって、制作には主体的な自己の自己否定の契機が不可欠である。そして、西田はそれを「心の論理」として提示している。しかし、この「心の論理」においては、いきおい主体としての自己の変革が問題にされて、客体としての環境や物の世界の変革はおろそかにされる傾向がある。また、その点は、西田哲学において『善の研究』以来、世界における悪や不正の問題が十分に論じられてこなかったことと関連がありそうである。しかし、この点については、後にまとめて問題として取りあげてみたいと思う。

第16回　身体の問題

西田哲学における「身体」の位置

西田幾多郎が「身体」の問題を本格的に論ずるようになるのは『無の自覚的限定』（昭和七年）の頃からである。それまでは、西田哲学においては、「身体」はほとんど考察の対象とはならなかった。

処女作『善の研究』においては、身体はまったく問題となっていない。というのは、この時期、西田は意識の立場ないしは心理主義[150]の立場に立っていたからである。主客未分の純粋経験といっても、それは意識的・心理的自己の経験であって、身体的自己の経験ではなかった。たしかに、この意識的・心理的な自己は、身体的自己を否定するものでも排除するものでもなかったが、しかし実質的には、この意識的・心理的自己には身体的要素は含まれておらず、また念頭におかれてもいなかった、というのが真相に近いのではないかと思われる。この時期、西田は精神を自然の本体、自然を精神の現象と見なす唯心論的な立場に立って、一種の「意識の形而上学」ないしは「心の形而上学」を構築しようとしていたので、そこに身体の観念の入りこむ余地はまったくなかったといっていいであろう。そして、このような唯心論的な傾向は、『自覚に於ける直観と反省』（大正六年）から『働くものから見るものへ』（昭和二年）をへて、『一般者の自覚的体系』（昭和五年）に至るまで継承されている。要するに、唯心論的な傾向は中期の西田哲学まで一貫して継承されていたということである。

『善の研究』から『一般者の自覚的体系』に至るまでの西田哲学の展開は、「純粋経験」が純粋経験自身の「自覚」へと深まり、さらにこの自覚が成立する根拠ないしは自覚の根底である「場所」（正確には「絶対無の場所」）へと深まっていく過程であるといえる。そして、この過程全体をとおして、上述した唯心論的な傾向は基本的には変わっていない。したがって、このどの時期においても、身体はほとんど問題とされていない。自己は、依然として精神（心）と考えられており、その精神が意識的「経験」の段階から、意識的経験の「自覚」の段階へ、さらにはその自覚が成立する「場所」の段階へと不断に掘りさげられていってい る。こうしてまた、意識ないしは心の形而上学が「経験」の形而上学から「自覚」の形而上学へと進展し、そこから「場所」の形而上学へと転回していった。それは、われわれの意識的ないし心理的自己を、どこまでもその内の内へ、あるいはその底の底へと、その極限まで掘りさげていったもの、といえる。

ところが、西田は彼の中期から後期の思想への移行期に書かれた『無の自覚的限定』（昭和七年）において、歴史的現実界を考察の対象にするようになった。同書において、西田は、それまでの形而上学的な「絶対無の場所」から、その自覚的限定面としての現実の歴史的世界へと目を転じている。そこには、弁証法神学[151]やマルクス主義の影響があったのであるが、ともかく、このような思索の転回にともなって、これまであまり論じられることのなかった歴史的行為や実践の問題が自覚的に論じられるようになり、またそれとの連関において、身体の観念が重要な役割を果たすようになった。いいかえれば、自己の観念が、それまでの「意識的自己」の観念から「行為的自己」の観念へと転じていったのである。行為には身体を欠かすことはできない。行為においては、身体は単に「見られるもの」ではなく同時に「働くもの」である。したがって、『一般者の自覚的体系』においては、もっぱら身体は「自覚的一般者」（意識界）のノエマ面（対象面）と考えられていたが、『無の自覚的限定』の途中からは、「身体的限定」ということがいわれるようになった。また、身体が人格的自己の表現内容、いいかえれば叡智的一般者（叡智的世界[152]）のノエマ面（表現内容）の意味をもつようになった。

こうして『善の研究』においては、「物体に由《よ》りて精神を説明しようとするのはその本末を転倒したものといわねばならぬ」といわれていたのが、「われわれは現実の底から何処までも物質によって限定されている、われわれは身体をもつことによってわれわれであるのである」といわれるようになり、さらに「身体なくして人格というものはない」とか、「人格とは昇華せられた身体」であり、「身体は逆に物質化せられた人格」（「自愛と他愛及び弁証法」）である、とまでいわれるようになっている。明らかに、身体に対する考え方に変化が見られる。それは同時に、西田哲学の根本的性格にかかわる本質的な変化でもある。

しかし、『無の自覚的限定』において、たしかに身体は、その感覚性、歴史性、表現性、行為性等、多方面から考察の対象になっているとはいえ、そこでは、まだ身体は主として人格的自己の表現内容、すなわち「見られるもの」として位置づけられている。身体が、「見られるもの」であるとともに「見るもの」、いいかえれば「表現的」であるとともに「行為的」と考えられるようになるのは、『哲学の根本問題　続編』（昭和九年）以後、とくに『哲学論文集　第二』所収の論文「論理と生命」（昭和十一年）以後のことである。

ポイエシスと身体

西田が身体の問題に突きあたったのは、ポイエシス（制作）というものを考察する過程においてである。われわれの働きはすべて広義における制作であるといえるであろう。およそ働くということは何らかの意味で物を作ることである。ところで、物を作るということ（制作）は単なる主観的な作用ではない。われわれはただ自分の観念や意図や目的に沿って物を作るのではない。われわれは物を作るとき、客観の側から動かされる。われわれは物によって動かされることによって、物を作るのである。そして、物は作られたものでありながら、つまりわれわれ自身の表現でありながら、同時にまたわれわれから独立したものとして、わわれわれに働きかける。そして、われわれは自分が作ったものによって、自分自身が変化をうける。つまり、われわれ自身が作られるのである。したがって、作るということは作られるということであり、われわれは物を作ることによって、かえって自分自身が作られていくのである。このように作るものと作られるものとの間には緊密な相互作用が見られる。実に、制作においては内が外であり、外が内である。

西田は、歴史的現実界を、まさしくこのような内即外・外即内であるようなポイエシスの世界と考えた。それは、作るものが作られたものによって作られる世界であり、また作られたものが作るものを作っていく世界である。そこには、作るものが作られるものであり、作られるものが作るものであるという弁証法的な関係が成立する。いいかえれば、主体が客体であり、客体が主体である。したがって、真にポイエシスというものを考えようとすれば、世界や物をわれわれに対立するものとして考えるような考え方、すなわち二元論的な考え方に立っていたのでは、それを正しくとらえることはできない。われわれは世界を作るものであると同時に、世界によって作られるものであり、世界から生ずるものである。

西田はこのような立場を「世界」の立場と呼んでいる。それは、われわれの働きを世界自身の自己限定として世界の側から見ようとする立場であり、われわれ自身を創造的世界の創造的要素として位置づけようとする立場である。それだから、「世界」の立場は同時に「行為的自己」の立場でもある。そして、「行為的自己」は、「知的自己」のように、世界を自己に対立してあるものとして対象的に考える自己ではなく、自己自身が世界の中にあって、世界の中で働く自己である。しかも、その場合、世界自身の作業的要素として働く自己である。それだから、「行為的自己」の立場において、われわれがポイエシス的、制作的に働くということは、実は世界が自己自身を限定するということであり、世界自身が自己を制作するということなのである。

このようなポイエシスすなわち制作を考えるとき、われわれは身体の問題に突きあたる。身体はポイエシス的世界の真相を解く鍵である。西田の身体論は、身体というものをわれわれのポイエシスとの関連でとらえようとするところにその特徴があるといえる。しかし、その際、注目すべきは、彼は身体から制作を考えようとしているのではなく、むしろ反対に制作から身体を考えようとしていることである。いいかえれば、西田は物を作るという機能的側面から身体というものをとらえようとしているのである。あたかも「個人があって経験があるのではなく、経験があって個人がある」ように、「身体があって機能があるのではなく、逆に機能があって身体がある」と考えているのである。

このように西田はもっぱら身体を、「物を作る」という機能的側面からとらえようとしている。ところで、機能というものはつねに全体を予想している。機能とは、全体の向かう方向において果たす役割にほかならない。したがって、われわれの身体もそれが世界に対して果たす役割をとおしてはじめて知られるのである。西田が、再三、「われわれの身体は内から知られるのではなく、外から知られるのである」というのは、この意味においてである。それは、われわれの身体が、われわれの自己にとって外なるものであるという意味ではない。身体とは、全体である世界が向かう方向において果たす機能にほかならないから、したがって、それは自己の内からではなく、むしろ外なる世界の方から知られる、という意味である。

生物的身体と歴史的身体

では、人間の身体とはいったい何であろうか。また、身体は世界に対してどのような機能をもっているのであろうか。西田は、人間的身体を生物的身体と区別してポイエシス的身体（制作的身体）と呼び、また再三、歴史的身体とも呼んでいる。それは、人間的身体は創造的世界の創造的要素として世界を形成していく機能をもった存在であるという意味である。生物的身体においては、個物はまだ真に主体的ではない。創造的ではない。個物はまだ環境から独立しておらず、つねに環境によって限定されている。いいかえれば、作るものが作られたものと真に対立するということがなく、作られたものから作るものへの方向において、作るものがまだ自立的ではない。西田は、それを、「作るものが作られたものに付着している」といういい方をしている。要するに、主体が環境的であって、まだ創造的でなく、作るものが本当の意味で作るものになっていないのである。それは環境を作るものではなく、環境によって作られたものにすぎない。したがって、生物的身体においては、世界は「作られたものから作るものへ」と進展していくのではなく、むしろ「作られたものから作られたものへ」と進んでいく。

これに対して、人間的身体すなわち歴史的身体においては、主体が環境から独立しており、それは単に環境によって作られたものとしてではなく、同時に「作られて作るもの」として、どこまでも創造的に環境を作っていく。一方、主体によって「作られた」環境は逆に「作る」主体を作っていく。こうして主体と環境は相互に限定しあい、自己否定的に他を自己となすのである。すなわち、「作られたもの」が自己否定的に「作るもの」となり、「作るもの」が自己否定的に「作られたもの」となるのである。自己は環境の中に自己を没して自己を環境化することによって、かえって真の自己となるのであり、反対に環境は自己否定的に自己自身を主体化することによって、かえって真の環境となるのである。したがって、ここでは、作るものが同時に作られたものであり、作られたものはまた作るものである。こうして世界は「作られたものから作るものへ」と行為的直観的に進展していく。

手の機能

このように、人間の身体は歴史的身体であって、それは創造的で制作的であるところにその本質をもっている。では、人間の身体が創造的で制作的であるのはどうしてなのであろうか。

　西田はそれを身体の道具的性格にもとめている。人間にとって身体は一種の道具として独立した役割をしているというのである。動物は自分の身体を対象として見ることができない。したがって、動物は身体的存在ではあるけれども、身体をもつとはいえない。これに対して、人間は自分の身体を対象として見ることができる。人間は単に身体的存在で「ある」だけでなく、自分の身体を「もつ」。そして、人間が身体をもつということは、自分の身体を道具としてもつということである。すなわち、人間の身体は道具的性格をもっている。

　このことは、人間の手の働きというものを考えてみれば明らかである。動物にとっては、手はただ自分の生存のためだけのものである。手は、他の機能と同様、ただ生理的機能をもっているにすぎない。これに対して、人間の手は、ただ生理的な機能をもっているだけでなく、外界や環境との関係において特別な意味をもっている。手は外界に働きかけ、環境を変化させ、物を制作する。人間の手は生理的な機能だけではなく、制作的な機能をももっている。また、人間の知的な能力、例えば総合とか分析とかいった能力は、もともと[153]手でもって分けるとか、手で摑んでまとめるとかいった働きから生じている。アナクサゴラスは「人間は理性的だから手を有する」といい、アリストテレスは逆に「人間は手を有するから理性的である」といった。いずれにしても、人間の知的な能力と手の機能とは分離することはできない。

このように、人間の手は生理的な機能をもっているばかりでなく、同時に知的な機能と制作的な機能をもっている。人間がホモ・サピエンスといわれ、またホモ・ファーベルといわれるゆえんである。そして、このような手の機能は、一言でいえば、物を道具化する機能にほかならない。それどころか手は単に物を道具化するばかりでなく、自分自身をも道具化する。手は自分自身を道具とすることによって物を道具とするのである。「手は道具を使用する道具である」と西田もいっている。そして、このように物を道具化するということは、自分自身を道具化するということであり、また自分自身を道具化するということは、反対に物を身体化し、環境を自分の身体とするということである。こうして人間は自分を道具とし、環境を自分の身体とすることによって行為的直観的に物を制作していく。人間の身体は単に動物的身体であるのではなく、どこまでも創造的な歴史的身体であり、制作的身体である。

精神と身体

以上が、身体についての西田の基本的な考え方である。では、このような身体観においては、精神ないし人格的な自己と身体との関係はどのように考えられるであろうか。

人間の身体が制作的であるということは、それが、働くことによって見るものであるという性格をもっているということである。既述したように、制作(ポイエシス)は本質的に行為的直観的である。身体は働くものであるとともに見るものである。働くものが同時に見るものである。しかも、まさしく身体は働くものを見るものであり、したがって働くものは同時に見られるものである。「身体は内から働くとともに外から見られる」ものである。いいかえれば、身体は「内なるもの」であるとともに「外なるもの」であり、「外なるもの」であるとともに「内なるもの」である。そして、それが「人間は単に身体的存在であるばかりでなく、同時に身体をもつ」ということの意味である。したがって、身体はその本性上、二重性格的であり、矛盾的自己同一的である。身体においては、内が外であり、外が内である。

「場所」の立場の時期においては、西田は、意志と身体をそれぞれ人格的自己のノエシス面とノエマ面と考えていた。意志は人格的自己の行為的側面であり、身体はその表現的側面である、と考えていたのである。したがって、この時期においては、もっぱら身体の表現的機能が強調され、その行為的機能は背景に退いている。それは、当時、西田の関心が認識や存在の問題にあって、行為や実践の問題にはなかったということと関連があると思われる。しかし、西田が「絶対無」という形而上学的場所から弁証法的世界に目を転じ、歴史的世界の自己形成の問題に関心をもつようになるにしたがって、つまり知的自己の立場から行為的自己の立場に視点を移すようになるにしたがって、彼の身体観も変化し、身体は単なる表現的客体ではなく、同時に行為的主体でもあるという性格をもつようになった。単に見られる対象ではなく、同時に見る主体であり、単なる表現的自己ではなく、同時に行為的自己である、と考えられるようになった。こうしてまた身体の観念も複雑になり、それはノエマ的な表現的性格とノエシス的な行為的性格をあわせもつ自己矛盾的性格をもつようになった。

では、これまでの精神＝主体＝ノエシス面、身体＝客体＝ノエマ面という図式がくずれ、身体が客体であると同時に主体であり、ノエマ面であると同時にノエシス面であると考えられるようになったとき、精神ないし自己と身体との関係はどのように考えられるようになったのであろうか。

まずいえるのは、精神ないし人格的自己が身体化されたということである。西田哲学は、デカルトのように精神と身体を二つの異なった実体と考える二元論的なものの見方に対しては一貫して異議を唱えてきた。そして、両者をスピノザのように、同一実在の二つの側面ないし機能として考えてきた。しかし、「場所」の時期までの西田哲学には、まだどこか主観主義[154]の残滓《ざんし》があった。例えば、ノエシス面はノエマ面を包むという考えや、「ノエシスのノエシス」という「場所」の定義などに、それが見られる。しかし、弁証法的世界の立場において自己が行為的主体と考えられるようになったとき、自己は身体的自己となった。ということは、逆にいえば身体が精神的自己になったということである。これまで西田は、精神と身体の二元論を、その実在としての側面では否定しながら、その機能としての側面では肯定してきた。両者は「統一するもの」と「統一されるもの」、「見るもの」と「見られるもの」、「行為的自己」と「表現的自己」といった具合に、実在の相互補足的な二側面と考えられてきた。しかし、弁証法的世界の立場において身体が行為的主体と考えられるようになったことによって、このような機能的二元論の図式がくずれ、身体が同時に精神となった。つまり、身体は客体であると同時に主体となり、「見られるもの」であると同時に「働くもの」となったのである。一言でいえば、それは身体の精神化であるといえるが、より正確にいえば、むしろ精神の身体化である。

では、このような精神の身体化によって、精神と身体は同一不二と考えられるようになったのであろうか。そうではない。たしかに身体が行為的主体と考えられることによって、身体は精神的な機能をもつようになったが、それでもなお身体はあくまで身体であって精神ではない。というのも、身体は主体であると同時に客体であるが、精神としての自己はけっして客体化されえないものであるからである。自己は対象的には絶対の無であって、対象化された自己はもはや自己ではない。したがって、身体と精神は不二にして不一であり、不異にして不同である。

身体は主体であるとともに客体であるということは、それが精神であるとともに道具であるということである。客体としての身体は道具的性格をもっている。それが、人間は身体的存在であると同時に身体をもつということの意味である。われわれは身体を道具としてもっている。そして、道具としての身体は精神を外界と結びつける働きをする。身体は精神と環境との媒介者である。しかし、身体が道具的であるということは、逆に（本来、道具的である）環境（物）が身体的であるということであり、環境が身体の延長として考えられるということである。そして、この意味で、われわれは身体をもつと同時に環境をもつのである。したがって、われわれの身体が単なる生物的身体ではなく、同時に歴史的身体でもあり、制作的身体でもあるように、環境的世界もまた歴史的身体として、また制作的身体として考えられる。

身体は行為的主体としては精神であり、また客体的表現としては環境であるが、同時にまたこの精神と環境を自己において結びつける道具であり、媒介者である。身体は主体即客体であると同時に主体と客体との媒介者である。西田の身体論のもつ複雑さは、このような身体の機能の多様性から生じているといえるであろう。

第17回　「絶対矛盾的自己同一」とは何か

絶対矛盾的自己同一の意味

「絶対矛盾的自己同一」は、「行為的直観」とともに、後期西田哲学の主要概念である。先に触れたように、「行為的直観」は、歴史的現実界を主体的自己の側から、主体的自己の働きに即して見たものであった。これに対して、「絶対矛盾的自己同一」は、歴史的現実界の内的な論理的構造をいいあらわしたものである。

では、絶対矛盾的自己同一とはいったい何なのであろうか。

「絶対矛盾的自己同一」とは、絶対に矛盾的なもの、絶対に対立的なものが、そのように矛盾し対立しながら、しかも全体として自己同一を保持しているということを意味している。その場合、注意しなければならないのは、そのように相互に矛盾するもの、対立するものが、より高い段階で綜合され統一されて、自己同一性を保持しているというのではなく、その矛盾が矛盾のままで、またその対立が対立のままで、しかも全体として自己同一を保っているということである。西田は、より高い段階において綜合され、統一されるような矛盾は、まだ相対的な矛盾であって、真の意味での矛盾ではない、と考えていた。絶対に綜合されたり統一されたりしないからこそ、それは矛盾なのである。しかも、その要素と要素の間の矛盾が、このように絶対に綜合されたり統一されたりすることなく、文字どおり矛盾のままにありながら、同時に全体として自己同一性を維持しているのが現実の歴史的世界なのだ、と西田はいうのである。また、それだからこそ、彼は単に「矛盾的自己同一」といわずに、「絶対矛盾的自己同一」というのである。それが歴史的現実界の明々白々たる事実である、と西田は考えていた。この一瞬一瞬に世界が世界自身を限定し、また事実が事実自身を限定する、そうした限定の仕方が「絶対矛盾的自己同一」だというのである。

ところで、「絶対矛盾的自己同一」という言葉は、用語としては少々長々しいが、しかしそれは分節しないで、あくまでもひとまとまりの言葉として理解されなければならない。それは、しばしば誤解されるように、絶対矛盾の自己同一でもなければ、絶対矛盾による自己同一でもなく、ましてや自己同一のための絶対矛盾でもない。「絶対矛盾的自己同一」は「絶対矛盾的」という部分に力点があるのでも、また反対に「自己同一」という部分に力点があるのでもなく、あくまでも「絶対矛盾的自己同一」である。西田は「絶対矛盾的自己同一」という言葉によって、歴史的現実界の目的論[155]的な自己形成のありかたを表現しようとしたのでも、また反対にその機械論[156]的・因果論[157]的な自己形成のありかたを表現しようとしたのでもなく、ただその事実としての、あるがままの自己形成の仕方を表現しようとしたのである。つまり、絶対矛盾的自己同一は現実の歴史的世界のあるがままの姿であって、歴史的現実界は矛盾・対立するものが、矛盾・対立のままに、しかも自己同一的に不断に自己を形成しているというのである。それは、歴史的現実界が事実としてもっている内的な論理的構造にほかならない。西田が、弁証法的世界の立場すなわち絶対矛盾的自己同一の立場を「徹底的実証主義」とか「徹底的現実主義」とか呼ぶゆえんである。

時間的限定即空間的限定・空間的限定即時間的限定

では、歴史的現実界が絶対矛盾的自己同一的な論理的構造をもっていることは、具体的にはどのような局面で見られるであろうか。

まず第一に、そのような構造は歴史的現実界における時間と空間との関係において見られる。すなわち歴史的現実界は、時間的に自己を限定するということが即ち空間的に自己を限定するということであり、また空間的に自己を限定するということが即ち時間的に自己を限定するということであるような、絶対矛盾的自己同一的な論理的構造をもっている。時間的な限定が空間的な限定であり、反対に空間的な限定が時間的な限定であるというのは絶対に矛盾しているが、しかし現実の歴史的世界はまさしくこのような絶対矛盾的自己同一的な構造をもっているのである。この点を少し平易に説明してみよう。

通常、時間は均質的で不可逆的な性質をもったものとして考えられている。すなわち、時間は無限の過去から無限の未来に向かって、連続的・一方向的に進行していくものであって、その一瞬一瞬は均質であり、また不可逆的である、と考えられている。時は現在から現在へ、瞬間から瞬間へと、不断に直線的に動いていく。そして、その場合、各々の瞬間はそれぞれ独立したものと考えられ、このような独立的な瞬間が不断に自己自身を限定していくと考えられることによって、時というものは成立するのである。

しかし、瞬間が瞬間を限定した時、その限定された瞬間はもはや現在の瞬間ではなく、すでに過去の瞬間として消滅している。瞬間の自己限定すなわち瞬間が瞬間自身を限定するということは、瞬間が瞬間自身を肯定するということであると同時に否定するということでもある。いいかえれば、瞬間は自己を限定することによって生ずるとともに滅するのである。瞬間においては、自己肯定即自己否定、生即死である。瞬間と瞬間の間には絶対の断絶がある。したがって、時間は連続的であると同時に、その瞬間瞬間において断絶しているといわなければならない。もし時間が連続的でないとすれば、「時の流れ」というものは説明できない。しかし、同時に、時の一瞬一瞬は独立したものであり、したがってその一瞬一瞬の間に断絶がなければならない。時間は生まれては消え、消えては生まれるのである。こうして、時間は「非連続の連続」として考えられる。

しかし、時はただ直線的なものとのみ考えることはできないのであって、同時にそれは円環的な側面をもっている。というのも、瞬間というものはただ一つの瞬間だけでは成立しえず、瞬間はただ他の瞬間に対してはじめて瞬間であるからである。先ほど瞬間は自己自身を限定するということをいったが、正確にいえば、瞬間は他の瞬間に対して自己自身を限定するのである。しかし、そのためには瞬間と瞬間は何らかの意味で同時存在的でなければならない。瞬間と瞬間は継起的であると同時に並列的でなければならない。過去は過ぎ去ったものでありながら、何らかの意味で現在に含まれ、未来はまだ来たらざるものでありながら、何らかの意味ですでに現在に含まれていると考えられる。すなわち、現在の中に過去と未来は同時存在的である。いわば過去は現在の過去、現在は現在の現在、未来は現在の未来である。こうして時間は過去・現在・未来を包む「永遠の今の自己限定」あるいは「絶対現在の自己限定」として考えられる。「永遠の今」あるいは「絶対現在」が一瞬一瞬に自己自身を限定すると考えることによって、時間というものは考えられるのである。

このように時間は直線的限定即円環的限定・円環的限定即直線的限定として考えられる。瞬間が瞬間自身を限定するということが同時に（すべての瞬間を包む）場所が場所自身を限定するということである。いいかえれば、個物的限定即一般的限定・一般的限定即個物的限定であり、個物と個物の相互限定即一般者の自己限定である。時間は、瞬間（個物）の不断の自己限定として「非連続の連続」として考えられるが、しかしその根底には「永遠の今の自己限定」という場所的限定（一般者の自己限定）の意味がなければならない。

こうして時間はその一面において空間的と考えられるが、逆に空間自身もまた自分の内に否定を含んだもの、すなわち非連続的と考えられなければならない。個物と個物を限定する空間というものは単なる連続であることはできず、それは非連続の連続として時間を包むという意味をもつ。というのも、空間が自己自身を限定するということは自己自身の内に自己を限定するということであるが、その限定された一つ一つの空間は、それぞれ独立した非連続的な性格をもっていなければならない。そうでないと自己限定の意味がなくなってしまう。しかし、同時に、またそれは同じ空間的限定として連続的な性格をもっていなければならない。空間は自己の内に自己自身を限定するのである。それはあたかも座布団の上に座布団を重ねていくようなものだと理解していいであろう。すなわち、空間は非連続の連続として時間を包んでいると考えられるのである。

それだから、直線的限定即円環的限定・円環的限定即直線的限定であり、時間的限定即空間的限定・空間的限定即時間的限定である。

このように、歴史的現実界は、絶対に矛盾するもの、対立するものが、相互に矛盾・対立しながら同時に自己同一を保持しているのである。

一即多・多即一

第二に、歴史的現実界が絶対矛盾的自己同一的な論理的構造をもっていることは、一と多ないし一般と個物との関係において見られる。すなわち、歴史的現実界は一即多・多即一の絶対矛盾的自己同一的な論理的構造をもっている。

一即多・多即一の構造けすでに時間の概念にも見られる。上述したように、時間は、一方では「非連続の連続」として考えられるとともに、他方では「永遠の今の自己限定」として考えられた。いいかえれば、時間は、それぞれの瞬間が絶対の断絶を媒介として相互に結合すると考えられることによって成立する、すなわち「非連続の連続」として考えられるとともに、その各々の瞬間は「永遠の今」(絶対現在)において同時存在的であり、瞬間はこの永遠の今の自己限定であると考えられる。したがって、時間の概念には一が即ち多であり、多が即ち一であるという意味が含まれている。つまり、永遠が即ち瞬間であり、瞬間が即ち永遠である。

また、われわれの自己というものも「非連続の連続」として考えられる。

昨日の私と今日の私は同じ私ではない。時の各々の瞬間がそれぞれ独立的であるように、各々の瞬間における私もまた、それぞれ独立的であると考えられる。各々の人格は、瞬間ごとに生まれ、瞬間ごとに死んでいく。それは、時間と同様、生即死である。しかも、時の各々の瞬間が、絶対の断絶を介して連続し、統一されているように、昨日の私と今日の私は「非連続の連続」として統一されている。すなわち、人格的統一としての私は、一即多・多即一であるような絶対矛盾的自己同一として考えられる。

ところで、このような一即多・多即一なる論理的構造は単に人格的統一としての私においてだけでなく、私と汝、個と個の関係においても見られる。人格的自己である私と汝は、真の意味の個であって、両者は相互に行為的に、また表現的に限定しあっている。個は個に対してはじめて個であるように、私は汝に対することによってはじめて私であるのであり、また汝は私に対することによってはじめて汝であるのである。そして、このような個と個、私と汝の相互限定は、絶対無の場所の自覚的限定面である表現的世界において、また表現的世界の自己限定として考えられるのである。

このように人格的自己の自己限定が、その一面において私が私自身を限定する、すなわち個が個自身を限定するという意味をもつとともに、私と汝が相互に限定しあう、すなわち個と個が相互に限定しあうという意味をもっているとすれば、われわれの行為は、その一面において、いつも個と個を限定する一般者から限定されるという意味をもっていなければならない。すなわち、場所的限定の意味をもっていなければならない。汝を汝としてみとめることによって私が私となると考えるとき、われわれの人格的な行為は円環的限定の世界から限定されるという意味をもつのである。これをいいかえれば、人格的自己は直線的に自己自身を限定するとともに、円環的に自己自身を限定するのである。それだから、私と汝、個と個は「非連続の連続」として考えられるとともに、表現的世界の自己限定として考えられるのである。すなわち、一即多・多即一である。

第三に、歴史的現実界の絶対矛盾的自己同一的な論理的構造は、内と外、内在と超越との関係に見られる。すなわち、歴史的現実界は内即外・外即内、内在即超越・超越即内在という絶対矛盾的自己同一的な論理的構造をもっている。

歴史的現実の世界が内即外・外即内なる論理的構造をもっていることは、われわれの欲求とか、行為とか、制作といったものを考えてみれば明らかだと思われる。

まず、「欲求」とは何であるかを考えてみよう。一言でいえば、欲求とは、物において我を見、我において物を見ることである。およそわれわれが欲求を充たすということは、客観を主観に従えること、いいかえれば客観のなかに自己を実現しようとすることである。したがって、欲求というものは、何らかの意味において内が外であり、外が内であるところに成立する。いいかえれば、内が単なる内でなく、同時に外と結びついているところ、あるいは外を含んでいるところに成立するのである。欲求は単に内からは生じない。かといって、単に外からも生じない。内即外・外即内であるところに欲求は成立する。内と外との絶対矛盾的自己同一的な立場において欲求は成立するのである。欲求においては我と物、主観と客観の間に絶対の断絶があると考えられると同時に、両者は連続していると考えられなければならない。すなわち、そこに何らかの意味において、「非連続の連続」の関係がなければならぬ。

同じことが「行為」についてもいえる。行為とは客観を主観に従えることであり、客観を主観化することである。その場合、客観を主観化するということは、主観が自己を客観化することを意味していると同時に、客観が自己自身を主観化することを意味している。いいかえれば、個物が自己を普遍化することを意味していると同時に、一般者が自己自身を個物化することを意味している。したがって、行為においては、内が外であり、外が内であるという意味がなければならない。すなわち、個物的限定即一般的限定・一般的限定即個物的限定の意味がなければならぬ。われわれは、行為において自己を否定することによって、自己を肯定するのである。

われわれがポイエシスというものを考えるとき、内即外・外即内の意味はさらに明瞭となる。先の「行為的直観」の説明の際に触れたように、ポイエシスにおいては、物がわれわれを唆《そそのか》し、われわれを動かす。そして、われわれは物によって唆され、動かされることによって、外に物を作り、自分を表現する。そこには、物が自己となり、自己が物となるような関係が見られる。すなわち、外なるものが内なるものであり、内なるものが外なるものであるのである。われわれは、ポイエシスにおいて、われわれの真の個性を客観的に見るということができる。われわれは、物になりきることによって、いいかえれば「物となって見、物となって行う」ことによって、かえって真の自己を見いだすのである。そして、このような内即外・外即内の関係を行為的自己に即して見た場合、「行為的直観」の思想となり、またそれを歴史的現実界に即して見た場合、「作られたものから作るものへ」の思想となる。

否定の論理

以上のように、歴史的現実界は、時間的限定即空間的限定、直線的限定即円環的限定、一即多・多即一、個物的限定即一般的限定、内即外・外即内、内在即超越・超越即内在等、いわゆる「即」で結ばれる絶対矛盾的自己同一的な論理的構造をもっている。しかし、ここで用いられている「即」は、前にも触れたように、単なる「相即」の即ではない。それは同時に「即非」であるような即である。いいかえれば、一即多・多即一とか内即外とかいう場合、一がそのまま多であるとか、内がそのまま外であるとかいう意味ではない。すなわち、一が直接的に多であり、内が直接的に外であるというのではなく、その一が自己否定を媒介することによって多となり、内が自己否定を媒介することによって外となるということを意味している。このように「絶対矛盾的自己同一」の論理は否定の論理であって、それは「物となって見、物となって行う」とか、「物になりきる」とか、あるいは「物来って我を照らす」とかいう表現で示されている「東洋的無心の論理」である。

このような考え方が可能なのは、自己を世界に対立しているものとしてではなく、反対に世界の一要素ないし一契機として考えることによってである。西田哲学でいう人格的自己ないし行為的自己（彼はそれを単に個とも呼んでいる）の概念は、ライプニッツ[158]のモナド[159]（単子）の概念にもっとも近いといえるであろう。ともに世界の一要素でありながら、しかも世界全体を映す鏡であり、小宇宙（ミクロコスモス）である。しかし、両者が決定的に異なるのは、ライプニッツのモナドが「表象性」[160]を本質としているのに対して、西田の個は「創造性」を本質としている点である。実際、西田は彼の立場を再三「創造的モナドロジー」[161]と呼んでいる。そして、まさしくこの「創造性」にこそ、西田の個物概念の核心がある。

西田哲学においては、個物と世界は等根源性と異方向性をもっていて、個物は世界を限定するとともに世界によって限定される。個物は創造的世界によって作られたものでありながら、どこまでもこの世界を内から打ち破って世界を作っていく創造性をもっている。しかも、それは同時に、世界自身が世界を創造していくことなのである。したがって、それは徹底した「世界主義」であるとともに、また徹底した「個物主義」でもある。そして、この世界主義と個物主義が絶対矛盾的自己同一的関係にあるのである。すなわち、一即多・多即一である。西田は、われわれの一つ一つの行為は、作るものと作られたものとの矛盾的自己同一として、何らかの形で行為的直観的であり、そしてその極限において自覚的である、したがって「世界が自覚する時、我々の自己が自覚する。我々の自己が自覚する時、世界が自覚する」（「自覚について」）といっている。ここに、西田哲学の核心があるといえるだろう。すなわち、「行為的直観の哲学」は同時に「世界の自覚としての哲学」であるのである。

第18回　日本文化の問題

「有」の文化と「無」の文化

昭和十三（一九三八）年の春、西田幾多郎は京都大学学生課主催の月曜講義で、「日本文化の問題」を三回にわたって連続講演した。それは主として、「これからの日本文化はどうあるべきか」について語ったものである。この連続講演の中で西田はおおよそ次のようなことをいっている。

一般に、ものが発展するということは、その根底にいわば「原型」ともいうべきものがあって、それが特殊化することである。例えば、すべての動物の根底には「原動物」ともいうべきものがあって、各々の動物はそのメタモルフォーゼ（形態変化）と考えられる。それで首の長いキリンも、ほとんど首のないクジラも、その形態上の顕著な相違にかかわらず、首の骨の数は同数である。両者は同じ原型から異なった方向へ進化したものと考えられる。

これと同様に、世界の種々の文化の根底にも、いわば「原文化」というべきものがあり、そして東洋の文化と西洋の文化は、この「原文化」の異なった方向への展開である、と考えられる。したがって、両文化は、本来、相互に補いあうものであって、そのどちらかが優れているといった性質のものではなく、あるいはまたそのどちらかに統合されるべきであるといった性質のものでもない。東洋と西洋は、いわば一本の樹木の二つの枝なのであって、二つに分かれてはいるが、その根底において結びつき補いあうのである。そこで、両文化に共通しているより深くより広い根底を見いだし、そのような根底から両文化に新しい照明をあてることが重要であり、まさしくその点に、（両文化に通じた）今日の日本がもっている世界史的な役割がある。（講演「日本文化の問題」）

このように、西田は、東洋文化と西洋文化を、歴史的世界の「原型」がどちらか一方に偏《かたよ》って展開された二つの形態と考えている。彼の考えでは、西洋の文化は空間的・理知的であり、一言でいえば「有」の文化である。それは形のあるもの、すなわち形相を実在と考える。これに対して、東洋の文化は時間的・情意的であり、一言でいえば「無」の文化である。それは、絶対に対象化できないもの、またその意味で、形のないものを実在と考える。前にも触れたように、ギリシア哲学においては、形のないものは「非有」すなわち有の欠如と考えられたが、東洋においては、伝統的に、形のないものすなわち無はあらゆる有を生みだす根源と考えられた。

西洋文化が空間的であるといっても、無論、そこに時間的なものがないというのではない。例えば、キリスト教文化はよほど時間的な文化であって、歴史が中心となっている。これに対して、インド文化は、逆に無時間的であるともいえる。しかし、それにもかかわらず、キリスト教の神は人格神として一種の形をもったものであり、キリスト教文化の産物である近代科学は歴史性を否定した空間的性格をもっている。一方、インド文化はたしかに無時間的で理知的であるが、ギリシア文化とは異なって、その根底に無常観がある。それは一種の時間的・情意的性格をもったものといわなければならぬ。

日本文化の包容性

そこで、問題は将来の文化のあり方である。この点に関して、西田は、各々の文化が比較的に独立的に進展してきた過去の時代と異なり、世界というものが現実のものとなった今日においては、種々の文化は必然的に原型的に結びついていく、これが文化の進みゆく方向である、と考えている。そして、この点に日本文化の果たすべき世界史的役割がある、と考えている。

西田は、日本文化は形のない文化であり、音楽的な文化[162]である、と考えている。その意味は、日本文化は固定した形というものをもたない文化であって、自分自身の形をもたないから、どのような形の文化をも採り入れ、またそのことによって自分自身の独特な形というものを形成してきた。一般には、それが「猿真似」といわれたり、主体性や独創性の欠如のあらわれであると批判されたりするのであるが、西田はむしろそこに、「無」というもののもつ無限に包容的な性格を見ようとする。この点に関して、西田は次のように語っている。

こちらに固定した文化をもっていれば他の文化を自分の文化にするか、他の文化から壊されるかのどちらかであるが、日本文化は次々に外国の文化をそのまま採り入れて自分がまた変わっていくところに特長をもち、種々な文化を綜合していく、そこに日本文化の優秀な所以がある。

（講演「日本文化の問題」）

たしかに、日本文化は独自の形をもたないから、内容的に空疎となりがちな欠点を同時にもっているが、しかし世界の諸文化を自分の内に摂取し消化して、それらをより広い「公の場所」に位置づけ、反対に「公の場所」から照明をあてることによって新たな発展の方向を示唆し、こうすることによって諸々の文化を統合して、総合的な世界文化を創っていく可能性を秘めているといえるのである。そして、これが、「これからの日本文化はどうあるべきか」というこの講演の落着点であった。このような主張は、当時、跋扈《ばっこ》した「日本主義」や「日本精神」の対極に位置するものであったといえるだろう。そして、このことは、戦後の左翼の陣営やいわゆる「進歩的知識人」による西田哲学批判が、いかにイデオロギーに凝り固まった学問性の希薄なものであったか、またいかに西田自身の思想や著作を正しく理解していなかったかを端的に物語っているように思われる。しかし、この点については、次回にまとめて検討することにしたい。

『日本文化の問題』

昭和十五年三月、西田は岩波新書の一冊として『日本文化の問題』を上梓した。この本は、先の京都大学での連続講演の内容を敷衍《ふえん》したものである。というよりも、それをもとにして全面的に書き改めたものである。分量も講演の三倍以上になっており、また内容的にもはるかに充実したものになっている。「此書は量において、質において、面目を一新した」(同書、序)、と西田自身が自負しているとおりである。その性質上、内容的には先の講演と重複する箇所が多く見られるが、本書では、それがより詳細に、また体系的に論じられている。そして、東西の文化の違いが、要するに「物の論理」と「心の論理」の違いとして、論理的に基礎づけられている。そこで、この点を中心にして、西田の日本文化論を検討してみよう。

これまで西田は西洋の文化を空間的・理知的・有形の文化として、また東洋の文化を時間的・情意的・無形の文化として特徴づけてきた。あるいは西洋文化を一括して有の文化として、また東洋文化を無の文化として性格づけてきた。また、同じ東洋文化であっても、インド文化は知的・形而上学的であるのに対して、シナ文化は行的・実践的であり、これに対して、日本文化は情的・直観的であるともいい、さらには日本文化が超越的でなく「物に即した」文化であり、また何よりも芸術的であることを特徴とするという点ではギリシア文化と通ずるところがあるが、ギリシア文化が空間的・理知的・彫刻的であるのに対して、日本文化は時間的・情意的・音楽的であるともいっている。

『日本文化の問題』においても、この点は繰り返し説かれているが、ここで何よりも目につくのは、一般に西洋文化を「物の論理」として、東洋文化を「心の論理」として特徴づけている点である。

西田は、東洋と西洋の文化を比較して、東洋の世界観や人生観の根底には、けっして西洋に劣らないものがあったにもかかわらず、一般に「東洋文化は教であり、西洋文化は学である」といわれるように、古来、東洋には物の真実に徹するという精神が欠如していた、そのためインド文化もシナ文化も次第に硬化し固定してしまった、という。ただ日本だけは、ながらく東洋文化の影響を受けながらも、西洋文化を積極的に摂取し、これを消化して、東洋文化の新たな創造者となりつつあるのは、ひとえに「物そのものに行く」日本精神によると考えられる、というのである。西田によれば、伝統的に日本精神には真を真とし偽を偽とする「公明正大の精神」がある。「神ながら言挙《ことあげ》せぬ国」というのは、議論のために議論をしないということであって、本居宣長[163]が「其はただ物にゆく道こそ有りけれ」（『直毘霊《なおびのみたま》』）というように、まっすぐ物の真実に行くという意味に理解すべきである、といっている。無論、西田は宣長のいう「物にゆく道」が「物の真実に行く道」という意味であるといっているのではない。そこに、「物の真実には従う」、「真実の前には頭を下げる」という科学的精神が含まれていなければならない、というのである。

物の論理と心の論理

ところで、この「物の真実に行く道」というのはけっして一つではなく、東洋には西洋とは異なった東洋独自の道がある、と西田は考えていた。それが「物の論理」に対する「心の論理」と呼ばれるものである。

西田の考えでは、一般に西洋の論理は物を対象とした論理であるのに対して、東洋の論理は心を対象とした論理である。同じような趣旨のことを、論文「形而上学的立場から見た東西古代の文化形態」（昭和九年）においては、「科学者は現実を物と見、仏教者は現実を心と見る」といっている。ただ、この「心の論理」は、仏教においては体験にとどまっていて、事物の論理というまでには発展しなかった、と西田は見ている。したがって、われわれが真に新しい世界文化の創造者として貢献しようと思えば、この東洋に伝統的にある物の見方を一つの理論や論理にまで高めなければならない。そして、まさしくこの点に、西田の最大の問題意識ないしは課題がある。

主体と環境は世界の二つの構成要素であり、世界はこの主体と環境とが相互に限定しあうことによって形成される。一方では主体が環境を限定し、他方では環境が主体を限定する。主体は環境によって作られたものであるが、しかし同時に環境を作っていく。この意味で、主体は「作られて作るもの」である。一方、環境は主体によって作られたものでありながら、同時に主体を作っていく。この意味で、環境も「作られて作るもの」である。こうして世界は主体と環境、あるいは個物と一般の相互限定として「作られたものから作るものへ」と自己自身を形成していく。そうして、その場合、この世界の自己形成を「主体から環境へ」という方向に重心を置いて見るか、それとも反対に「環境から主体へ」という方向に重心を置いて見るかによって、二つの異なった見方が生ずる。西田によれば、西洋文化は大体において「環境から主体へ」の方向に重心を置いた文化であるのに対して、反対に東洋文化は「主体から環境へ」の方向に重心を置いた文化である。したがって、東洋文化と西洋文化は（主体と環境との）矛盾的自己同一的世界の相反する二つの方向に重心を置いた文化であると考えられるのである。

ここで「環境から主体へ」の方向というのは、環境を主体化する方向という意味だと理解される。西田自身はそれを、「自己矛盾的に環境が自己自身を否定して主体的となる」ということだと説明している。同様に、「主体から環境へ」というのは、主体を環境化する（物になりきる）方向という意味だと理解される。西田自身は、それを、「自己矛盾的に主体が自己自身を否定して環境的となる、物となる」ということだと説明している。この両方向は歴史的現実界の一々の自己限定において一致している、すなわち「事」[164]において一つとなっている。ただ、方向が逆であるだけである。

では、日本文化の特色はどこにあるのであろうか。西田は、それを、「主体から環境へという方向において、どこまでも自己自身を否定して物となる、物となって見、物となって行う」、「己を空しくして物を見る、自己が物の中に没する」ところにあると考えている。そして、それを「自己が客観に照らされるということ」であるとか、「我々が物の中に入って物の中から物を見るということ」であるとか、いっている。要するに、それは自己というものを徹底的に否定して物になりきる、否、事になりきるということであろう。そして、西田は、それを、わが国古代の「清明心《せいめいしん》」[165]、親鸞[166]の「自然法爾《じねんほうに》」[167]、道元[168]の「柔軟心《にゅうなんしん》」[169]、宣長の「物にゆく道」に通底したものである、と考えている。

物の真実に行く道

先に、西洋の文化が「物の論理」であったのに対し、東洋の文化は「心の論理」であったということをいった。しかし、正確にいえば、東洋の文化は「心の論理」であったというよりも、東洋の文化には「心の論理」というべきものの萌芽があったというべきであろう。もともと東洋には西洋的な意味での「学」というものはなく、したがってまた「物の真実に行く道」としての論理というものもなかったといわざるをえない。

およそ人間に世界観や人生観があるかぎり、そこに独自の論理というものがなければならない。しかし、シナの文化においては論理の方面の目立った展開はなかった、と西田はいっている。もともとシナ文化はシナ民族の社会組織すなわち礼俗を中心として発達した文化であり、その特色は政治的・道徳的である点にある。西田の考えでは、シナ文化においては、西洋文化におけるように、自然と人間との間の対立や矛盾ということが深く考えられていなかった。そこでは、自然は主体的な自然であり、人間的な自然であった。したがって、世界を構成する原理は、主体と環境との矛盾的自己同一として、「作られたものから作るものへ」という歴史的形成作用ではなかった。要するに、そこには「物の真実に行く道」が欠けていたというのである。

このように、シナ文化が本質的に礼教的な文化であって、純知性的な理論的発展に乏しかったのは、周辺にこれと対立・相克する雄大な文化がなかったからだ、と西田は見ている。そのため、シナ文化は自己否定的に発展するということがなく、硬直化し固定化してしまったのだというのである。

シナ文化が、シナ民族の社会組織を永遠な人間性の発露と見た道徳的文化であったのに対して、インド文化は主体の底に主体を否定した、いわば人間否定の宗教的文化であったといえるであろう。西田哲学の用語でもって表現すれば、それは矛盾的自己同一的世界の主体が環境的に自己自身を否定するというのではなく、逆に主体が自己自身の底に自己自身を否定する方向に発展した文化である。したがって、それは「作られたものから作るものへ」の文化ではなかった。そこには、厳密な意味での主体と環境との相互限定というものはなく、あるのはただ主体（心）だけであって、この主体の自己否定の底に物の世界が見いだされたのである。

西田はインド文化の特色をもっぱら仏教思想でもって代表させているが、仏教哲学の対象は物ではなく心である。仏教は自己（心）の内底に自己を否定して、そこに真実在の世界を見いだした。即心是仏《そくしんぜぶつ》(170)という考えはここから成立している。したがって、それは一種の唯心論であるといえるが、しかしそれはいわゆる唯物論に対立する唯心論ではない。すなわち物の世界と心の世界を二元的に対立するものと見て、その上で心の物に対する優位性や根源性を説くような唯心論ではない。仏教哲学は「対象論理的に世界を唯心」と考えたのではなく、われわれの意識的自我を超えて、この自我を包むような世界、あるいはそこでわれわれの意識的自我が消滅するような世界を考えたのである。

西田は、ここに、彼のいう「心の論理」の萌芽を見ようとする。西洋の論理はアリストテレスの主語的論理にしても、カントの対象論理、ヘーゲルの弁証法論理にしても、真に主体（我）を包む論理とはなりえなかった。そこでは、なお主体が外に残されている。主体が外に残されているということは、主体の絶対的な自己否定がないということであり、依然として主体の側から物を考えているということである。したがって、それは主観主義的であり、観念論的である。これに対して、主体の絶対否定の底に世界を見ようとする仏教哲学の考え方には真にすべてのものを包む真実在の世界の見方が含まれている、といえるであろう。しかし、先に述べたように、仏教哲学では主体的自己の把握という問題以上には進まなかった。「環境から主体へ」の物の世界の問題はほとんど顧みられることはなかった。西田は仏教哲学の特質を次のように要約している。

真に客観的なる世界は、どこまでも我々の自己を否定するとともに、我々の自己を成立たしめる世界、即ち我々の自己を包む世界でなければならない。どこまでも自己矛盾的なる世界が矛盾的自己同一的なる所に、自己自身に十全なる客観的表現をもつのである。自己を世界において見る仏教哲学の立場には、かかる世界の考え方を求め得るのではあるが、それが意識的自己の問題に止まって制作的自己の問題に至らなかった、どこまでも物を通すという方向に進まなかった。環境的に自己自身を見る、環境から主体へという方向に発展しなかった。宗教哲学としてそれはやむを得なかったということができるであろう。科学的論理というものが発展しなかった所以である。

(『日本文化の問題』)

日本文化の進むべき道

日本文化も東洋文化の形態に属している。日本文化は主体的な文化であり、主体の自己否定の底に真実の世界を見ようとする。われわれは先に、西田が日本精神の神髄を現実即実在として物の真実に行くところにあると考えていることを指摘した。その場合、「物」といっても、けっしてわれわれの外にあるような対象的な物を意味しているわけではなく、また「自然」といっても、いわゆる客観的な自然を意味しているわけでもない。ここで「物の真実に行く」とは、主体の絶対否定によって、主体が自己から脱けでて自己自身の底に達することである。したがってまた、現実即実在というのは、実在を無限に超越的な方向に考えるのではなく、逆にそれを自己の底に見ることである。それは西洋の論理のように、世界を主観的に見ることではなく、むしろ自己が絶対に否定され、自己がなくなることである。

このように日本精神は、その本質において東洋的でありながら、しかも「理から理へ」と理が単に理にとどまることなく、さらに「理から事へ」と理が事の世界へ浸透していくところに特色がある。主体から主体を超えて主体の底に「物の真実に行く」という日本精神において は、そこに東洋文化の伝統的な精神が生かされているとともに、それはただちに「環境から主体へ」という西洋文化の精神すなわち科学的精神とも結合している。そして、このような意味において、まさしく東西文化の結合を日本にもとめることができる、と西田はいうのである。

東洋文化の特質は、主体の絶対否定によって、主体の底から主体を超えて真実の世界に達するという点にあった。いわゆる「廻光返照《えこうへんしょう》」(171)の世界である。それは真に主体を超えてこれを包む世界自身の自己限定という積極的な要素をもっていたが、「物の真実に行く」という科学的精神に乏しかったために、その積極的な要素はなお主体的な体験のレベルにとどまっていて、心境的・静観的であって、創造的・制作的ではなかった。むしろ「環境から主体へ」という西洋文化の方が創造的であった。しかし、西洋文化は真の意味で主体を包むことはできない。主体はつねに物（環境）の外に置かれている。世界が真に創造的となるためには、主体を超えてこれを包む立場が必要になる。これが西田のいう「物となって見、物となって行う」行為的直観の立場であって、この立場にあってはじめて環境即主体・主体即環境として矛盾的自己同一的に世界が真に創造的となるのである。このように西田は、彼の「行為的直観」を東洋的伝統にもとづいた思想であり、また日本文化を真に世界史的ならしめる思想である、と自負していたのである。

第19回　国家論と歴史哲学

月曜講義「日本文化の問題」

『日本文化の問題』（昭和十五年）で、西田がとくに重点をおいて論じているのは、いわゆる「皇道」のあるべき形と、その基礎になる日本文化の特質の問題、あるいはそれと関連して、東洋文化と西洋文化の比較の問題すなわち比較文化論である。この内、日本文化の特質の問題と、比較文化論については、前回まとめて論じたので、今回は「皇道」のあるべき形についての西田の考えを検討してみることにしたい。また、そこから西田の「国家」についての考え方、あるいはまた彼の歴史哲学について話をすることにしたい。

すでに、西田は、昭和十二年十月、文部省教学刷新局主催の公開講演会で「学問的方法」という題で講演をした。その内容は『日本文化の問題』に「付録」として収められている。昭和十二年といえば、日中戦争の発端となった盧溝橋事件が勃発した年であり、西田はこの講演のなかで、次第に軍国主義化・全体主義化していく世相に抗して学問や研究の自由を強く訴えている。すなわち当時、勃然として興った「日本精神」なるものの狭量と排他性、その非歴史的・非学問的な性格を痛烈に批判し、いやしくもそれが世界史の舞台で生きて働く精神となりうるためには、学問的・理論的な性格をもたなければならないこと、そしてそのためにはいたずらに日本の歴史や文化の特殊性を強調するのではなく、反対にそれをどこまでも普遍化し、そのことによって世界の諸文化に新しい光を照らすようにつとめなければならないということを力説している。このような努力によってはじめて真の意味での「日本精神」が発現されるというのである。このような西田の主張は、今日から見ても、何ら非とすべき点のない正論であるといっていい。

また、昭和十三年の四月から五月にかけて行われた京都大学学生課主催の月曜講義「日本文化の問題」では、おおよそ次のように語っている。

いままで「世界」というのは頭で考えられた観念的なものであったが、今日、世界は具体的で現実的なものとなった。それでわれわれは「世界の日本」として真に国家主義とならなければならない。

ところで真の国家主義というものは、古い日本の伝統に閉じこもったり、その特殊性を強調したりするような後ろ向きの性格のものであってはならない。むしろ反対に、世界という「公の場所」に積極的に進みでて、世界的な文化を創りだすような前向きの性格のものでなければならない。

そこで、今日一番重要な問題は、長い間、孤立した自家用の文化に馴染んできたわれわれが、世界的な文化に出会ったとき、どういう風にそれを摂取するか、またそれに対してどういう態度をとるかということである。

その際、一番良くないのは、いわゆる「和魂洋才」である。これは日本精神でもって西洋文化を消化していこうというものであるが、これまでの日本精神は科学的文化に出会う以前の文化であるから、結局、それはまったく科学の前に敗北するか、それとも科学を非科学的なもの、似非《えせ》科学的なものに変質させてしまうか、そのいずれかである。例えば、今日流行の「日本科学」などという言葉はその最たるものである。

反対に、もっとも望ましいのは、狭量で排他的な日本主義を振りかざすのをやめて、どこまでも自分を空にして、世界の諸文化を糾合し、その中心となって、一つの新しい総合的な文化を創りだしていくことである。

ここには西田の一貫した態度や主張が見られる。このように当時の国家主義的・国粋主義的な思想傾向に抗して、あくまで新しい日本の建設を、世界に開かれたものとして、いいかえれば新しい世界の建設の一環として考えるべきだという主張は『日本文化の問題』にも一貫している。これまでの日本は一つの小世界であり、東洋の孤島であったが、今日の日本はそうではなく、世界に面した日本である、したがって日本を形成する原理は同時に世界を形成する原理とならなければならない、むしろ世界形成の一環として日本の形成というものを考えていかなければならない、というのである。これを場所論理的に表現すれば、「創造的世界の創造的要素」となるということである。「最も戒《いまし》むべきは、日本を主体化することでなければならないと考える。それは皇道の覇道化に過ぎない」と西田はいっている。むしろ「我々は我々の歴史的発展の底に、矛盾的自己同一的世界そのものの自己形成の原理を見出すことによって、世界に貢献せなければならない。それが皇道の発揮ということであり、八《はっ》紘一宇《こういちう》[172]の真の意義」（『日本文化の問題』）である、というのである。われわれの歴史の根底に世界形成の原理を発揮するということは日本が歴史的主体でなくなるということでも、日本が日本でなくなるということでもなく、むしろその反対に世界の中で日本が真に日本になるということであり、日本が自己自身を世界化するということである。

このように西田は彼の絶対矛盾的自己同一の論理ないしは一即多・多即一の思想から「皇道」のあり方を規定しようとしている。一口で言って、それは文化論的立場からの政治論といっていいであろう。このような文化論を基礎にした政治論は、とかく理念的になって現実性に乏しいという弱点があることは否定できない。しかし、西田の政治論や国家論には、このような文化論的基礎が一貫してあった。そして、そこに、後に触れるような、西田哲学の運命ないし悲劇があったといえるのである。

昭和十六年一月、西田は「歴史哲学について」という題目で御進講をおこなっている。その詳しい経緯について解説する余裕はないが、哲学関係の御進講はこれが初めてということで引きうけたようである。また、題目に歴史哲学を選んだのは、おそらく当時の時代状況を勘案してのことであったと思われる。しかし、何しろ時間が三十分という限られたものであったから、それほど突っ込んだ話はできなかった模様である。内容が難しい上に、後半の大切な部分を少し急いだので、陛下も理解に苦しまれたのではないか、と近親者に漏らしている。それはともかく、この御進講の草案が『西田幾多郎全集』に収録されているので、それをもとにして、若干、西田の歴史観ないし国家観を見ておきたい。

西田はまず、歴史的世界は、物質的世界のように機械的・因果的に動いていくのでも、また生物的世界のように合目的に動いていくのでもなく、「時を越えた永遠なるものを内容として発展していく」世界、すなわち文化的世界である、と述べている。これが彼の思想の根幹であり、また彼の歴史観の基礎であった。

さて、最初、歴史は個々の民族を単位として、種々の環境との関係によって展開されていったが、次第に交通の発達により、種々の民族が一つの世界に、一つの環境の中に入っていった。そこに、民族と民族との相克や摩擦が生じ、争いや紛争が起こったが、またそれとともに種々の文化が総合統一されて世界的な文化が発展していった。そして、西洋と東洋が出会った今日、全世界が真に一つの世界になった。

西田が力説するのは、このように全世界が真に一つの世界となった今日における国家主義のあり方である。この点に関して、彼は端的に「各国が各国自身に還るという意味の国家主義ではなく、各国がこの世界において自己の位置を占めるという意味の国家主義」(「御進講草案　歴史哲学について」)を説いている。いわば「後ろ向きの国家主義」ではなく、「前向きの国家主義」である。そして、それを「各国が世界的とならなければならないという意味の国家主義」(同)である、と解説している。各々の民族が世界史的関係に入るときには、今日のように国家観の熾烈《しれつ》な闘争が生ずるのは自然の勢いであるが、結局、その内でもっとも世界史的傾向をもっているものが中心となって時代が安定するであろう、と西田は予測している。そこに、西田のオプティミズム(173)があるといえるであろう。看過してはいけないのは、真の国家主義は普遍性・世界性をもったものでなければならないということを主張することによって、西田が、間接的に、当時の狭量な復古主義や国粋主義を非としていることである。それが「御進講」の中の言葉であるということに注目すべきである。

では、普遍性や世界性をもった国家主義とは、具体的にはどのようなものであるのだろうか。この点に関して、西田は「それはどこまでも全体主義的であるとともに、単に個人を否定するのでなく、どこまでも個人の創造を媒介するということであろうと存じます」(同)といっている。当時の全体主義的風潮に抗して、西田はあくまでも個人の創造性を尊重することを訴えているのである。それは一即多・多即一の思想の必然的帰結であるといえるであろうが、それはともかくとして、個人の創造性を媒介することなくして真の国家主義はありえないというのが、西田の揺るぎない信念であった。そして、そのことを彼は勇気をもって天皇に直言したのである。そして、最後に、皇室のあり方に触れて、わが国の歴史は皇室を中心として発展してきたこと、つねに皇室は過去と未来を含んだ絶対現在の意義をもってきたこと、したがって今日喧伝されている「肇国《ちょうこく》の精神に還る」ということは、ただ古《いにしえ》に還ることではなく、それが新たな時代に踏みだすことでなければならないこと、すなわち「復古即維新」であることを説いて、この御進講を締めくくっている。ここには、西田の基本的思想が、何ら臆することなく、きわめて率直な形で語られている。また、そこに西田の一縷《いちる》の希望が託されているのを推察するのは、けっして難しいことではない。

西田の国家論

このような西田の歴史観や国家観は、後の「世界新秩序の原理」や「国体」においても基本的に変更されることなく継承されている。しかし、これらの所論の検討に入る前に、時期的に先に書かれた「国家理由の問題」（昭和十六年）を検討しておかなければならない。この論文は太平洋戦争の勃発のほんの数ヵ月前に書かれたものであり、当時の逼迫した時代状況と、それと関連した言論統制を背景にもっている。したがって、われわれはこの論文における表面上の一々の表現や言葉に惑わされることなく、その奥にある西田の精神を読みとるように心がける必要がある。ここに、戦中の時局的論文を考察する場合の難しさがあるといえよう。

さて、西田は国家理由の問題を論ずるにあたって、まず彼の最終的な世界観である「弁証法的世界」の立場の簡単な解説から始めている。それは論文「絶対矛盾的自己同一」（昭和十四年）によって自己の最終の立場に到達した後、種々の特殊的な問題を論ずる際、西田が決まってとったやり方であった。そこに、何をあつかうにしても、その根本から論じていかなければ気のすまない西田の性格がよくあらわれている。しかし、ここでは彼の根本的立場の解説は割愛して、いきなり彼の国家論に入っていきたい。

最初に、西田の国家論の基本思想を提示すれば、国家は歴史的世界の個性的な自覚の形であり、またこれを主体的自己の方から見れば、国家は歴史的形成的自己の自覚の場所であるということである。西田の考えによれば、歴史的現実界において、主体と環境が相互に限定しあうことによって社会が作られる。この意味で、社会はいわば生物的種に対する歴史的種ともいうべきものである。そして、国家とは、このような歴史的な種である社会の理性化されたもの、すなわち理性的社会のことである。

では、社会の理性化とはいったい何であろうか。それは、社会が世界的性格をもつということにほかならない。それで、国家とは世界性をもった社会のことであり、これを世界の方からいえば、世界自身の個性的な自己形成の形であるということになる。

したがって、一つの国家が成立するには、一つの民族的社会が歴史的に一つの自覚的実在になるということが必要である。しかし、それだけではまだ十分ではない。その民族的社会が真の国家となるためには、それが歴史的世界の個性的な自己形成の主体となるのでなければならない。いいかえれば、世界形成の一つの中心となるのでなければならない。それで、あたかも無限大の円には無限に多くの中心があるように、世界には無限に多くの中心がある。そして、一つの民族的社会が自己の内にこのような中心を宿しているということが、その社会が主権をもった国家であるということなのである。

このように西田の国家論は一種の多元主義である。しかし、その多元主義は一元主義に対立し、これを否定するような多元主義ではなく、むしろ一元主義と相即し、これを相補するような多元主義である。西田の用語を用いていえば、一即多・多即一である。国家は本質的に世界の個性化であるが、この個性化は国家の方から見れば、国家の世界化でなければならない。国家は自分を世界化すればするほど、真に個性的な国家となる。そして、そこに、国家と世界との間の矛盾的自己同一的関係があるのである。

では、このような国家論において国家の成員である主体的自己はどのように位置づけられるであろうか。端的にいって、自己は「創造的世界の創造的要素」にほかならない。「弁証法的世界の一ペルスペクティーフ」である。これを西田は、「国家理由の問題」では、「世界の自己表現の一観点」とか、「創造的世界の創造的力点」とか、「歴史的世界の自己創造の起点」とかいった言葉で表現している。要するに、主体的自己が真に自己を形成するということは、自己が世界の自己形成の極点となるということである。それは自己が徹底して自分を否定して、世界の物になりきるということであり、これをいいかえれば、自己の側から世界を見るのではなく、反対に世界の側から世界自身の創造的要素として自分というものを見るということである。

これが西田のいう「場所的自覚」にほかならない。そうして、このような場所的自覚の立場においては、「我々の自己がどこまでも個物的意志として、表現的に世界を形成することは、逆に自己が世界の表現的自己形成となることである。我々の自己が自己自身の底に深く、個物的となればなるほど、我々の自己は絶対意志に面する」(「国家理由の問題」)のである、と西田はいっている。また、そこに道徳的当為[175]というものが考えられるのである。したがって、当為は、カントのいうように、自己の内面から自己に迫ってくるものではなく、むしろ世界の側から自己に迫ってくるものであり、したがってまた自己の内からの呼び声ではなく、むしろ外なる世界からの呼びかけである、といってもいいであろう。実際、この点に関して、西田自身「道徳の根本的立場というのは、自己の内面的当為にあるのではなく、全然自己が無となって、世界の中心から自己を見るという場所的自覚の立場でなければならない」(同)といっている。カントの「当為」の概念[176]には、まだそれを自己の側から見るという主観主義の残滓がみとめられるが、西田のそれは、このような主観主義を突破して、自己が無となり、世界の物となりきったところにあらわれてくるような性質のものである。つまり、「物となって見、物となって行う」ところに見いだされるような当為である。

西田の国家論の問題点

以上のように、西田の国家論は場所的自覚の立場から考えられたものである。それは、通常の意味での、少なくともカント的な意味での道徳の立場ではなく、むしろそれを超えた宗教的自覚の立場であるといっていいだろう。ここで西田が説いているのは、現実にある国家や主体的自己ではない。場所的自覚の立場から見た国家であり、また主体的自己である。いわば理念的な国家であり、理念的な自己である。そのことは、西田が「真の国家」とか「真の自己」という言葉をたびたび用い、また再々「なければならない」という当為的な言い回しをしているところからも明らかであろう。したがって、そこに自覚的立場と日常的立場との、あるいは理念の世界と現実の世界との乖離が存在している。

たしかに場所的自覚のレベルにおいては理念即現実であり、当為即事実である。そこには、理念と現実、当為と事実の乖離はない。両者は無差別・平等である。しかし、日常的・通俗的なレベルにおいてはそうではない。そこでは、理念と現実は対立し、当為と事実は相克している。また、たしかに場所的自覚のレベルにおいては、国家は世界の個性化であり、自己は世界の創造的力点であるが、日常的・通俗的なレベルにおいては、そうではない。国家は世界と背反し、自己は世界と衝突する。そして、まさしくこの点に、場所的自覚の立場に立つ西田哲学のアポリア（難点）があるといえるだろう。

とはいっても、西田の理念が間違っているというのではけっしてない。そうではなくて、むしろ現実の国家が西田のいう「世界の個性化の中心」という理念に追いつけないのである。現実の個人が場所的自覚の境位になかなか入っていけないのである。一言でいえば、西田の主張は宗教的レベルでは有効であるが、政治的レベルでは必ずしも有効であるとはいえない。現実に、圧倒的に多くの人間は場所的自覚の立場に立っていないし、また立つことができないからである。場所的自覚の立場は本質的に宗教の立場であり、文化の立場である。それは権謀術数を弄する現実の政治の立場ではない。したがって、それは歴史的現実界において真に世界の個性的な自己形成の原理となりうるか否かという問題はつねに残る。

西田は本質的に文化の哲学者であり、西田哲学は何よりも文化の哲学であった。そのことを十分に承知していながら、自らの意に反して、生臭い現実の政治に関与せざるをえなかったところに、西田個人と西田哲学の悲劇的な運命があったといえるのではないだろうか。

第20回　戦争と哲学者

開戦時の西田幾多郎

昭和十六（一九四一）年十月、西田はリウマチを患った。もともと西田は身体的にはけっして強健とはいえず、三十代の後半には再々肋膜炎で苦しんだ。しかし、今度の病気はなかなかの難物で、約十ヵ月の間、病床に臥す身となり、執筆活動も途絶えた。『日記』も、昭和十六年十一月二十七日から翌十七年六月二十三日までの、およそ七ヵ月間、その間、わずかに一日を除いて空白になっている。また、昭和十六年十一月三日から十二月二十三日までの五十日余り、京都府立病院に入院している。したがって、同年十二月八日の真珠湾攻撃の知らせは病院のベッドの上で聞いたことになる。

このような個人的な事情のためか、太平洋戦争の勃発という未曾有の出来事に関する西田の反応を、西田自身の著作からは知ることはできない。ただ、開戦の当日、西田を病床に見舞った弟子の相原信作(177)は開戦の知らせに接した西田の様子を次のように伝えている。

はたして先生は今日のことについて何も知っておられなかった。号外の大きな紙にれいれいしく印刷せられた記事の内容をお伝えしたときの先生の憂慮に満ちたお顔、たいへんなことを仕出かしてしまったというような満面の憂いを私は忘れることができない。そのいわゆる大戦果にうごかされる色など先生の顔面にも全身にも毫末《ごうまつ》も見られなかった。そのときの先生の全身はただただ深慮であった。

（「先生によって予見せられた日本民族の運命」）

開戦の日からおよそ八年後に書かれたこの文章が、当日の西田の様子を正確に伝えているという保証はどこにもない。しかし、このわずか数行の文章のなかに「憂」「慮」という文字が三度も使われているところに、八年という歳月を超えた一種の臨場感を感じとることができる。それだけ、西田の「憂」「慮」の様子が相原の目に強く焼きついていたといえるであろう。実際、その後の西田の態度には、例えば竹内好《たけうちよしみ》(178)が論文「近代の超克」で伝えている、「十二月八日」すなわち開戦の日に知識人が共通して経験した一種の高揚感や解放感は微塵も見られない。相原自身、退院後の西田の様子に触れて、シンガポール陥落の賑々《にぎにぎ》しい祝賀の催しなどの話をすると、西田はつねに「沈痛な、沈んだ深い憂いと苦々しさ」（同）をあらわした、と伝えている。

実際、日本が破竹の勢いで勝ち進んでいった頃の西田の反応はきわめて冷静であって、戦勝に酔いしれた、浮ついた様子などは少しも見られない。むしろ冷ややかで無関心な様子さえ窺われる。再開された『日記』にも戦争に関する記事は見られないし、不自由な指で知人や弟子たちに書いた手紙にも、戦況や戦果に触れたものはほとんど見られない。リウマチが癒えてから西田は旺盛な執筆活動を再開するが、それは執筆した論文のタイトル——「知識の客観性」「自覚について」「物理の世界」「論理と数理」「予定調和を手引きとして宗教哲学へ」「デカルト哲学について」「生命」等——から窺われるように、純粋に学術的な内容のものであった。

このように『日記』や書簡や著作だけから見れば、まるで当時が平時であったかのような錯覚をおこさせる。そして、この点で、彼の弟子の西谷啓治(179)が『世界観と国家観』(昭和十六年)を、高坂正顕が『民族の哲学』(同十七年)を、高山岩男が『世界史の哲学』(同十七年)と『日本の課題と世界史』(同十八年)を書き、また彼らが『中央公論』誌上で「世界史的立場と日本」「東亜共栄圏の倫理性と歴史性」「総力戦の哲学」等、一連の座談会を開いて、積極的に時代にコミットしていったのとは対照的である。

達観していた戦争の行く末

西田は最初から日本の行く末を見とおしていたように見える。開戦前の昭和十六年二月に原田熊雄(180)に宛てた書簡には、「不幸にして私共が最初から心配していた様になって行くとおもいます。しかし私は何よりこの際一方の極端にゆかないかと恐れるのですが」(書簡一五四一）と書き、戦争の真只中の十九年七月には、長与善郎《ながよよしろう》(181)に宛てて、「我国の状勢、私共書斎の老書生が最始から憂慮し居りました如き所へ段々切迫し来たれる様に思われ誠に痛心の至りに堪えませぬ。一に我国為政家の先見の明なきの致す所、今となりては尊兄の如く行く所まで行くより致し方御座いませぬ」（書簡一九五二）と書いている。

この時期、西田は例外的に原田熊雄――当時、西園寺公望の秘書官。おそらく西田にいろいろと教えをもとめてきたのであろう――に多くの政治的・時局的な手紙を書いているが、(182)これらの書簡に共通しているのは、今日の国家主義はただ単に旧に還るというような狭量な復古主義や孤立主義であってはならず、それは同時に世界に開かれた、世界の中の日本という自覚をもった世界主義や協調主義でなければならないということ、またそれはどこまでも個人の自由を承認し、その創意を尊重するものでなければならないということ、さらには今日のわれわれは日本文化を世界化する役割を担っているけれども、そのためには一部の反動家がやっているように、日本文化を特殊化したり神秘化するのではなく、むしろ反対に徹底してそれを合理化し理論化するように努めなければならないということの主張であった。このような主張は、すでに「学問的方法」や「日本文化の問題」等で繰り返し説かれていたことであり、この点で、西田の主張は終始一貫していたということができる。したがって、少なくともこの点においては、戦後、西田を反動主義者、戦争協力者として糾弾した人たちの主張は、まったく根拠のないものであったといわなければならない。

「世界新秩序の原理」

しかし、昭和十八年に入ると、西田の言動に変化が生じてくる。同年五月、西田は国策研究会の矢《や》次一夫《つぎかずお》[183]のもとめに応じて「世界新秩序の原理」を執筆している。そして、それを機縁として、西田は否応なく、彼のいう「時代の底流」に呑みこまれていってしまうのである。「世界新秩序の原理」がどのようにして執筆されたのか、その経緯については、直接それに関与した田《た》辺寿利《なべすけとし》[184]が「晩年の西田幾多郎と日本の運命」の中で詳しく伝えている。それによると、昭和十八年二月、金井章次[185]という人物を介して陸軍の方から西田に教えを乞いたいという要請があり、西田は、この要請に応じて、五月十九日、佐藤賢了《さとうけんりよう》[186]、永井柳太郎[187]、後藤文夫[188]、下村海南《しもむらかいなん》[189]等二十人くらいの前で東亜共栄圏の理念について話をした。しかし、西田の話が難しかったので、それをもう少し解りやすく書いて欲しいという依頼があり、気が進まぬながら、この依頼に応じて執筆したのが「世界新秩序の原理」であった。ところが、これを軍に見せたところ、軍は何もわからず、もう少し軟らかく書いて欲しいというので、今度は西田に代わって田辺が元の原稿を要約する形で書き直した。そして、田辺の語るところによれば、当時の首相東条英機[190]は、この西田の書いた原稿を田辺が要約したものを元にして国政演説をやり、議会から永井柳太郎が賛成演説をやったということである。

当時の西田の『日記』や書簡を見ると、だいたい田辺の伝えているとおりであるが、しかし西田の基本的理念は当時の為政者には少しも理解されておらず、西田が東条の演説に失望していることがわかる。「新聞を見て実にいやになった。私の理念は何も理解せられていない。何も入っていない。私は表現はとにかく根本の理念確立を重んじたのである」（書簡一七八三）、「東条の演説には失望いたしました。あれでは私の理念が少しも理解せられていないとおもいます」（書簡一七八四）と書いている。しかし、それは西田自身が予期していたことであった。戦後、この「世界新秩序の原理」は進歩的知識人の批判の的となったが、しかしそのような批判の大半は言論統制の極度に厳しかった当時の時代的背景を十分に考慮しているとはいいがたい。とくに西田が「私は表現はとにかく根本の理念の確立を重んじたのである」といった、その根本の理念を、西田の精神に沿って理解しようとする度量と忍耐に欠けている。

西田の「世界新秩序の原理」は、このあと考察する「国体」の付録として『全集』に収められているが、その要旨は次のとおりである。

世界は各々の時代に各々の課題をもっており、その解決をもとめて動いていく。十八世紀は個人的自覚の時代、いわゆる個人主義・自由主義の時代であり、十九世紀は国家的自覚の時代、いわゆる帝国主義の時代であった。二十世紀は世界的自覚の時代すなわち各々の国家が各々の世界的使命を自覚することによって、一つの世界史的世界すなわち世界的世界を形成するという課題をもった時代である。世界というものが真に現実となった今日においては、各々の国家は自己に即しながら自己を超えて世界的世界を形成していかなければならない。

ところで、世界的世界を形成するということは、各々の民族が各々の自己を超えて、各々の地域の伝統に従って、まず一つの特殊的世界を形成するということでなければならない。このように各々の歴史的地盤から形成された特殊的世界が結合して、はじめて全世界が一つの世界的世界を形成するのである。

このような世界的世界においては、各々の民族が各々の個性的な歴史的生命に生きるとともに、各々の世界史的使命をもって一つの世界的世界に結合するのである。これが人類の歴史的発展における究極の理念であり、また今次の世界大戦によって要求されている世界新秩序の原理である。八紘為宇の理念とは、このようなものでなければならない。また、皇道は八紘為宇の世界形成の原理を含んだものである。

東亜共栄圏の原理もここから出てくる。それは、東亜の諸民族が東亜民族の世界史的使命を自覚し、各々自己を超えて一つの特殊的世界を形成し、それでもって東亜の世界史的使命を遂行するものでなければならない。

要するに、西田は、具体的な世界（世界的世界）は各々の国家や民族や地域の伝統や個性を尊重するものでなければならないということを主張するとともに、また国家主義や民族主義は自己自身の中に自己を超えた世界性をもったものでなければならないということを説いている。そうでなければ、結局、それは侵略主義や帝国主義に陥らざるをえなくなるというのである。一つの民族は自分の中に世界的形成の原理を含むことによって真に国家となるのであり、したがって真の国家主義はいわゆる民族主義――その本質は民族利己主義であり、民族自己中心主義である、と西田は見ている――と混同されるべきではないというのである。

このような西田の主張が反動主義的でも国粋主義的でもないのは明らかである。たしかに「皇室は過去現在未来を含む絶対現在」であるとか、「皇道には八紘為宇の世界形成の原理が含まれている」とか、「皇道精神に基づく八紘為宇の世界主義」といったような表現には、今日から見て、復古主義的・国粋主義的な臭いを感じざるをえないが、それらは、当時においては日常的に使用されていた言葉であり、またそのような言葉の使用は、方便としてやむをえざる要素もあったと見なければならないであろう。しかも、仔細に検討すれば、西田は「皇室」をけっして実体化しているわけではなく、これを「絶対現在」とか「永遠の今」として「空」ないしは「絶対無」と見なしており、また「八紘為宇」や「皇道」をつねに「世界形成の原理」や「世界主義」と結びつけようとしていることが了解される。その表面上の言辞はともかく、西田の精神がどこにあるかは、良識をもったものなら、まずとらえ損なうようなことはありえない。

「世界新秩序の原理」の成立に一役買った国策研究会の矢次一夫は、『昭和人物秘録』という回顧本のなかで、「東亜共栄圏という考え方や計画は、近衛が一応主唱した形であり、東条が実行しようとしたこと、またその実行方法が強大なる軍事力をもって有無をいわさず強行しようとしたところに、不都合の一切が、すべての誤りがあったという点については、すでに内外に糾弾された如く異論のないところである。しかし、これがそうでなく、東亜諸国間において、極めて民主的な方法で国民的な提携が進展したり、平和的な手続きや政府間の話し合いで、相互の理解と協力により漸進的に実現されるものであるなら、理念としては決して間違っていないと思う」と述べ、「西田博士は、戦争遂行の手段としてアジア・ブロックの存在を力説している如くに見えて、事実は一つの世界への歴史的手段として、世界が数個のブロック――特殊的世界を形成することの必然性を力説しておられるのが、其真意であると理解すれば、博士の指摘された歴史的行程は矢張り正しい」（「西田幾多郎博士の大東亜戦争観」）と述べている。

このような矢次の西田理解は、戦後のどの進歩的知識人のそれよりも、深く西田の精神に触れたものであるといえるだろう。ただ、矢次が「東亜共栄圏」や「戦争」という概念に含意させている政治的要素を、文化的要素でもって置き換えるとき、より西田の精神に即した理解となるのではなかろうか。

西田の「国体」論

西田にはもう一つ時局と深く結びついた論稿がある。それは「国体」と題する小論である。昭和十九年の初め、森田繁次郎という代議士が西田宅を訪れ、「国体」について書くよう強く要請したのがきっかけであった。最初、西田は気乗りしなかったようであるが、当時は、偏狭な国体論が横行した時代であり、西田はこのような低俗な国体論に対して真の国体のあり方を示すことが、指導的な哲学者としての自分の義務と考え、執筆を決意したようである。

しかし、「国体」の内容は、先に書かれた「国家理由の問題」や「世界新秩序の原理」と異なったものではない。ここでも、西田は自分の哲学的立場から国体のあり方を説いている。彼の考えでは、国体とは、世界が自分自身を個性化する形である。世界は自分自身の内に無限に多くの自己形成の中心をもっているが、このような世界の自己形成の中心が各々の国家であり、また各々の国家がもっている個性や特性が国体だというのである。「民族的主体が歴史的世界形成力として、絶対現在の自己限定の形をとったものが国体」であり、「それは、どこまでも自己自身を形成する歴史的世界の自己形成の形である」と西田はいっている。また、彼は国体と文化を、歴史的世界の行為的側面と表現的側面としてとらえ、「世界は一面にどこまでも自己形成的に、動的に、国家的である。かかる自己形成の社会的形態が国体である。また、世界は、一面にどこまでも自己表現的に、静的に、文化的である。芸術と学問とは、かかる表現の内容である」（「哲学論文集第四補遺」）といっている。

このように西田の国体概念において注目すべきは、まず国体が歴史的世界の個性的な自己形成の形として、（各々の民族や国家の側からではなく、反対に）世界の側から考えられていることであり、また国体が世界の行為的側面として、その表現的側面である文化と一対をなすものとして考えられていることである。

ここで国家（国体）と文化の関係を考えてみよう。西田の考えでは、国家は歴史的世界の自己形成の形であるのに対して、文化はその表現内容である。歴史的世界は時間的に自己自身を限定していくとともに、空間的に自己自身を限定していく。そして、歴史的世界が時間的に自己自身を限定していく形が国家であり、その形の空間的に表現された内容が文化である。こうして国家と文化は歴史的世界の両側面として、形作られたものから形作るものへと矛盾的自己同一的に自己自身を形成していく。文化は歴史的世界の時代的内容として、いわばイデアの顕現(191)であり、その本性上、普遍的である。それで、このような普遍的な文化を自己の内に包容し、また形成していく国家こそ真の世界的国家である、と西田は考える。ここに、文化の哲学としての西田哲学の性格が端的に表現されているといえるであろう。西田は文化の基礎として国家を考えているのではない。反対に、文化という基礎の上に国家を考えているのである。そして、まさしくこの点に、彼の国家論における理念と現実の乖離があるのである。この意味で、西田哲学はもともと悲劇的な運命を背負っていたといえるであろう。

戦後の日本に対する提言

「国体」が公刊された昭和十九年の終わりには、日本の敗戦はいよいよ濃厚になっていった。同年七月七日にはサイパン島が陥落し、十月二十日には米軍がレイテ島に上陸、同月、神風特攻隊が編成され、フィリピン沖での日米海戦がおこなわれ、十一月二十四日にはB29による東京空襲があった。これ以後、西田の日記には連日のごとく空襲の記載がある。

この頃の西田の書簡を見ると、相変わらず最近の自分の著作や学問に関するものが多いが、それとともに憂慮すべき時局に関するものが散見される。そして、そのような時局的な書簡に共通した特徴は、その内容が、敗戦を見越した将来の日本のあるべき方向についての所見となっていることである。

次にかかげるのは、昭和二十年二月、米軍が硫黄島に上陸し、東京、大阪、名古屋に連日、大規模な空襲があった頃、弟子の高山岩男に宛てた書簡である。

私はこの際実に心配いたし居ります。此には実に大決心をせねばならぬ時ではないかと存じます。このままに引きずられて行って足腰も立たないようになっては民族生命もだめになってしまわないかと存じます。何としても我々民族がどうあっても此際精神的自信を失うようなことがあってはならないと存じます。力でやられても何処までも道義的に文化的に我国体の歴史的世界性、世界史的世界形成性の立場だけの自信を失わず、固く此立場を把握して将来の民族発展の自信を持たすようにせねばならぬと思います。

（書簡二一四三）

この書簡で西田がいっているのは、たとえ武力で負けるようなことがあっても、精神的に自信を喪失するようなことがあってはならず、道徳的・文化的に世界史的世界性の立場に立った思想学問の基礎を作り、それを将来の民族発展の礎石としなければならないということであろう。そこに、われわれは西田の主張の一貫性を感得することができるとともに、西田哲学が本質的に文化の哲学であったということを再認識することができるであろう。もともと文化的な観点からすれば、勝ち負け、優劣ということはないのであって、それぞれの国家や民族は世界史的世界性の立場に立って、自己の個性を発揮するよう心がけねばならない。真に自己の個性を発揮するということが世界の中心となるということなのである。もしこのような精神的自信を喪失すれば、その国家や民族の生命は枯渇してしまう。西田がもっとも危惧したのはまさしくこの点であったのである。

第21回　西田幾多郎と鈴木大拙

晩年の二人の交遊

西田は昭和三（一九二八）年八月、京都帝国大学を停年退官した。彼はこの年の冬をはじめて鎌倉で過ごしている。そして、翌年から、夏を鎌倉で過ごすようになり、昭和八年以後は、一年のうち春と秋を京都で、また夏と冬を鎌倉で過ごすようになった。また、生活スタイルのこのような変化にともなって、すでに大正十三年以降、京都と鎌倉を往復する生活を続けていた旧友鈴木大拙との交流はさらに深まっていった。とくに西田の晩年の数年間、二人の個人的・思想的交流がいかに緊密で友情にあふれたものであったかは、西田の書簡や日記をとおして、あるいは鈴木の思い出話や回顧談をとおして、さらには近親者や弟子たちの証言をとおして知ることができる。彼らは、この未曾有の困難な時期にあって、お互いに気遣いあい、励ましあったばかりでなく、敗戦を見越しての日本の将来を深く憂慮し、今後の日本は武力の上にではなく、道義文化の上に建設されなければならないということを語りあった。この点に関して、鈴木大拙は次のように語っている。

戦後の世界の大勢——特に思想方面——についてはよく話しあった。東亜における戦争の見透しについては、両人とも大体一致していた。問題はそれから後のことで、吾等日本人としてはどういう方向に進むべきかというにあった。……いくら敗戦をしても、それは武力上、経済上、科学技術上の事であって、吾等のもつ精神的文化の力の上ではないのである。ただ武力で威張るというようなことは、児童心理の持主によってのみ喜ばれることである。いやしくも万世不朽の国体を云々するものなら、その考えの基礎を、そのような小児だましの飴細工の上に据えてはならぬ。揺るがぬ巌根は威武ではなくて、それを越えたものでなくてはならぬ。この越えたものを本当に攫《つか》むことによりて、日本国の前途は実に洋々たるものがある。世界文化に貢献すべきものはこれから出るべきであるというのが、吾等の意見であった。

（「西田の思い出」）

日本人が民族的矜持《きょうじ》と自信を喪失し、文化的退廃を来たすことを、彼らがいかに憂慮し、またそれを避けるべく努力したかは、例えば、鈴木大拙の『日本的霊性』（昭和十九年）、『霊性的日本の建設』（同二十一年）、『日本の霊性化』（同二十二年）等の一連の著作や、西田の遺稿「場所的論理と宗教的世界観」を読めば明らかである。実際、「場所的論理と宗教的世界観」は西田にとって遺書的性格をもっていた。彼は彼の弟子たちに「これは私の最終の世界観ともいうべきもので、私にとって実に大事なものであり又是非諸君に見てもらいたい」と書き、また連日の米軍の空襲に触れながら、「もう老先も短きこと故、ヘーゲルがイェーナでナポレオンの砲弾を聞きつつ現象学を書いたというつもりで毎日決死の覚悟を以って書いています」と記している。そして、このような危機意識が、西田と鈴木をいっそう精神の根底から結びつける要因になったように思われる。

二人の相互影響

さて、西田と鈴木との交流で看過することのできないのは、両者の学問における相互啓発であろう。西田は、仏教がキリスト教と比較して哲学的に優れた点があること、しかし従来、仏教徒は体験を重視し論理を軽視するきらいがあること、したがってキリスト教に対して仏教の長所を明らかにするには、その深い体験を自覚的に反省し、論理的に体系化することをとおして、それを普遍化していかなければならないという考えをもっていた。最初、仏教、とくに禅仏教がもっている非論理的な、否むしろ反論理的な性格を強調していた鈴木が、次第に論理や思想の面を重視するようになり、仏教的論理として「即非の論理」を主張するようになったのは、明らかに西田の影響によるものと思われる。一方、西田は仏教の思想や文献や用語に関して、鈴木から再三の教示をうけ、それを自分の著作の中にとり入れている。この意味で、両者の思想的交流は真に双方向的・相補的な性格をもった理想的なものであったといえよう。この点に関して、当時、学問的にも地理的にも両者のもっとも近くにあって、両者の親密な交流をつぶさに見てきた務台理作は、次のように追懐している。

西田先生が京大停年退職の後鎌倉に閑居されるようになってから、両先生は鎌倉と京都の両地でいっそう交友を深められるようになった。……このような交友のなかで西田は大拙の最もすぐれたものを知り、それを宗教的思想家の一つのモデルにさえした。大拙は西田の哲学の中にきわめて日本的霊性に通じているものが哲学の形で現われていたのを知った。大拙が金剛経の逆説を「即非の論理」という名でとり上げるようになったのも、西田先生の影響があったのであろう。……おそらく即非の論理を金剛経からとり出したのは西田先生の「絶対矛盾の自己同一」の論理に示唆されたものであろう。

大拙先生は太平洋戦争の前夜から敗戦終結までの六年間におよそ二十冊の書物を出され、その中には西田先生によって最も高く評価された『無心ということ』(昭和十四年)、『浄土系思想論』(同十七年)、『日本的霊性』(同十九年)などがある。西田先生の言葉によると「大拙の書いたものの中で一番内容が豊かで明らかであり、宗教哲学の豊醇さをもつものである」とのことであった。西田先生の最後の論文「場所的論理と宗教的世界観」には明らかに上述した日本的霊性思想の影響があると思う。……

このように両先生は性格的にも学問的、思想的にも異なった方向をとりながら、しかも互いに影響され合い、その点で極めて共通のものを持っていたようである。この共通のものが矛盾の超え方にあることは疑いない。この矛盾の同一の論理については、とくに戦後の哲学者によっていろいろと批判されているが、大乗仏教[192]思想一般に、とくに日本的禅思想、いっそう日本的な浄土真宗思想の中に、この論理が具体的な形で、むしろ生活浸透の形をとって濃厚に現われた事実というものを誰しも認めなくてはなるまい。

(『思索と観察』「西田先生と大拙先生」)

晩年の宗教論と鈴木大拙の『日本的霊性』

西田が晩年に、「絶対矛盾的自己同一」の立場から生命論を書き、数学の基礎論を書いた後、彼の宗教論を書きたいと考えるようになったのも、鈴木大拙との思想的交流が一つの要因になっていると思われる。鈴木は、昭和十七年に『浄土系思想論』を書き、翌十八年には『文化と宗教』『宗教的経験の事実』『禅の思想』等を書いた。そして、昭和十九年の末には、代表作『日本的霊性』を刊行して、いわゆる「即非の論理」を展開した。西田は、翌二十年二月三日、同書を鈴木から寄贈され、同六日に読了している。西田が「場所的論理と宗教的世界観」を起稿したのは二月四日、すなわち鈴木の『日本的霊性』を落手した翌日のことであった(脱稿は四月十四日)。このことは、西田の宗教論と鈴木の『日本的霊性』との間に密接な連関があることを予想させるに十分である。実際、彼は同年三月十一日、鈴木に宛てて次のように書いている。

私は今宗教のことを書いています。大体従来の対象論理の見方では宗教というものは考えられず、私の矛盾的自己同一の論理即ち即非の論理でなければならないということを明らかにしたいと思うのです。私は即非の般若的立場から人《にん》というもの即ち人格を出したいと思うのです。そしてそれを現実の歴史的世界と結合したいと思うのです。……君の『日本的霊性』は実に教えられます。（書簡二一四四）

また、一週間後の三月十八日には次のように書き送っている。

とにかく般若即非の論理というのは面白いと思います。あれを西洋論理に対抗する様に論理的に作り上げねばなりませぬ。そうでないと東洋思想といっても非科学的などいわれて世界的発展の力を持てない。（書簡二一五五）

「絶対矛盾的自己同一の論理」と「即非の論理」

では、鈴木大拙のいう「即非の論理」とはいったいどのようなものであるのだろうか。また、それは西田の「絶対矛盾的自己同一の論理」とどのように結びついているのだろうか。鈴木の「即非の論理」は『般若経』の一部である『金剛経』を基礎にしている。それで

「般若即非の論理」とも呼ばれる。即非の論理は般若系思想の根幹をなしている論理で、その十三節には「仏説般若波羅蜜、即非般若波羅蜜、是名般若波羅蜜」とある。また、同節には「如来説世界、即非世界、是名世界」とあり、十七節には「所言一切法者、即非一切法、是名一切法」とある。いずれも同じ論法で、これを公式化すると、「AはAであるというのは、AはAではない、それ故にAはAである」ということになる。これをもっと簡潔に、「AがAであるのは、それはAがAでないからである」とか、「AはAでないからAである」とか表現することができるであろう。これを鈴木は「般若即非の論理」と命名した。彼はそこに仏教的な物の考え方の神髄を見たのである。

この即非の論理は、要するに、肯定は否定であり、否定は肯定であるということをあらわしている。しかし、肯定は否定であり、否定は肯定であるというのは明らかに矛盾である。けれども、事物のこのような矛盾的自己同一性の主張が即非の論理の眼目で、『金剛経』には、上記のほか、例えば「微塵は微塵でないから微塵である」とか、「実相は非相であるから実相である」といった多くの類似した表現が見られる。では、このような矛盾的自己同一性の主張はいったい何を意味しているのであろうか。またそれはいったいどのような立場ないし観点からいわれるのであろうか。

形式論理学(193)では、Aはつねに Aである。また、AはAであるかぎり非Aではありえない。AがAであるとともに非Aでもあるというのは矛盾である、といわれる。要するに、それは

Aの自己同一性(194)を表示している。ところで、形式論理学におけるこの同一の原理と即非の論理とを比較してみると、両者は「AはAである」と主張する点では一致している。すなわち、Aは自己同一的にAである。しかし、同一の原理は端的に「AはAである」ということを陳述するのに対して、即非の論理は、一度Aを否定して、その後にこれを肯定する。「AがAであるのは、AがAでないからである」というのである。これは、一見すると、論理の否定のようにも思われるであろう。けれども、即非の論理も、結局、AはAであるといっているのであって、AはAでないと主張しているわけではない。ただAの直接的な自己同一性を否定して、Aは自己否定的に自己同一であるといっているだけである。すなわち、Aは直接的ないし自同的にAであるというのではなく、むしろAは自己否定を媒介としてはじめてAである、あるいはAは自己を否定することによって真のAとなるというのである。そこで、このような同一性を、伝統的論理学における形式的自己同一性に対して即非的自己同一性と呼んでおこう。

では、『金剛経』において、Aは端的にAであるといわれず、AはAでないからAであるといわれているのは何故なのであろうか。そこに一度、Aでないという否定の契機が入るのはどのような理由によるのであろうか。また、そこにどのような意味があるのであろうか。

鈴木の解釈の大略を示せば次のとおりである。

常識の論理では、山は山であり、川は川であるという。これに対して般若の論理では、山は山でない、川は川でない、それ故に山は山であり、川は川であるという。こういう風に、否定を媒介にして、はじめて肯定に入るのが本当の物の見方であるというのが般若の論理の性格である。このような見方はわれわれの思考を混乱させるように見えるが、しかし真相はそうではない。むしろ逆である。常識は分別にもとづいている。分別とは文字どおり対象を分別することである。対象を他のものから分別し、それを独立した対象として措定する。そしてAはA以外のものではありえないという。例えば、もともと不生なものを生と死に分別し、生は生であって死ではない、死は死であって生ではないという。それは不生（不死）の上に生と死を考えているのであり、分別的思考はもともと抽象的である。したがって生は生でないから生であり、死は死でないから死であるといわなければならない。般若の論理は、このような分別的論理の否定であり、二元論的物の見方の否定である。

（『日本的霊性』「金剛経の禅」）

般若即非の論理は、鈴木の用語を用いていえば、霊性的自覚の論理である。霊性とは、精神（理性、知性）に対して用いられる鈴木独特の用語で、一般に、精神が分別知の立場に立っているのに対して、霊性は分別知以前の知すなわち「無分別の分別」の立場に立っている。それは一切の分別を否定する。しかし、常識でいう山や川の概念は分別の上に成立している。それゆえ、それはありのままの知ではない。抽象化された知である。そこで山や川を分別以前の霊性的自覚の立場から表現すれば、山は山でないから山であり、川は川でないから川であるということになる。もしそれが常識的な形式論理の立場からいっているのであれば、明らかに矛盾であり背理であるが、霊性的自覚の立場からいっているのであれば、それは矛盾でも何でもなく、明白な事実である。鈴木が、「般若の論理は霊性の論理であるから、これを体認するには、横超《おうちょう》(195)の経験がなくてはならぬ」(同書)というゆえんである。

以上のような般若即非の論理は、事物に対する一切の執着を否定する論理であるといえる。通常、山は山であり、川は川であるというとき、無意識の内にわれわれは山や川を実体化して見ている。そして、山や川の実体性にとらわれている。しかし、山や川の実体性にとらわれているということは、同時に山や川を実体的に見る自己の実体性にとらわれているということである。それはとらわれた目で物を見ているということであって、このような物の見方をもってしては物の真相はとらえられない。とらわれない目で物を見るということは、対象的に物を見ることではなく、物になりきって見るということである。物となって見るということである。自己というものを無にして見るということである。われわれが自己というものにとらわれている間は物の真の姿は見えない。自己を無にするとき、はじめて物の真相が見られる。と同時に、真の自己が見られる。われわれは自己を否定することによって自己を見る。まさしく「自己は自己でないから自己である」。鈴木は、それを、個が超個であり、超個が個である霊性的自覚であり、この意味で、即非の論理は「霊性的直覚の論理」である、といっている。一言でいえば、それはあらゆる知性的分別を否定する立場であり、したがって二元的、対象的、実体的な物の見方を翻す霊性的「無分別の分別」の立場である。

このような即非の論理が、西田の絶対矛盾的自己同一の論理といかに響和するものであったかは、西田の次の手紙を読めば明らかである。

> 君の宗教論を拝見した。色々教えを受けた。同感する所多い。……絶対矛盾的自己同一の論理は一面般若即非の論理であると共に、一面にその自己限定として、即ち一と多との矛盾的自己同一、空間時間の自己同一、絶対現在の自己限定として、唯一なるもの即ち個が出て来ると思う。全心即仏全仏即人である。（書簡二一一九五）

西田は「場所的論理と宗教的世界観」において、絶対と相対とが絶対矛盾的自己同一的関係にある、いいかえれば真の全体的一は真の個物的多において自己自身をもつことを論じた後、「仏教では、金剛経にかかる背理を即非の論理をもって表現している（鈴木大拙）。……私のいう所は、絶対矛盾的自己同一的に絶対弁証法的であるのである。ヘーゲルの弁証法も、尚対象論理的立場[196]を脱していない。……仏教の般若の思想こそ、却って真に絶対弁証法に徹しているということができる」と述べて、自己の絶対矛盾的自己同一の思想と鈴木のいう般若即非の論理とが深く相触れあうものであることを強調している。

逆対応の論理と名号の論理

西田の「絶対矛盾的自己同一の論理」に対応するのが鈴木の「般若即非の論理」であるとすれば、「逆対応の論理」に対応するのが「名号《みょうごう》の論理」であるといえるだろう。西田のいう「逆対応」は、絶対矛盾的自己同一の概念の主として矛盾的・逆説的な側面を表示するものである。それは絶対者と個との間のパラドクシカルな関係[197]をあらわしている。そして、仏教における仏と衆生《しゅじょう》との間のこのような逆説的関係を表示しているのが「名号」の観念である、と考えられる。

名号とは、これを文字どおりにとれば、仏の名のことである。あるいは仏の名を唱えることである。浄土教では、この名号は阿弥陀仏が衆生を救わんとする誓願の名と考えられた。したがって、それは阿弥陀仏からの呼び声であるが、しかし同時にそこには阿弥陀仏の呼び声を聞く衆生があり、この衆生によって名号が唱えられる。この阿弥陀仏からの呼び声と阿弥陀仏への呼びかけとは啐啄同時《そったくどうじ》[198]である。しかも、衆生の呼びかけそのものが阿弥陀仏からのはからいによると考えられている。そこに、浄土教が絶対他力宗といわれるゆえんがある。そして、このような名号の論理が西田の逆対応の論理と符合するところがあるのである。

西田は鈴木の『日本的霊性』を読み、とくに般若即非の論理と名号の観念に啓発された。西田は弟子の務台理作に宛てて、次のように書き送っている。

大拙の名号の論理、あれはとてもよいです。浄土真宗はあれで立てられねばならぬ。あれは即ち私のいう表現するものと表現せらるるものとの矛盾的自己同一の立場から考えられねばならない。そこが天地の根源、宗教の根源です。絶対現在の自己限定の底から仏の名号を聞くのです。（書簡二〇九二）

この書簡にあるように、西田は浄土真宗の名号の思想に強く動かされた。それと同時に、この名号の観念が、自分が日頃説いている「表現するものと表現されるものとの絶対矛盾的自己同一」の思想と符合するところがあると感じたようである。別の書簡では、はっきりと「表現するものと表現されるものとの矛盾的自己同一の論理こそそこから仏の呼び声の出てくる名号為本《いほん》の浄土真宗的論理と存じます」と書いている。しかし、西田は「絶対矛盾的自己同一の論理」がそのまま「名号の論理」であるとは考えていなかったに違いない。たしかに、両者はその根底において一致しているが、しかし「名号の論理」には「絶対矛盾的自己同一の論理」にはない——あったとしても希薄な——要素がふくまれているということを、西田は自覚していたように思われる。そして、それが「あれ［名号の論理——引用者］は即ち私のいう表現するものと表現せられるものとの矛盾的自己同一の立場から考えられねばならない」という当為的表現になってあらわれているように思われる。

では、「絶対矛盾的自己同一」の論理に希薄な要素とはいったい何なのであろうか。一言でいえば、それは絶対者と自己との間の否定的転換という要素である。というのも、絶対矛盾的自己同一の思想は、即非の論理の「即」の面、すなわち自己同一的側面が主となっていて、その「非」の面、すなわち矛盾的側面が希薄である憾みがある。例えば、一即多・多即一という場合、そこでは、個物的多の相互限定が即ち全体的一の自己限定であるというように、個物と一般者の関係の相即的な側面に力点が置かれていて、個物の自己限定の働きが、実は個物自身の力によるものではなく、一般者の自己否定によって支えられているという矛盾的・逆説的な側面が希薄になっている。単に一般者即個物なのではなく、個物は自己否定的に一般者であるのであり、一般者は自己否定的に個物であるのである。そこには、つねに個物と一般者の双方の自己否定的媒介というものがなければならない。しかも、同時に、個物の側から見れば、個物のこの自己否定の働きそのものが、一般者の自己否定の働きによって惹起されているのである。

絶対的一者と個物的多との間の、このようなパラドクシカルな側面は、宗教においてとくに顕著にみとめられる。そして、この点について、西田自身、ある書簡の中で鮮やかに書き記している。「罪悪重々の凡夫《はんぷ》が仏の呼声を聞き信に入る。そこに転換の立場がなければならない。これまで独りで煩悶していたが実は仏のほどころ［ふところ？――引用者］にあった。仏の光の圏内に入って仏に手を引かれていることとなる。そこにどうしても包まれるというとこがなければならない」（書簡二〇七九）、と。しかし、絶対者と個との間のこのような背理的で逆接的な関係を表現するのに、従来の絶対矛盾的自己同一の概念ではどうしても不十分である。そこで、西田はあらたに「逆対応」という言葉を案出した。それは、絶対者と個が相互に自己否定的に逆接していることを表示するものであり、まさしく浄土真宗でいう「名号」の観念と一致するものだった。この点に関して、西田自身、彼の「場所的論理と宗教的世界観」の中で、「絶対者と人間とのどこまでも逆対応的なる関係は、唯、名号的表現によるの外にない」とか、「神と人間との対立は、どこまでも逆対応的であるのである。故に我々の宗教心というのは、我々の自己から起るのではなくして、神又は仏の呼声である。神又は仏の働きである、自己成立の根源からである」（同）といっている。

第22回　逆対応と平常底――晩年の宗教思想

逆対応の概念

西田は昭和二十（一九四五）年二月、「場所的論理と宗教的世界観」（以下、「宗教論」と略記する）という題名の論文を起稿し、二ヵ月後の四月に脱稿した。彼の最後の完成論文であった。この中で、西田はいわゆる「逆対応の論理」と呼ばれる思想を展開している。それは、いわば「絶対矛盾的自己同一の論理」がもっている逆説的・パラドクシカルな側面を先鋭化したものであって、この概念でもってとくに絶対と相対、神と人間との間の宗教的関係が表示されている。したがって、それは西田の最晩年の宗教思想を解きあかすキー・ワードとなるものである。

では、「逆対応」とはいったい何なのであろうか。逆対応とは、絶対と相対、無限と有限、一と多のように、まったく対立するもの、方向を逆にするものが、そのように対立しながら、また方向を逆にしながら、しかも相互に自己否定的に対応しあっているというパラドクシカルな関係を表示する概念である。それはまったくの対極にある二つのものの、一方の側の働きに対して、他方の側の逆の働きが対応しているという逆説的な関係をあらわしている。そして、このような関係は、とくに神と人、仏と衆生との間に顕著に見られるので、それは本質的に宗教的な概念であるといえるだろう。

「対応」というと、すぐ集合論[199]における二つの数的体系の、その要素の間に見られる一対一の対応を考えがちだが、しかし西田がいう対応は、このような数のいわば「並行的」な対応ではなく、「場所的」な対応のことである。場所的な対応とは、場所（全体的一）と個（個物的多）の間の包摂的な関係、つまり相互に包み・包まれる関係をいう。すなわち場所は自分の内に個を包み（映し）、個は場所の内に包まれる（映される）。また、個は自分の内に場所を包み、場所は個の内に包まれる。個が自分の内に場所を包むとか、場所が個の内に包まれるというのは不合理のように思われるかもしれない。しかし、それは場所や個を対象的方向に考えているからである。場所と個を相互に外なるものと考えているからである。つまり主観・客観の対立の図式で考えているからである。西田がここで「包む」といっているのは、モナドの「表象」に似ている。あたかもモナドが宇宙の一構成要素でありながら自己の内に全宇宙を映しているように、個物は場所の内に包まれながら、同時に自己の内に場所を包むのである。個の自己限定は場所自身の自己限定であり、永遠の今の自己限定である。これが場所的対応ということである。

このように逆対応とは、個の働きに対して神や仏の逆方向の働きが対応しているということ、またこの意味で両者は相互に包み・包まれる関係にあるということを表示する概念であるが、しかしこのような宗教的な関係が成立するには、まずもって個の側の自覚――すなわち自己の有限性や限界についての自覚――がなければならない。しかし、それと同時に、そのような自覚は、実は自分の側の働きであるのではなく、神や仏の働きによって支えられている。そのことを自覚するのが真の自覚である。

西田は、彼の「宗教論」の中で、親鸞のいわゆる「悪人正機説」を逆対応の典型として示している。「罪悪深重《ざいあくじんじゅう》、煩悩熾盛《ぼんのうしじょう》」の凡夫であるという衆生の側の自覚と、阿弥陀仏の悪人救済の本願とが逆対応している。自分が罪深い人間であるということを自覚し、阿弥陀仏による救済を信ずる衆生の側の働きと、このような迷える衆生をこそ救おうとする阿弥陀仏の働きとが逆対応しているのである。また、それだからこそ、「善人なおもて往生をとぐ、いわんや悪人をや[200]」といえるのである。

また、西田は大燈国師《だいとうこくし》の「億劫相別、而須臾不離、尽日相対、而刹那不対」(億劫《おっこう》相別れて而《し》かも須臾《しゅゆ》も離れず、尽日相対《じんじつそうたい》して而かも刹那も対せず。億劫年も別れていながら、しばしの間も離れず、また朝から晩まで一日中接していながら、刹那も接していない)という言葉がもっともよく逆対応の論理を説明していると語っているが、それは、いわば絶対に神から離れているとき、逆に絶対に神に接しており、反対に絶対に神に接しているとき、逆に絶対に神から離れているという意味だと理解することができるだろう。それは、絶対に離れていながら少しも離れていず、絶対に接しながら少しも接していないという逆説的な関係をあらわしている。

さらに、西田は「言《ことば》は肉体となりて我らの中に宿りたまえり」という『ヨハネによる福音書』の言葉や、「アダムに死し、キリストに生きる」というパウロの言葉に、彼のいう逆対応を見ている。いずれも相対と絶対、人間と神との間の逆説的な包み・包まれる関係、あるいは映し・映される関係を表示している、と見ることができるであろう。

西田の「宗教論」の特徴は、このように単に仏教だけでなく、キリスト教をも包むような宗教的関係をあらわす概念として「逆対応」という言葉を使用していることである。そこに、仏教とキリスト教を綜合する立場に立ち、そのような綜合的な立場から仏教とキリスト教を位置づけようとする西田の密かな意図を看て取ることができる。彼が、この「宗教論」では、「絶対無の場所」という慣用句をほとんど用いず、あらたに「絶対的一者」という言葉を多用したり、従来なら「絶対無」というところを「絶対者」と表現したりしていること、さらには「終末論的平常底」というキリスト教と禅仏教の用語を結合した、なんとも奇妙な表現を用いたりしているのも、そのような意図のあらわれであると考えることができるであろう。

逆対応の要素

以上が、西田のいう「逆対応」の概念の梗概《こうがい》である。一見すると、西田は彼の「宗教論」

において、逆対応について実にさまざまのことを語っているようにも見えるが、そこには常に次の三つの要素が含まれている。

その第一は、有限な自己（個体）の「こちら側から」の働きに対して、絶対的一者（絶対者）の「あちら側から」の働きが対応しているということである。逆対応とは、このような相対に対する絶対の、逆方向からの対応という意味をもっている。その場合、まず相対の働きがあって、それに対して逆方向からの絶対の働きが対応しているというのではない。相対の働きがあるとき、そこにはすでに絶対の側からの働きがあるのである。否むしろ、相対の働きは絶対の働きによって支えられており、また絶対の働きから出てくるのである。逆対応の概念にこのような要素があることは、例えば「我々の宗教心というのは、我々の自己から起るのではなくして、神または仏の呼声である。神または仏の働きである、自己成立の根源からである」という言葉が示しているといえるだろう。

第二は、有限な自己の高揚や拡大や強化の働きと絶対の側の働きとが対応（正対応）しているのではなく、逆に有限な自己の側の死と否定と放棄の働きと絶対の側の働きとが対応（逆対応）しているということである。自己が否定され、無となればなるほど、われわれはそれだけ神（仏）に近づき、神（仏）に触れるのである。逆対応がこのような逆説的・パラドクシカルな側面をもっていることは、例えば「我々の自己は、どこまでも自己の底に自己を越えたものにおいて自己をもつ、自己否定において自己自身を肯定するのである」という言葉が示している。このように逆対応の概念には自己否定的対応という要素が含まれている。自己を否定することが自己を肯定することであるという逆説が含まれている。

この点は、神（仏）の働きに関しても同様である。例えば、救いをもとめる衆生の側の働きと（衆生を）救おうとする阿弥陀仏の働きは逆対応の関係にあるが、その際、阿弥陀仏はたとえ自分が地獄に落ちてでも衆生を救おうとするのであるから、それは自己自身を否定し、自己を無とする行為である。しかし、それによって阿弥陀仏の誓願が成就するのであるから、その自己否定は同時に自己肯定である。

第三は、有限な自己の自己否定の働きと、絶対的一者の働きが一体不二であるということである。こちら側の働きとあちら側の働きは同一であるということである。たしかに両者はその構造上は区別されるが、内容上は区別されない。そのことは、例えば「我々は自己否定的に、逆対応的に、いつも絶対的一者に接している」という言葉が示している。まったく逆方向の二つの働きが、またまったく逆性質の二つの働きが、実は一体にして不二の働きなのである。このような考えは、例えば「世界が自覚する時、我々の自己が自覚する。我々の自己が自覚する時、世界が自覚する」（「自覚について」）という言葉の中にすでに明瞭に語られている。それだから、逆対応の論理は西田の最晩年に突如としてあらわれた思想ではなく、もともと西田哲学に本質的に具わっていた思想なのである。

以上、「逆対応」の概念がもっている三つの側面をあげた。ここで注意すべきは、それらはそれぞれ独立した契機ではなく、同一内容の三つの要素であるということである。そのいずれかの要素を強調することによって、上記の三つの性格があらわれるが、実際は、それらはそれぞれ異なった性格なのではなく、むしろ同一の性格についての異なった観点からの説明にほかならない。それらは、本来、一体にして不二なるものである。

平常底の概念

ところで、西田の「宗教論」には、この「逆対応」の思想とともに、もう一つ重要な思想が説かれている。それは「平常底《びょうじょうてい》」という思想である。「逆対応」が神と人、仏と衆生との間に典型的に見られるような「宗教的関係」を表示する概念であったとすれば、「平常底」は見性《けんしょう》や回《え》心《しん》の境地に特有な「宗教的立場」を表示する概念である。それは中期西田哲学の「絶対無の自覚」の観念に近いものと考えられる。逆対応が神・仏と人間とのパラドクシカルな関係を、主として神・仏の働きに力点を置いて見たものであるとすれば、平常底は人間の側の宗教的境地や自覚を表現したものといえるだろう。

逆対応と同様、平常底という言葉も耳慣れない言葉であるが、それは禅宗でいう「平《びょう》常心《じょうしん》」に由来していると思われる。実際、西田は平常底を説明する際、南泉(201)の「平常心是道」(平常の心がそのまま悟りである)とか、臨済(202)の「仏法無《む》用功《ゆうこう》処、祇《ただ》是平常無事、屙《あ》屎《し》送尿《そうにょう》、著衣喫飯《じゃくえきっぱん》、困《こん》来即臥」(仏法は何らの効用もない。ただこれ普段のままで少しも変わらない。大小便をし、衣服を着、食事をする。そして、疲れが来れば、すぐ横になる）という言葉を再三引用している。しかし、それは単に脱俗無関心つまり世間の俗気から離れた超世俗的な立場ではなく、むしろ反対にその一歩一歩が自己の真の根底と直接しているような自覚的な立場である。西田自身の言葉でいえば、「我々の自己の奥底に、何処までも自己を越えて、しかも自己がそこからと考えられる」ような根源的な立場である。自己というものの徹底した否定によって自己の底の底に徹した立場である。このような根源的な立場として、平常底は「人格的自己を人格的自己たらしめる立場」であるとか、また「真の自由意志の立場」であるとか、さらには「自己転換の自在的立場」であるとかいわれている。

西田によれば、この平常底において、自己はつねに歴史の始源に触れていると同時に、その終末に触れている。また、そこが自己のアルファであると同時にオメガである。すなわち、そこで歴史の永遠の過去と未来が結合され、また自己の始まりと終わりが結合される。一言でいえば、そこに自己の「絶対現在的意識」があるのである。「我々の自己は、絶対現在の自己限定として、逆対応的にいつも絶対的一者に触れているのである。我々の自己は、一歩一歩終末論的に世界の始めと終わりに繋がっているのである」。それだから、西田は「終末論的平常底」とか、「終末論的なる所、即ち平常底」とか呼んでいる。それはたしかに矛盾的・逆説的な表現であるが、そのことは、平常底の立場がその根底においてつねに自己否定的、矛盾対立的な要素を含んでいることを表現したものと考えられる。

先ほど、平常底は「人格的自己を人格的自己たらしめる立場」であるとか、「絶対自由意志の立場」であるといった。しかし、それはカント的な人格的自由の立場ではなく、むしろその対極にある、臨済の「随処作主、立処皆真」[203]（随処に主と作《な》れば、立処皆真《りっしょみなしん》なり）といわれるような真に自由な立場である。もちろん本能的・衝動的に外から規定されるところに自由はないが、また理性的に内から規定されるところにも真の自由はない。むしろ自己というものを徹底的に否定し尽くして、自己が無となりきり、その究極において自己が絶対現在の自己限定として考えられるところに真の自由があるのである。

もっとも日常的なものがもっとも根源的なものである

ところで、西田が「平常心」といわずに「平常底」というのは、「平常心」というと、何か「平常心」という心があるかのような誤解をあたえて、それが本来もっている無的で無底的な性格をあらわしがたいというところに主たる理由があったと考えられる。この点、平常底という言葉は、いわゆる平常心がもっている無限の深さを表現するのに都合がいい。それは深いといえばどこまでも深く、反対に浅いといえばどこまでも浅い。西田が、一方では平常底と常識とをはっきりと区別すると同時に、他方では「常識の中にまた平常底的立場が含まれている」と主張するゆえんである。そこには、われわれにもっとも近いものが、同時にもっとも遠いものであり、またわれわれにもっとも日常的なものが、同時にもっとも根源的なものであるという独特な考え方が見られる。このような考え方は、すでに最初期の純粋経験の思想に見られたものであった。そこでは、西田は、感覚や知覚のような日常的経験をも純粋経験と呼んでいた。真の純粋経験は主客相没、物我相忘の知的直観の状態をいうのであるが、しかしそれは日常的な経験を離れたものではなく、反対にどこまでも日常的経験の底の底に徹した状態であった。前にも引用したが、西田はある講演のなかで「我々の最も平凡な日常の生活が何であるかを最も深く摑むことによって最も深い哲学が生れる」といっている。

このように西田の実在観の根底には、もっとも根源的なものは日常的なものを超越したところにではなく、逆に日常的なものの無限の奥底にあるという確信が見られる。それは「内在的超越主義[204]」とも呼ぶべき立場であるが、西田自身は、それを表現するのに、再三、「現象即実在論」という言葉を用いている。このような考え方は仏教、とくに禅仏教に特徴的な考え方であった。西田のいう「平常底」も南泉の「平常心」をもとにしたものであることは先に指摘したとおりである。

平常底は、無限の過去と無限の未来が一点に集中するこの絶対現在の自己限定として自己を自覚する立場である。すなわち「永遠の今」である「絶対無」の自己限定として（われわれの自己が）自己自身を自覚する立場である。それは自己の絶対否定による否定的転換の立場であるが、しかもそれは日常性を離れることなく、日常性に徹した立場である。いわばそれは時間的・水平的な面と場所的・垂直的な面との交差点であり、したがってそれは最深にして最浅、最遠にして最近といわれる。平常底は歴史的世界と宗教的世界の交差点であって、最も具体的な世界である。それだから、西田は、「宗教は個人の意識上の事ではない。それは歴史的生命の自覚に他ならない」といい、「歴史的世界は、その根柢において、宗教的であり、また形而上学的である」という。絶対現在の自己限定の世界が歴史的形成の世界であり、同時に宗教的救済の世界である。そして、われわれはこのような世界の創造的要素として、一瞬一瞬に神と逆対応的に接し、終末論的平常底的に世界の射影点となるのである。

西田は彼の「宗教論」を執筆中、鈴木大拙に次のような手紙を書いている。

私は今宗教のことを書いています。大体従来の対象論理の見方では宗教というものは考えられず、私の矛盾的自己同一の論理即ち即非の論理でなければならないということを明らかにしたいと思うのです。私は即非の般若的立場から人《にん》というもの即ち人格を出したいと思うのです。そしてそれを現実の歴史的世界と結合したいと思うのです。（書簡二一四四）

西田の「宗教論」の要点はこの四行の文面に尽きているといえるであろう。ここで、ついでに絶対矛盾的自己同一の論理と逆対応および平常底との関連について触れておけば、絶対矛盾的自己同一の論理が鈴木大拙のいう即非の論理であって、逆対応がその「非」の面をあらわし、また平常底がその「即」の面をあらわしていると解釈される。したがって、逆対応の概念を考察する場合、つねにそれを平常底の概念と一対のものとして考えなければならない。西田は、逆対応という言葉を用いる場合、必ずといっていいほど逆対応的に「接する」とか、「触れる」とかいう表現を用いているが、その「接する」とか「触れる」という言葉に自己同一という意味が含まれているように思われる。というのも、「接する」とか「触れる」という言葉には、対象間の一致や符合が含意されているからである。一方、西田は「終末論的平常底」とか、「終末論的なる所、即ち平常底」とかいう表現を再三、用いているが、この「終末論的」という言葉は、絶対現在において歴史の始めと終わりが結合しているという意味で用いられているので、そこに「絶対矛盾的」という意味あいが含まれているように思われる。

このように見てくると、西田の絶対矛盾的自己同一の論理は、最晩年の「宗教論」において新しい展開が見られ、あらたな立場へと発展したというよりも、むしろそれが絶対矛盾的局面と自己同一的局面の二つの局面に分けられ、その両方向において、それぞれ具体的な展開が見られたと考えるほうが適切だと思われる。いいかえれば、いくぶん公式的で硬直化のきらいがあった絶対矛盾的自己同一の論理に、あらたに逆対応と平常底という具体的な内容が与えられたと考えることができるであろう。

西田の宗教思想の展開

最後に、西田の宗教思想の発展についてごく簡単に概観しておきたい。前にも触れたように、西田哲学は全体としては宗教的色彩の強い、一種の宗教哲学であるといえるが、その中でも西田が特に宗教に関心をもった時期は三度あった。それは初期の『善の研究』(明治四十四年)の時期と、中期の『一般者の自覚的体系』(昭和五年)の時期と、晩年の「場所的論理と宗教的世界観」(昭和二十年)の時期である。そして、この三つの時期のキー・ワードは順に「純粋経験」「絶対無の自覚」「逆対応」であった。「純粋経験」とは、主観と客観、自己と世界の区別を超越した意識の統一的な意識状態のことであり、「主客相没・物我相忘」ないし「天地同根・万物一体」の境地のことであった。また、「絶対無の自覚」とは、絶対無の場所が自分自身を自覚することであるとともに、われわれの自己の根底が絶対無であることを自覚すること、すなわち絶対無の自覚であると同時に絶対無を自覚することであった。そして、最後に、「逆対応」とは、絶対と相対、自己と神・仏のように全くの対極に位置する二つのものの働きが、相互に自己否定的に対応しあっているという宗教的関係をあらわす言葉であった。

この三つの概念には、そこに通底した要素が見られる。それは自己と世界、個と普遍の無差別・平等の思想であり、また自己否定の論理である。これらの思想には主観と客観、内と外、一と多、絶対と相対等、一切の区別を排除しようとする態度が一貫して見られ、またそれを自己の側の徹底した否定をとおして遂行しようとする姿勢が見られる。そして、それがかえって真の自己の会得につながるという信念が見られる。

けれども、これらの要素のあらわれ方にはおのずと違いがある。純粋経験においては、それは宗教的体験の直接的ないしは直覚的な表白という形であらわれていたが、絶対無の自覚においては、それは反省的ないし自覚的な形であらわれている。一言でいえば、それは宗教の即自的（直接的）な段階から対自的（反省的）な段階への進展であるといえるだろう。しかし、「絶対無の自覚」においても、宗教というものが、まだもっぱら自己の側から、いわば自己の否定的自覚として考えられていて、それが同時に神の側から、神の否定的自覚として見られるという面が希薄であった。そこでは、自己の側から見た宗教の論理的構造は明確にされているが、神の側から見た宗教の論理的構造の分析はほとんどなされていない。したがって、絶対無の自覚も「見るものも見られるものもなく色即是空・空即是色の宗教的体験」と規定されるにとどまっている。

ところが、「逆対応」になると、宗教的関係をただ自己の側から見るのでなく、同時に神の側から見ようとする態度が顕著になっている。そして、自己の側の働きそのものが神の側の働きに根拠づけられているということが明確にされている。しかし、同時に、自己の側の宗教的境地は「平常底」の概念によって明確にされている。この意味で、西田の宗教論は、その直接的・即時的な段階から、反省的・対自的な段階をへて、自覚的・綜合的な段階へと弁証法的発展をとげたということができるだろう。

第23回　西田幾多郎から学ぶべきもの(1)

西田幾多郎の性格

西田幾多郎はどちらかというとぶっきらぼうで、あまり人付き合いのいい方ではなかった。学生が訪ねてきても、世間話は苦手で、黙して話さないので、学生の方がいたたまれなくなって辞去することなどたびたびであった、と伝えられている。それでもまた、学生が訪ねていったというのだから、そこには何か人を惹きつけるもの、魅了するものがあったと思われる。また、西田はどんな相手に対しても、臆するところなく、歯に衣を着せず、ずばずばとものをいうタイプの人間であった。これは西田個人の性格というよりも、代々の十村《とむら》であったという彼の出自と関連があるようにも思われるが、とにかくそういう西田の日頃の直截な言動によって、人前で恥をかかされたり、厭な思いをさせられたりした人は少なからずいたはずであるが、彼の弟子たちや近親者の証言によれば、不思議と彼の悪口をいったり陰口をたたいたりする人はいなかったようである。西田には、ただ相手を罵倒したり、叱り飛ばしたりするのではなく、同時に、何か相手を包みこむような温かな人間味があったように思われる。

旧友である鈴木大拙は、西田の人となりに触れて、「西田は若い時から誠実の人であった。最も深い意味での誠実の人であった。彼の一生はこれで尽きているといってよい」(「西田の思い出」)といっている。ここで鈴木が「最も深い意味での誠実さ」といっているのは、おそらく「知的な誠実さ」のことだと理解していいと思われるが、実際、西田はこのような意味での誠実さをもった類まれなる人物であったといっていいだろう。そして、それが、西田が多方面の多くの友人をもち、また多くの人から敬愛された理由であったのではないだろうか。

『西田幾多郎全集』の第十八巻と十九巻には彼の書簡が収録されているが、その数の多さとともにその交際範囲の広さに驚かされる。著名な学者もいれば、一介の学生もおり、市井《しせい》の人もいる。政治家もいれば文化人もおり、軍人もいれば聖職者もいる。しかしながら、一番驚くのはその交友関係の持続性と不変性である。例えば、第四高等学校の生徒時代からの友人、鈴木大拙、山本良吉、藤岡作太郎(東圃《とうほ》)、あるいは第四高等学校教授時代の同僚、田部隆次、堀維孝とは、双方の地位や境遇の変化にもかかわらず、生涯、何ら変わることのない全幅の信頼でもって結ばれている。通常、人はその境遇や環境の変化にともなって、自然と交友関係も変わっていくものだが、西田には全くといっていいほど、そういうところはなかった。彼はつねに同じ態度で相手に接していたようである。私は、この点に西田の包容力と人間的な魅力を感ずる。

第四高等学校の生徒時代の友人鈴木、山本、藤岡の内、山本と藤岡は西田よりも先に亡くなっている。西田は二人を追懐して「山本晃水君の思い出」と「若かりし日の東圃」という小編を書いている。いずれも真の友人でないと書けないような心温まる内容のもので、とくにその当時の山本（金田）家や藤岡家の所在地、周囲の景観、家柄と家族構成はもとより、その家族の一々の名前をはっきりと記憶しているのには驚かされる。この一事をもってしても、彼らの交友はお座なりのものではなかったということがよくわかる。藤岡作太郎はもともと虚弱な体質だったのだが、そのせいか明治四十三（一九一〇）年、三十九歳の若さで亡くなった。西田は幼い遺児たちのために養育基金を集めている。また、生前、この藤岡と西田はともに幼児を失うという共通の経験をしている。藤岡を慰めるとともに、自分自身の悲しみをも伝えたいという気持ちで書かれた小編が『思索と体験』（大正四年）に収められている。愛児を失った親のやるせない気持ちをありのままに綴った珠玉の名編だと思われる。その一部を紹介しておこう。

親の愛は実に純粋である、その間一毫も利害得失の念を挟む余地はない。唯亡児の俤《おもかげ》を思い出づるにつれて、無限に懐かしく、可愛そうで、どうにかして生きていてくれればよかったと思うのみである。若きも老いたるも死ぬるは人生の常である。死んだのは我子ばかりでないと思えば、理においては少しも悲しむべき所はない。しかし人生の常事であっても、悲しいことは悲しい、飢渇は人間の自然であっても、飢渇は飢渇である。人は死んだ者はいかにいっても還らぬから、諦めよ、忘れよという。しかしこれが親にとっては堪えがたき苦痛である。時はすべての傷を癒やすというのは自然の恵《めぐみ》であって、一方より見れば大切なことかも知らぬが、一方より見れば人間の不人情である。何とかして忘れたくない、何か記念を残してやりたい、せめて我一生だけは思い出してやりたいというのが親の誠である。

（『国文学史講話』の序）

日頃、西田の抽象的で晦渋な文章に読みなれた者から見れば、同じ人間が書いた文章とはとても思えないような繊細で情愛に満ちた文章である。西田はその生涯に八人の子供をもうけたが、その内の五人に先立たれている。そのつど、彼は同じ思いを経験したのであろうか。

ところで、上に引用した文章の少し後のところで、次のような文章が綴られている。きわめて暗示的で、西田の思想を理解する手がかりにもなると思われるので引用しておこう。

とにかく余は今度我子の果敢《はか》なき死ということによりて、多大の教訓を得た。名利を思うて煩悶絶間なき心の上に、一杓の冷水を浴びせかけられたような心持がして、一種の涼味を感ずるとともに、心の奥より秋の日のような清く温き光が照して、凡ての人の上に純潔なる愛を感ずることができた。特に深く我心を動かしたのは、今まで愛らしく話したり、歌ったり、遊んだりしていた者が、忽《たちま》ち消えて壺中の白骨となるというのは、如何なる訳であろうか。もし人生はこれまでのものであるというならば、人生ほどつまらぬものはない、此処《ここ》には深き意味がなくてはならぬ、人間の霊的生命はかくも無意義のものではない。死の問題を解決するというのが人生の一大事である、死の事実の前には生は泡沫の如くである、死の問題を解決し得て、始めて真に生の意義を悟ることができる。（同書）

この文章が書かれたのは、ちょうど西田が『善の研究』の原稿を書いている頃であった。この小編を書いた翌月には「知と愛」が書かれ、翌年には第一編の「純粋経験」の部分と、第四編の「宗教」の残りの部分が書かれている。愛児を亡くすという西田の経験は『善の研究』にどのように反映しているのであろうか。その点を追跡してみるのは非常に興味深いことであるが、今回のテーマからは少しく逸脱するので、この辺で止めておきたい。

朝永三十郎宛の書簡

話を元に戻して、現在、残されている書簡をもとにして、西田の人間的魅力を再構成してみよう。次にかかげるのは大正三年（一九一四年、四十四歳）頃、京都大学の同僚である朝《とも》永三十郎《ながさんじゅうろう》に宛てた書簡である。

御手紙拝見仕り候。波多野君が後を受くるを難ずるであろうといったのは決して貴兄の意志に混濁あるという疑いをもったのではない。その点は数年御親交を得たる余の十二分に諒解して居るところである。此の点についてはどうか御安意を願いたい。私は寧《むし》ろ貴兄の心事を諒とし深く之に同情し得ると思う。唯後を受けるものの身から見れば人が栄転するとか、其人が去らねばならない明白の理由のある場合とか、特に好んで去るとかいう場合の外はかかる場合に処して心苦しいという感の起るものではないかと思う。貴兄は最後の場合だと云われるかも知らぬが特に貴兄の為人《ひととなり》を知るものの外は今の場合そう見られ得るかどうかと思う。しかしこれはさほど重要の点ではない。とにかく貴兄の意志を誤解しているということは小生において毫末もない。唯一所にいて助けてやろうといわれるよりはお前らが居るを幸いに出て行くといわれるのは情けないように思う。貴兄がここに居らるることが有害ということなら致し方ないが、私は何人もそうは思うまいと思う。私は貴兄を überschätzen〔過大評価すること――引用者〕もないが……unterschätzen〔過小評価すること――引用者〕もない。前の手紙に申上げ候如く貴兄を Kolleg〔同僚――引用者〕より失うということはどうしても損失と考える。また文科の Staff〔同僚――引用者〕もそう考えていると思われる（勿論かかる理由を以て何処まで人の自由を束縛すべきかは問題なるが）。「対世間」ということはあまり重きを置くべきことでもないかも知らぬが君が今高等学校に行くということは君の心事を知り居る少数の外は世間が「何事でもない」とは思うまいという意味にすぎぬ。相談相手というものは考え様によっていくらもできるかも知らぬ。しかし人情はさほど単純なものとは思われない。余の妻よりよき妻は多かるべく、余の友よりよき友は多かるべし。しかし余の妻は余の妻にして余の友は余の友なり。（書簡二五八）

この書簡は少し説明が必要である。この頃、京都大学の哲学科の宗教学担当の教授に、当時、早稲田で教鞭を取っていた波多野精一を迎えようとする動きがあり、波多野に打診したところ、自分の専門は宗教学ではなく、哲学史であるからお引き受けできないという返事があったようである。実際は、波多野は哲学史を担当させてもらえないのなら京都へは行かないといったのではなく、自分は長い間、早稲田で哲学史を講じてきた、しかるに、今度、自分が早稲田を辞めて京都大学で宗教学を講ずるということになると、ただ私学をすてて官学に乗り換えるということになり、それでは長い間早稲田から受けた恩義に背くことになって申し訳が立たない、ということだったようである。つまり早稲田に義理を感じていた波多野は、京都へ行くのを断るのに、宗教学は自分の専門ではないということを表向きの理由としたのである。

しかし、波多野の真意を知らない朝永は、自分が京都大学で哲学史を担当していることが障害になって波多野を迎えられないというのであれば、自分はどこか地方の高等学校にでも転じようと決意し、その意中を同僚の西田に伝えたものと思われる。この手紙はそれに対する返事である。同僚である朝永を慰留するため、自分の心情を切々と吐露した文面で、人情の機微に触れた素晴らしい内容の手紙であるといっていい。お座なりの慰留の手紙なら誰にも書けるが、このような相手の心の琴線に触れるような、情理を尽くした手紙はなかなか書けるものではない。この手紙のように、何の私心もなく衷心から慰留されれば、誰だって思いとどまるであろう。自分は決して君を過大評価しているわけでも過小評価しているわけでもない。ただ、自分は同僚として君を失いたくない。ただそれだけなのだ。「余の妻よりよき妻は多かるべく、余の友よりよき友は多かるべし。しかし余の妻は余の妻にして余の友は余の友なり」。手紙の最後にあるこの言葉は、相手にもっとも訴えかける力をもったものといえるだろう。おそらく世間には自分の妻よりも良い妻はいるだろう、また自分の友よりも良い友はいるだろう。しかし、自分の妻は自分の妻であり、自分の友は自分の友だ。他のものとは比較できない絶対的価値をもったものなのだ、と西田はいっているのである。まさに、ここのところに、西田の交友関係の基本があったように思われる。そこには、およそ打算というようなものは微塵もなく、あるのは利害得失を超えた、ある意味では善悪さえも超えた、全人格的な触れ合いであるといっていいだろう。人間というものは、ともすれば相手にもとめること多く、自分からあたえることの少ないものだが、西田の人との接し方は違っていたようである（蛇足であるが、この手紙を書いた前日にも、西田は朝永に宛てて、この手紙の二倍以上の長さの、慰留の手紙を出している。その知的な誠実さには感嘆せざるをえない）。

先ほどの波多野の話に戻るが、この話はこの時は不首尾に終わったようであるが、その後、早稲田で内紛があり、波多野は早稲田に居づらくなった関係で、京都大学に宗教学講座担当の教授として赴任してくる。早稲田に恩義があるということで、担当講座を名目にして京都行きを断った波多野も偉ければ、波多野に道を譲るために自分は高等学校に転じようとした朝永も偉いけれども、何ら私心のない真の友情から、自分の心情を吐露して朝永を慰留した西田も偉いといわざるをえない。このような手紙は誰でも書けるというような性質のものではないであろう。

田辺元の採用人事に関する逸話

京都大学に在職中、西田は波多野精一を初めとして、田辺元、和辻哲郎、九鬼周造等の有為の人材を集め、いわゆる京都学派の基礎を築いた。それは西田の人を見る目の確かさを示しているが、同時に採用人事における西田の私心のなさを示している。採用人事に関してありがちな、党派性とか、損得勘定とかいったものはまったく見られない。ただ、優れた能力のあるものを採用するという唯一の正当な動機によって動いている。また、その際、利害関係のある各方面に対しては、礼節を尽くした行き届いた配慮を怠っていない。例えば、田辺元を東北大学から京都大学に招く際、東北大学や、田辺の出身校である東京大学に、事前に、田辺を採用する意志がないかどうか、京都に招いても異論はないかどうかを予め打診してから、田辺の採用人事を進めている。

この点に関して、波多野精一の田辺元宛の書簡が残っているので、紹介しておこう。

桑木君［桑木厳翼。当時の東大哲学科の主任教授——引用者］が貴兄のことを知れるは、西田君より若し東京にて田辺君を取る意あらば取ってくれても差支なしという交渉をなされおる為に候。……とにかく桑木君より東京にては取りたいが取らぬことに定めたその答えを得て西田君は最後の一歩に向かわれしにて候。而して西田君は教授会にて決定し後も、貴兄に対してあくまで束縛を加うまじとの態度を持せられ候事は度々申上げ候通りに候。……西田君がいかに貴兄に対して念には念を入れられしか丈にても思い見られよ。これを桑木君などの態度と比較して見られよ。小生はこの西田君の思いやりあり遠慮深き、用意周到なる、しかも公のために一点の私心も挟まざる、一旦心を定めたる以上は飽くまで真直に進む、この熱心とこの純なる心事とを思う時は感激せざるを得ざるを感じ候。仙台大学［東北大学——引用者］が、申し出る機会はいくらもありながら、やっと今になって引留を計らんとする如きとは、其情味において果して同日に論じ得べく候や。

西田自身は、この田辺の採用人事に関して、大正七年七月から大正八年六月までに二十通近くの書簡を田辺に書いているが、それは誠に行き届いた内容のものであった。田辺が本当に京都に来る意志があるか否かの確認からはじまり、採用の条件（とくに現在の哲学科のスタッフの関係で、田辺には助教授で赴任してもらうが、教授昇格の時期を確約できないこと）、講義科目や内容についての打ち合わせ、俸給等について、実にこまごまとした文面の書簡を送っている。例えば、俸給に関しては東北大学よりも下がることのないよう学長に直談判までしている。大哲学者がそんなことまで、と思わず苦笑したくなるような光景であるが、そこには苦労人西田の一面があらわれているといえるだろう。しかし、同時に、ある書簡のなかに「目下当地出身者の中においてすぐ助教授として推薦し得るもの無之《これなく》と存じ候。出身とか何かということも人情として一応考えねばならぬこととなるが小生は常に京都大学は京都の大学にあらずして日本の京都大学なることを考えていたいと存じ居り候」とあるように、真に公正で私心のない態度はどの書簡にも一貫して見られる。こうして一年余にわたる周到な事前の運動の後、田辺の京都行きが確定した。

このような一点の私心もない、情味にあふれた、用意周到なる行為は和辻哲郎を採用するときにも、また三木清を法政大学に転出させるときにも見られた。そこに、誰に対しても変わることのない一貫した西田の誠実な態度を見ることができる。しかし、それは当の西田にとってはごく自然な行為であったように思われる。そこには、とかくありがちな恩に着せるような態度は微塵も見られない。例えば、三木清は彼の法政大学への就職の際、陰で西田が深く関与していたということを全く知らなかったのではないだろうか。しかし、その一々については時間の関係で割愛せざるをえない。

次男外彦宛の書簡

最後に、西田が次男外彦に書いた手紙を紹介しておこう。それは大正十一年（五十三歳）に、当時、第三高等学校を卒業し、大学の進路を理科にするか文科にするか迷っていた息子に当てた二通の書簡である。非常に長文のもので、しかも同じ日に書かれている。文面は、大学の理科に進む予定であった外彦が、（おそらく思春期によくある人生に対する懐疑が原因で）急に文科に入りたいといいだしたことに対して、それを思いとどまるよう説諭したものである。理科と文科の学問の性格、理科の重要性の話から始まり、現在の西田家がどういう困難な状態にあるか、その窮状を包みかくさず告白した後、息子の外彦に人生に対する真剣な態度と人間としての自覚をもとめる内容のもので、父親の心情を余すことなく、隠すことなく、率直に吐露したものである。四百字詰め原稿用紙に換算して十枚にもおよぶものであり、われわれはこの長さに圧倒される。しかも、西田は、一度手紙を書いて、それで書き足りないと思ったのであろう。同じ日にもう一通書いている。とにかく人生に真面目に取り組んでもらいたいという一心から出た行為だと思われる。その一節を紹介しておこう。

何か一つの真面目な目的に向って真摯に努力奮進せず唯あれもこれも少しずつかじり廻し浅薄な文学などにふけっているという如き気分から心の淋しみが出てくるのである。真に真面目な仕事に努力奮進すれば自ずからそういう事はなくなる。人は真摯に努力すべき目的なきより淋しいものはない。　（書簡三一六）

この文章のすぐ後に、西田はわざわざ赤鉛筆で「此手紙は他日きっと分ると思う」と記しているが、けだし至言だと思う。また、この書簡は、「貴き人生は真面目の努力の中にある。香水臭い青白い文学的気分の如きものにあるのではない」という言葉で結ばれている。なかなかの名文句であるが、その表現の美しさ以上に、親の子に対する期待と愛情がひしひしと伝わってくる言葉である。おそらく外彦も父親の真意を感得したのであろう。それで、この書簡を、長い間、大切に保管していたのだと思われる。

この手紙を書いた大正十一年といえば、西田が「自覚」の立場に立って、後に『芸術と道徳』（大正十二年）にまとめられる諸論文を書いていた頃であった。当時、ようやく哲学者としての名声も高まり、西田は瞬時を惜しんで自分の哲学体系の構築に勤《いそ》しんでいたので、傍目《はため》から見ても、このような雑事に精神を労したり時間を費やしたりするのは、余分な負担以外の何ものでもなかったように思われる。しかし、西田の行動と反応は、まったくわれわれの予想とは異なったものであったようである。

このように他人のために貴重な時間を惜しみなく割くという西田の性格は、例えば田辺元に宛てた書簡に典型的に見られる。周知のように、田辺は、最初、西田の思想の後継者と見られていたが、後に西田から離れ、自己自身の哲学の構築を企図し、また自らの哲学的立場から西田哲学を批判するようになって、両者の関係は次第に険悪になっていった。しかし、田辺は二百通以上にものぼる（田辺宛の）西田の書簡を大切に保存してくれていて、今日では、それが西田哲学研究の貴重な資料となっている。それらの書簡の多くは、田辺が東北大学にいた時期に西田が出したものであるが、その内、大正三年から大正六年までの四年間の書簡は四十通以上にのぼっている。そして、それらのほとんどは田辺からの質問に対する西田の返事である。西田の思想や立場についての質問もあれば、当時の西洋哲学の動向や個々の思想家の思想についての質問もあり、また禅や宗教についての質問もあって、多種多様である。おそらく、田辺は、遠くにあって直接に西田の口から教われないことを、書簡をとおして質問したのだと思われるが、感心するのは、西田がそれらの質問の一つ一つに実に懇切丁寧に答えていることである。長い手紙は、四百字詰め原稿用紙に換算して平均五、六枚、中には十枚前後のものも何通か見られる。内容が内容だけに、そのような手紙を書くのに相当の時間を費やしたと思われるが、西田はそれをあまり気にかけなかったように見える。そのことは、当時の西田の書簡にぞんざいなものは一つもないところからも窺われる。通常の人間であれば、最初の一、二通は丁寧な返事を出しても、それ以後は次第に面倒になったり、億劫《おっくう》になったりで、いいかげんな返事を出しがちであるが、西田の書簡にはそんな様子は微塵も見られない。どの手紙も、実に丁寧で誠実さにあふれたものである。ただただ驚嘆するほかはない。

このように西田の人に対する態度は、相手が友人であれ、弟子であれ、未知の人であれ、肉親であれ、まったく変わらなかった。一言でいえば、それは私心のない情愛深いものであったといえる。鈴木大拙のいう「知的な誠実さ」である。そして、それが、実に多くの、またきわめて長い交友関係が保たれるゆえんであったのではないだろうか。われわれはそこに深く学ぶべきものがあるように思われる。

第24回　西田幾多郎から学ぶべきもの(2)

脇道を歩んだ哲学者

今日、西田哲学に対する毀誉褒貶はあっても、西田幾多郎は近代日本が生んだ代表的な哲学者であるということに対して異論を唱えるものはいないであろう。その思想的立場やイデオロギーは異なっていても、西田哲学が仏教的伝統を背景にもった独創的な哲学であるということ、あるいはとくに日本的仏教的な物の考え方や感じ方の良質な哲学的論理化の試みであるということ、またそのような試みのなかに東西文化の総合のための真に建設的な方向づけが含まれているということは誰しもみとめるところであろう。今日では、世界哲学史において西田が占める位置は確固たるものになってきているし、その評価は今後ますます高くなっていくだろうと思われる。その点は、まず間違いのないところであろう。

しかし、西田の個人的な経歴を見てみると、彼はけっして学問の本道を歩んだ人ではなかった。むしろ生涯にわたって脇道を歩みつづけた人であった。前にも触れたように、西田は高校を中途で退学した。そのため、彼は大学の本科生になることができず、選科生として惨めな境遇に置かれた。大学を卒業後も、十五年もの間、地方の中学や高校の語学教師をつとめていた。四十を過ぎて大学教授のポストを得たが、主として家庭の事情から、ついに西欧への留学を果たすことはできなかった。彼は生涯、日本の地を一歩も離れることはなかった。西田が、当時のいわゆるエリート・コースから外れていたことは明らかである。

また、西田は、個人的な経歴においてばかりでなく、その学問的スタイルにおいても、いわゆる学問の本道を歩んだ人ではなかった。当時は、学問というのは西洋の学問のことであり、また学問するというのは西洋の学問を紹介し解説すること、あるいは翻訳し批評することであった。したがって、大学者というのは、できるだけ広汎な西洋の知識を身につけた人のことであり、またそれらを要領よく解説することのできる人のことであった。現在においても、こうした傾向は少なからず残っているといえるであろう。

しかし、この基準からすれば、西田はとても大学者とは呼べない。厳密な意味では、西田には他人の思想について論じた本格的な論文は一つもない。わずかに『思索と体験』（大正三年）や『続思索と体験』（昭和十二年）の中に、西洋の思想家の思想をあつかったいくつかの小編があるが、いずれも手習いか研究ノートないしはエッセイの類のものである。そのほとんどは出版社のもとめに応じて書かれたものにほかならない。元来、西田はひたすら自分の哲学の構築に専念しようとする「哲学」者であって、他人の思想を研究する「哲学」学者ではなかった。たしかに彼は大変な読書家であったが、もっぱら彼は書物を、他人の思想を研究するためというよりも、自分の思想を展開するための「触媒」として読んだように見える。西田自身、「私の読書というのは覗いてみるということかもしれない。そういう意味では、かなり多くの書物を覗いてみた、また今でも覗くといってよいかもしれない。本当に読んだという書物はごく僅かなものであろう」(「読書」)、といっている。西田の読書は、その思想家の考え方の骨格をつかめば、それで事足りるといった読み方で、したがって彼は、たとえどんな大哲学者のものであっても『全集』の類を一切もたなかったようである。西田はひたすら自分の哲学や論理の構築に没頭した。したがって、他人の思想の研究は彼にとっては副次的な事柄にすぎなかった。しかし、それは日本の学界にあってはまったくの脇道を歩むことを意味していたのである。学問の本道は原書を正確に読み、できるだけ多くの文献を繙くことであった。この辺の事情は今日も当時とあまり変わっていない。

強靱な意志と求道心

西田幾多郎という人物の経歴を辿ってみて、われわれがもっとも強い印象をうけるのは、おそらくその意志の強靱さだろうと思われる。そして、この意志の強さは同時に熱烈な求道心と結びついている。それは現代人がとっくに失ってしまったものであった。

西田の参禅は二十六、七歳くらいからのことであるが、彼がもっとも禅修行に打ち込んだのは山口高等学校教授時代(明治三十年九月～明治三十二年七月)のことであった。したがって、西田の二十代最後の二年間ということになる。それは、この時期が西田にとって参禅を始めて間もない頃であったということと、家族から離れて山口に単身で赴任していたという事情が関係していると思われるが、その修行ぶりは猛烈とか壮絶とかいう言葉でしか表現できないような徹底したものであった。例えば、明治三十一年一月の日記には、年末から妙心寺の虎関禅師に参禅して一月十一日の始業式に間に合わず、校長の北条時敬から叱責されたという記事が記されている。事のよしあしは別として、公務を怠るほど禅に没頭したということであろう。また、同月の『日記』の後半には、

十六日　夜打坐少々、八時半眠りにつく。
十七日　夜は十二時まで打坐。
十八日　八時より十二時まで打坐。
十九日　九時より打坐、十二時眠りにつく。
二十日　八時より打坐、十二時まで。
二十一日　八時半より打坐、十一時半、入湯。
二十三日　夜稲葉君来訪。それより少しく打坐、十二時過ぎ眠りにつく。
二十五日　夜三部二年三名来る。十二時まで打坐。
二十六日　七時より打坐、一時眠りにつく。
二十七日　夜は七時より十二時半まで打坐。
三十日　八時より十二時まで打坐。

三十一日　午後打坐少時、……八時より打坐、十一時まで。

と記されている。ほとんど連日、しかも長時間にわたる猛烈な修行ぶりである。当然のことながら、午前と午後は高校の授業があったと思われるので、このような公務以外の自由な時間のほとんどを、ひたすら打坐に費やしたということになる。実際、「午前より［夜――引用者］十二時に至るまで人と談話の外は打坐」とか、「学校の外は夜十二時まで打坐」というた類の記載が散見される。そして、多少の強弱はあっても、このような只管打坐の生活が十余年にもわたって続けられている。とても常人のおよぶところでない。その真摯な求道心に感嘆すると同時に、その強靱な意志力に吃驚せざるをえない。この間、帰省時には必ず京都の妙心寺に寄って参禅し、また明治三十二年七月、第四高等学校に戻ってからは、毎年、年末から年始にかけて雪門禅師の洗心庵に籠って修行を続けている。この間、西田は元日を自宅で迎えたことはなかった。

さて、このような只管打坐の生活は明治三十六年八月、大徳寺の広州禅師の下で「無字」の公案を透過したのを境に、徐々に思索三昧の生活へと切り替えられていった。参禅から学問へと次第に関心は移っていった。しかし、生ないし人生にたいする西田の基本的態度は少しも変わっていない。ただ、これまでの禅の「体験」から禅の「思索」へと関心が少しずつ移行していっただけである。また、それとともに、強靱な意志力が強靱な思索力に変わり、そのあくなき求道心は根源的実在の探求すなわち己事究明《こじ》へと転換されていっただけである。孔子のいう「一以貫之」[205]（一を以て之を貫く）は西田哲学に一貫した性格であった。
先にも述べたように、西田哲学は終始、根本的実在、自己の根源を探求しつづけている。西田の言葉を借りれば、「すべてがそこからそこへ」という立場の把握である。明治三十年（二十七歳）の日記帳表紙の裏にラテン語で「non multa sed multum」（広からねど深く）という言葉がかかげられているが、この言葉は西田哲学の一貫した精神であった。そして、この根源的実在の探求が最初期の「純粋経験」から純粋経験の「自覚」へ、また純粋経験の自覚から自覚の成立根拠である「場所」（絶対無の場所）へ、さらには絶対無の場所からその自覚的限定の諸相としての「弁証法的世界」へと不断に掘りさげられていったにすぎない。彼は不器用なほどに徹底して、この唯一実在を探求していった。西田は、彼の最終的立場に到達した『哲学論文集　第三』の「序」を、次のような言葉で締めくくっている。

私は種々の問題に触れて論じたが、中心問題は一つであったということができる。私は私の立場から色々具体的な特殊的問題を論じて見たいと思う。しかし詩人が人生古来稀といった齢に達した私には、もはやこれが生涯の問題であったというの外なかろう。私は誰も私の如き問題を問題とすべきだとはいわない。しかし問題の対象を新たにすることとは、直ちに思想を新たにすることではない。また問題が具体的だということは、直ちに思想が具体的だということにはならない。私は今日の如き歴史的時代において、特に他に対して我々の祖先以来の文化が顧みられなければならない時代において、私は最も根本的な物の見方考え方に返って考えてみる必要があると思うのである。

（『哲学論文集　第三』序）

鈴木大拙も、「西田の思い出」の中で、西田は「物に凝るというよりも、問題をその究極のところまで追求しなければ止まぬという知的努力の持主であった」と追懐し、また「どこまでもその底に徹しなければ已まぬというのが西田の性格であった」といっている。強靱な意志力によって貫かれた十余年にもわたる只管打坐の禅体験と、どこまでもその底の底に徹しようとする知的な徹底性が西田の哲学のスタイルを決定しているといえるであろう。そして、それが彼の哲学をとっつきにくく、繰り返しの多い、きわめて晦渋なものにしている。しかし、このような妥協を知らない飽くなき徹底性によって、はじめて日本哲学の可能性の道が開かれたということを、われわれは深く肝に銘じなければならない。どこまでも根源的な実在を、あるいは「そこからそこへ」という立場を探究していこうとする知的徹底性が、やがて西洋的な「有」の思想とは異なった東洋的な「無」の思想の発見へと西田を導いていったのである。二十世紀初頭における西洋の流行思想の一つであった「純粋経験」の概念を不断に掘りさげていくことによって、西田はやがてフィヒテ的な「自覚」の概念に到達し、またこの自覚をさらにその根源へと溯っていくことによって、自覚の極限であり「自覚の自覚」ともいうべき「絶対自由意志」の概念に到達し、さらにその「絶対自由意志」の成立根拠を追究していく過程で、アリストテレス的な「個体」（ヒポケイメノン）ないし主語の論理の対極にある「絶対無の場所」ないし「述語の論理」に到達した。そして、この時点で、西田は自分の哲学の東洋的ないし日本的性格をはっきりと意識するようになった。この点について、西田自身、次のようにいっている。

形相を有となし形成を善となす泰西文化の絢爛たる発展には、尚ぶべきもの、学ぶべきものの許多なるはいうまでもないが、幾千年来我らの祖先を孚《はぐく》み来った東洋文化の根柢には、形なきものの形を見、声なきものの声を聞くといったようなものが潜んでいるのではなかろうか。我々の心はかくのごときものを求めてやまない、私はかかる要求に哲学的根拠を与えてみたいと思うのである。（『働くものから見るものへ』序）

この場所の論理を最初に展開した『働くものから見るものへ』が出版されたのは昭和二年十月のことであり、翌三年の八月に西田は京都大学を停年退職している。したがって、場所の論理の展開は彼の停年退職（戸籍の関係で五十八歳）以後ということになる。それから十七年近く、西田はこの場所の論理の発展と完成に心血を注いだ。現在刊行されている『西田幾多郎全集』（全十九巻）の内、主要な著作が収録されているのは第十一巻までで、その内、彼の停年以前に刊行されたものは第四巻までであるから、西田は彼の停年以後の十七年間に、それまでのおよそ二倍もの著作をものしたことになる。その旺盛な創作意欲には驚くばかりであるが、しかし場所の論理を最初に提示した論文が「場所」（昭和元年六月）であり、またその完成を示す論文が「絶対矛盾的自己同一」（昭和十四年三月）だとすると、西田は場所の論理の完成におよそ十五年もの年月を費やしたということになる。その思索の持続性と徹底性には驚かざるをえない。停年退職後、彼は一つの鉱床を倦まず弛まず掘りつづけていったのである。

その後、西田はこの場所の論理から種々の特殊的問題を論じているが、どのような問題を論ずる場合も、まず自分の根本的立場を明らかにし、そこから特殊的な問題を論ずるという態度を崩していない。はたして、それが読者にとって良いか悪いかは別問題であるが、それが西田の一貫した哲学のスタイルであった。彼の著作がいつも「堂々めぐり」をしているという印象をあたえるのはこのためである。しかし、彼は頑固なまでにこのスタイルを貫き通した。こうして、西田は晩年の六年間、絶対矛盾的自己同一の立場から種々の特殊的問題を論じているが、彼の絶筆となった論文のタイトルは「私の論理について」（昭和二十年）であった。したがって、西田はその最晩年に、ふたたびもとのテーマに戻っていることがわかる。このように不器用と見えるほどに、一つの根源的な問題に没頭し、不断にそれを掘りさげ深化していく徹底性に、大いに学ぶべきものがあるように思われる。

日本哲学の可能性の道を拓く

以上が、われわれが西田幾多郎の哲学的態度ないしスタイルから学ぶべきものであるが、それに付随するいくつかの要素をあげておきたい。

その第一は、このような西田の哲学的態度によって、真に根源的な日本哲学の可能性の道が開かれたことである。「根源的実在は何か」という唯一の問題を、何十年もの間、忍耐強くまた徹底して掘りさげていくことによって、やがて西田は東洋と西洋の物の見方・考え方の違いを見いだし、また数々の試行錯誤を繰り返しながら、東洋的ないし日本的な考え方、というよりも感じ方を普遍化し、それに論理を付与する試みを続けた。こうして西田は「絶対有」の形而上学に対する「絶対無」の形而上学を、また「物」の論理に対する「心」の論理を、さらには「過程的」弁証法に対する「場所的」弁証法を提示した。さらには、「矛盾」の概念、「直観」の概念、「時間」や「歴史」の観念についても、従来の西洋のそれとは異なった見方や考え方を提示している。無論、西田の考え方はすべて正しいとか、完全であるとかいうわけではない。そこには、多くの問題点や欠陥があることもたしかである。しかし、西田は日本哲学の可能性とその方向性をわれわれに示していることは疑いえない。それが唯一の可能な道であり、また唯一の方向であるということはできないであろうが、将来の日本哲学のあり方を考えるとき、確固とした一つの標識をあたえてくれている、とはいえるだろう。

その第二は、西田哲学とくにその文化論は東西の思想の綜合の可能性と、その方向性をあたえてくれている。西田以前にも、東西の文化や思想を綜合しようとする試みはあったが、それらの多くは、「東洋道徳、西洋芸術」（佐久間象山）とか、「器械芸術取於彼、仁義忠孝存於我」（橋本左内）とかいったような、いわゆる和魂洋才の精神にもとづいた折衷主義であった。それは東洋的なものと西洋的なものを足して二で割ったり、その長所を採って短所を捨てるといったような安直なものであった。このような折衷主義は井上哲次郎や井上円了の著作にも見られる。そこには、真の意味での学問的精神はなかったといわなければならない。これに対して、西田は安易な妥協を排して、一度、両者の共通の根源へと回帰し、彼のいう「そこからそこへ」という立場から、東西の思想や文化に新しい光を照射することによって、各々の思想や文化の新しい展開を促す必要性を力説した。西田が採った方法は、東洋文化と西洋文化をそのいずれかに糾合することでも、また混合することでもなく、その共通の根源へと還帰することであり、またその根源からの照射によって、両文化のより個性的な展開を促すことであった。つまり西田は、これからの文化のあり方は、西洋文化と東洋文化の融合や綜合にあるのではなく、むしろ西洋文化はより西洋的になり、東洋文化はより東洋的になるべきである、しかしそのためには、一度、両文化の共通の根源へ戻って、そこから出直して見るべきだ、というのである。少しく人の意表をつくような主張であるが、そこには、とらわれない真の学問的精神があるといえるであろう。私はこのような比較文化論から多くの学ぶべきものがあるように思う。

また、これと連関して、西田が、敗戦を前にして東洋文化に対する自信と、その将来に対する楽観的な見通しを述べていることは注目すべきである。前にも触れたように、西田は今次の大戦をとおして、一貫して、日本の勝利に対しては悲観的な考えをもっていた。それは開戦時、日本が破竹の勢いで勝ち進んでいた時もそうであった。しかし、同時に、文化的には日本ないし東洋は西洋にけっして劣らないという自信と確信をもっていた。そして、西田がもっとも恐れたのは、敗戦によって日本人が政治的・軍事的自信だけでなく、この文化的な自信をも喪失してしまうのではないかということであった。西田は、彼の死の二ヵ月前、弟子の高坂正顕に宛てて次のように書いている。

……しかし道義文化(206)に基礎を置かずして永遠の国家発展はあり得ないと思うのです。一時の時勢のために迷わされてかかる根本的思想を誤ってはならないと思います。表面は武力によってと思われても古来唯武力のみにて起った国はないのです。必ずやその根柢にはいつも道義と文化があったのです。唯武力のみに自信をもつ国は一旦武力的に不利ならば国民は全く国民的自信を失って失望落胆いかなる状態に陥るか実に寒心の至りに堪えないのです。これに反し高い立場をどこまでも失うことさいなければ一時は万一国家不運の時あるも必ず再起大いに発展の時が来ると思います。道義文化の立場において真に東洋に大なる使命をもっているのではないですか。本当の日本はこれからと存じます。しかるに今日少しでもこういう所に着眼する人のないのは悲しむべきことです。

（書簡二一七三）

しかし、このような西田の真意はなかなか理解されなかった。実際、西田の思想そのものが生前に正当に理解されたとはとてもいえない。彼は絶筆となった「私の論理について」の中で、次のように語っている。

私の論理というのは学界からは理解せられない、否《いな》未だ一顧も与えられないといってよいのである。批評はないではない。しかしそれは異なった立場から私のいう所を曲解して、これを対象としての批評にすぎない。私の立場から私のいう所を理解しての批評ではない。異なった立場からの無理解なる批評は、真の批評とはいわれない。私は先ず私の立場から私のいう所を理解せられることを求めるのである。

このように西田は彼の死の一ヵ月前に、なお学界の無理解を慨嘆している。彼はけっして安らかに死んでいったのではない。日本の将来を深く憂えながら、また自分の哲学の未完と無理解を嘆き、いわばもがき苦しみながら死んでいったのである。そして、彼が亡くなってから早半世紀もの年月が経過した。しかし、事態は少しも変わってはいない。なるほど表面的には、西田哲学はあちこちで話題になり、また多くの読者を勝ちえているが、しかし依然として無理解のままに放擲《ほうてき》されている。いまだに西田哲学を特定の党派的立場から批評しようとする傾向が強く、それを真剣に学問の対象としてあつかおうとする態度が希薄である。そろそろ過去の忌まわしい記憶や偏見やイデオロギーから解放して、西田哲学を一つの哲学として正当に理解し、それを哲学史の中に位置づけ、またその積極的な部分を継承し発展させるよう努力すべき時ではないだろうか。歴史はわれわれに、そのような知的誠実さをもとめているように思われる。

第25回　西田哲学と地球環境の問題

地球環境問題と倫理学

今日、地球環境の問題が最重要課題の一つとして声高に叫ばれている。地球環境を問題にするということは地球環境の破壊や悪化という現象を問題にするということであり、またそのような好ましからざる現象から地球環境を保存したり保全するための政策や方策を問うということである。したがって、それは基本的には政治や経済の問題であるが、しかし同時にそれは倫理の問題と密接に連関している。すなわち地球環境の問題は政治倫理の問題でもあり、経済倫理ないしは企業倫理の問題でもある。

ところで、後で触れるように、地球環境の保全や保存の問題はけっして科学的技術のみによって解決されるようなものではない。それは、環境に対するわれわれの態度や考え方あるいは価値観の根本的な変革によって、はじめて真の解決を期待しうるような性格のものである。そして、その際、注意すべきは、ここでは従来の倫理観や価値観はまったく役に立たないということである。この意味で、今日の地球環境の問題は新しい倫理を要求しているといえるであろう。

もともと倫理や道徳は「応報主義」の原理にもとづいている。ここで応報主義というのは、人はその行為の善悪に応じて賞罰を受けとるという考え方のことであって、一般には「目には目を、歯には歯を」とか、「善因善果、悪因悪果」とかいった常套句でもって表現される。それは、いわば自然界を支配している自然法則のように、道徳界を律している道徳法則ともいうべきものである。因果応報の原理は一切の倫理学の基盤であって、この原理を否定すれば、およそ倫理や道徳というものは成立しえない。善いことをすれば必ず報われ、悪いことをすれば必ず罰せられるという前提においてのみ、倫理や道徳は成り立ちうるのである。たとえ現実には、この原理が必ずしも実現されているわけではないとしても、だからといってその意義や価値を否定することはできない。それはいつでも、またどこでも、一切の規範的法則や当為の意識の成立根拠であった。それで、従来の倫理は例外なく応報主義の基礎の上に築かれてきた。

ところで、地球環境の問題を考えるとき、われわれはこのような応報主義の原理を従来の形のままでは採用することのできないような種々の局面に出会う。例えば、スウェーデンやノルウェーなどの北欧諸国が被った酸性雨による森林や湖沼の被害は、その発生源が主としてドイツや英国の工場で排出される硫黄酸化物や窒素酸化物であると推定されている。また、ツバル、バヌアツ共和国、モルディヴ共和国等、南洋に点在するいくつかの島嶼国家は、先進国を中心とした二酸化炭素（CO_2）の排出量の増大による地球の温暖化によって、海水面が上昇し、水没の危機にさらされている。さらには、一見、環境汚染とは無縁とも思われる北極圏のホッキョクグマやアザラシの体内から有毒化学物質PCB（ポリ塩化ビフェニール）が検出され、またそれが原因と思われる生体異常が報告されている。

これらの事象はいずれも従来の因果応報の観念をもってしては適切に説明することができない。たしかに何かの悪因があって、その結果として悪果が生じているという意味での因果応報の原理そのものは有効である。酸性雨にしても、地球温暖化にしても、動物の生体異常にしても、起こるべくして起こったのであり、その禍悪は因果応報としかいいようがない。しかし、それはもはや従来のような個人的レベルないしは地域的範囲における因果応報ではない。むしろ個人的レベルや地域的範囲をはるかに超えた全体的レベルないしは地球的規模における因果応報である。

従来の因果応報の観念は、個人や地域や民族が、その行為の善悪に応じて受けとる賞罰という観念であった。しかし、このような因果応報の観念は、もはや地球環境の問題においては有効でない。この領域においては、個人や地域や民族の行為が、ただ単にその個人や地域や民族にばかりでなく、すべての人間や国家や地球全体に影響をおよぼしているのである。また、この意味で、個人の行為はただ自分自身に対してだけでなく、世界全体に対しても責任を負っているのである。個人の行為が世界に影響をおよぼし、世界の環境悪化はすべての個人に悪影響をもたらしている。西田のいうように、一即多・多即一である。ここでは、個人と全体、国家と世界を切り離して考えることはできない。「地球全体主義」（ホーリズム）ということが叫ばれるのも、このような理由によるのである。よく「宇宙船地球号」といわれるように、地球は「限りある球体」であり、「閉じた体系」である。したがって、それはただ循環と再生によってのみ存続できる。一歩その操縦を誤れば、宇宙船地球号は資源の枯渇と環境の汚染によって必然的に破滅するであろう。しかも、それは地球の一部の破滅ではなく、全体の破滅である。地球はいわば運命共同体である。

この意味で、人類はかつて経験したことのない新しい状況下にあるといっていい。それは従来の価値観や倫理観ではけっして統御することのできないような未曾有の状況である。われわれはこの点をはっきりと自覚すべきであり、またそのような自覚の上に「新しい倫理」を緊急に構築する必要がある。そして、この「新しい倫理」の構築に際して、西田哲学が大いに寄与することができる、と私は確信している。地球環境の問題は単に法の整備や制度の変革によって解決することは不可能である。そこに、環境や世界に対するわれわれの意識や態度の変革がともなわなければならない。しかも、それは強制されたものではなく、自発的なものでなければならない。そして、この点で、われわれは西田の「自覚」の哲学から、また「行為的直観」の思想から大いに学ぶべきものがあると思われる。

A・レオポルドと環境倫理学

アメリカでは一九七〇年代に入ってから、また日本では一九八〇年代の後半から「環境倫理学」と呼ばれる新しい学問領域が開かれた。環境倫理学とは、一言でいえば、地球環境に対して人間のとるべき態度や関わり方を問うもので、無論、それは地球環境の急激な悪化や汚染という由々しき事態と密接に関連している。この「環境倫理学」の父と呼ばれているのはA・レオポルドという人物で、この人は長い間、アリゾナ州の森林監督官をしていた人であるが、その経験から「土地倫理」(land ethic)を提唱した。これが環境倫理学の幕開けを告げる記念碑的著作になったのである。「土地倫理」はレオポルドの死後に刊行された*A Sand County Almanac*『砂の国の暦』(日本語訳の題名は『野生のうたが聞こえる』新島義昭訳、講談社学術文庫)に収録されている論文であるが、この小論の中でレオポルドは「土地倫理」についておよそ次のようにいっている。

> これまでの倫理則はすべて、ただひとつの前提条件の上に成り立っていた。つまり、個人とは、相互に依存しあう諸部分から成る共同体の一員であるということである。個人は、本能の働きにより、その共同体のなかで自分の場を確保しようとして他人と競争をする。だが同時に、倫理感も働いて、他人との協同にも努めるのである(それとて、競争の場を見つけるためなのかもしれない)。
> 土地倫理《ランド・エシック》とは、要するに、この共同体という概念の枠を、土壌、水、植物、動物、つ

まりはこれらを総称した「土地」にまで拡大した場合の倫理をさす。

（『野生のうたが聞こえる』）

したがって、ここでいう土地倫理は環境倫理のことであるといっていい。従来、人間は土地すなわち環境を共同体とは見なしてこなかった。人間の歴史は土地の収奪の歴史であり、征服の歴史であった。人間は土地を自己中心的な経済的利益という動機にもとづいて利用し搾取しつづけてきた。レオポルドはこのような環境に対する人間のエゴイスティックな態度を非とし、またもっぱら経済的利益の追求に動機づけられた人間の自己本位で近視眼的な行為が、結果として、生態系のリズムを崩し、ひいては人間自身に多大の損害をもたらす例を、自分の苦い経験をとおして語っている。

若い森林監督官であったレオポルドは、アリゾナ州の山奥で、偶然、オオカミの親子を目撃する。そして、オオカミを殺すことがシカを保護することだと信じて疑わなかった彼は、何の躊躇もなく自分のライフル銃に弾丸をこめて発砲する。母オオカミが倒れ、子供が一頭、足を引きずりながら、越えられるはずもない岩場のほうへと逃げていった。そのときの様子をレオポルドは次のように回想している。

母オオカミのそばに近寄ってみると、凶暴な緑色の炎が、両の目からちょうど消えかけたところだった。そのときにぼくが悟り、以後ずっと忘れられないことがある。それは、あの目のなかには、ぼくにはまったく新しいもの、あのオオカミと山にしか分からないものが宿っているということだ。当時ぼくは若くて、やたらと引き金を引きたくて、うずうずしていた。オオカミの数が減ればそれだけシカの数が増えるはずだから、オオカミが全滅すればそれこそハンターの天国になるぞ、と思っていた。しかし、あの緑色の炎が消えたのを見て以来ぼくは、こんな考え方にはオオカミも山も賛成しないことを悟った。（同書）

その後、オオカミの根絶を図る州の数が増えていったが、しかし実際に、オオカミのいなくなった山はどうなったであろうか。たしかに捕食者がいなくなって、シカの数は一時的に激増し、山には無数のシカの足跡が迷路のように誕生した。しかし、それとともに、食べやすい低木や若芽がシカによって残すところなくかじり取られていき、しだいに干からび、やがて枯死していった。その結果、食糧を失って餓死するシカの数が増え、山に住むシカの総数が激減していった。シカの数を増やそうとして、天敵のオオカミを殺すことによって、かえってシカの数が減ってしまったのである。これは、土地の構成要素であるオオカミという種を根絶することによって、生態系のリズムを崩し、すべての他の構成要素に甚大な被害をもたらした典型的な事例である。山の各々の成員は種々の仕方で相互に依存しあい共生しあっている。オオカミは、適度にシカを間引くことによって、山という生態系のリズムを保持することに貢献している。「過度の安全確保は、長い目で見ると、危険しか招かないように思える」とレオポルドは語っている。このことを山自身はとっくに知っているのに、人間にはまったく理解されていない。山を見る人間の目はあまりにも近視眼的であり、人間は山についてあまりにも無知である。「山の身になって考える」(thinking like a mountain) というレオポルドの言葉は、このような彼自身の苦い体験と深い反省の底から生じてきたものである。

こうしてレオポルドは彼の「土地倫理」における倫理的価値判断の基準を次のように定めている。

物事は、生物共同体の全体性、安定性、美観を保つものであれば妥当だし、そうでない場合は間違っている。（同書）

このように土地倫理は、従来の自己本位で実利主義的な土地利用のあり方に反省を迫り、土地そのものを一つの共同体として、また人間をその単なる一構成員として位置づけ、たとえそれが経済的に利益があろうとなかろうと、土地という共同体の全体の統合と安定と美の保持を最優先させようとする倫理である。

物となって見、物となって行う

結局、レオポルドの主張は、地球環境の問題を考える場合、われわれはそれを自己の側から、人間的関心に即して考えるのではなく、反対に生態系全体、すなわち彼のいう「土地」全体から考えていかなければならないということであり、人間というものを生態系の支配者としてではなく、その単なる一構成員として位置づけなければならないということだと思われる。そのような態度をレオポルドは、主として生態学的な見地から、「山の身になって考える」という言葉で表現したが、明らかに、それは、先に述べた、西田の「行為的直観」の思想における「物となって見、物となって行う」という精神と符合している（第14回参照）。

西田とレオポルドの思想の一致は次の三点にまとめることができるであろう。

まず第一に、それは環境に対する人間の自己中心的な、あるいは利己主義的な態度を否定している。レオポルドは土地を単に経済的利益という観点から支配や搾取の対象として見ることを批判し、土地に対して愛情と尊敬をもつべきだと主張した。人間は、各自、土地という共同体の一員だという自覚をもつべきだというのである。西田自身は、特別に環境倫理について語ったことはないが、前にも触れたように、彼は環境と主体的自己との間の相即的ないし相補的関係を強調している。主体的自己は環境によって作られたものでありながら、同時にその環境を作っていく。同じく環境は主体的自己によって作られたものでありながら、同時にその主体的自己を作っていく。こうして世界は「作られたものから作るものへ」と歴史的に自己自身を形成していく。このように西田哲学においては、環境と自己との間の相互の矛盾性や対立性よりも、むしろ両者の相即性や相補性の方に力点が置かれている。

しかし、第二に、そのような主張は人間の側における一種の心の変革をもとめている。それは環境に対する人間の意識の変革の要求である。そのためレオポルドは土地（環境）に対する人間の愛情と尊敬をもとめた。倫理の領域を従来の人間と人間あるいは人間と社会の関係から、さらに人間と土地との関係にまで拡大して、土地をもっぱら利用の対象として見るのではなく、愛情の対象として見ることをもとめた。これに対して、西田は、（欲望やエゴの主体としての）自己を徹底的に否定して、自己が物になりきることを説いた。物の中に入っていって、物の中から物を見ることを説いた。自己の側から物を見るのではなく、逆に物の側から自己を見ることを説いた。したがって、「山の身になって考える」という言葉も、「物となって見、物となって行う」という言葉も、主観主義的で自己中心的な自己（エゴ）の否定という点では一致している。

第三に、このような人間中心的な見方の否定は一種の全体主義的な立場の主張と一対になっているという点でも一致している。レオポルドの立場は明らかに生態系中心主義的な立場であって、それは彼の価値判断「物事は、生物共同体の全体性、安定性、美観を保つものであれば妥当だし、そうでない場合は間違っている」という命題に端的に表現されている。

彼の主張が全体論（ホーリズム）だといわれ、「環境ファシズム」と批判されるのも、彼の土地倫理がこのような生態系中心主義の立場に立っているからである。西田も、自分の哲学を「弁証法的世界」の立場とか、「世界の自覚」の立場であるとかいっている。前にも触れたように、彼の哲学は自己の側から世界を見るのではなく、逆に世界の側から自己を見ようとする立場であり、自己を創造的世界の創造的要素と考える立場であるから、一種の普遍主義ないし全体主義ともいえる。

しかし、西田哲学では、この世界の根源を絶対無と考えているので、その全体主義は同時に個物主義でもある。西田哲学はいわゆる自己というものが消えたところから世界を見ようとする哲学である、といっていいであろう。そこでは、自己が物を照らすのではなく、かえって自己が物によって照らされるのである。しかし、自己というものがなくなるということは、自己に対立する世界というものもなくなるということであるから、かえって世界が自己となるということである。したがって、その全体主義は同時に絶対的個物主義でもある。一切が自己となるということである。ここに、レオポルドと西田の考えの根本的な差異があるといえるだろう。

レオポルドは従来の人間中心主義的な物の見方を否定して生態系中心主義的な物の見方を主張する。それは土地や環境に対する従来の物の見方の変革、意識の変革を説くものであるが、その立っている立場は一種の全体主義的立場である。明らかに、そこには、土地（環境）と自己、生態系と人間という二元的対立が残っている。そして、そのような二元的対立において、土地（環境）や生態系が優先され、自己や個人は後回しにされる。したがって、それは全体主義であるとか、個人の自由や自発性を束縛するものである、という批判が生ずる。しかし、西田哲学のように、いわゆる自己というものがなくなった立場は、逆にいえば、一切のものが自己であるという立場でもあるので、そこには環境と自己、世界と人間という対立は消滅している。したがって、その全体主義は同時に徹底した個体主義であり、そこには、真の意味で、個人の自由と創造性がある。それが西田のいう「自覚」の哲学であり、「行為的直観」の思想である。レオポルドの「土地」倫理は、さらにここまで深められる必要があるように、私には思われる。

従来、西田哲学は意識的自己の立場を排し、行為的自己の立場に立って世界の歴史的形成を説くにもかかわらず、なおその思想が観想的であるということが指摘され、批判されてきた。たしかに現実の世界が「永遠の今」の自己限定であり、歴史の一瞬一瞬が永遠なものに触れているというような思想や、芸術的制作（ポイエシス）をモデルにした実践概念が、現実を変革する革命的実践の概念とは異質な観想的・心境的な性格をもっていることは否定できないように思われる。これまでの西田哲学に対する批判には、種々の誤解や曲解もあったことは事実だが、もともと西田哲学は本質的に宗教的な自覚の上に構築された哲学であり、したがってその観想的・心境的性格はこのような制約から必然的に生じてくる性格だと考えることもできる。それで、西田哲学をそのままの形で、社会や制度を変革する武器として使用するには少々難しい点があると思われるが、しかし地球環境の問題を考える場合、西田哲学はきわめて有力な思想であると思われる。なぜなら、この問題は社会や制度の変革をもとめているのではなく、まさしくわれわれの意識の変革をもとめているからである。

今日の地球環境の問題は、単なる組織の改革や制度の変革によっては解決されない。この問題は環境や世界や物の世界に対するわれわれの態度の根本的な変革をもとめているのである。人間中心主義的な物の考え方そのものの変革をもとめているのである。また、人類の存亡は、われわれが、環境に対するわれわれの意識を変革できるか否かにかかっている、といっても過言ではない。そして、われわれが地球環境の問題と真剣に取り組む際、西田幾多郎の「自覚」の哲学が、またその「行為的直観」の思想が有力な手がかりをあたえてくれていることは疑問の余地はない。私は、ここに、西田哲学のもっとも重要な現代的意義があるように思う。

前にも触れたように、西田哲学は大乗仏教思想の哲学的論理化の試みとして、またその点で、仏教ルネサンスの火付け役として位置づけることができる。実際、世界は西田哲学によって、また西田哲学をとおして、はじめて西洋的「有」の思想に対峙する東洋的「無」の思想を知った。そうして、かつてギリシア思想[207]とヘブライ思想[208]の出会いによって、今日の西洋文化が形成されてきたように、西洋文化と東洋文化の出会い、有の思想と無の思想の出会いによって、真の世界文化というものが形成される方途が開かれた。西田哲学はまさしくその嚆矢ともいうべきものであり、その意義は、今後、ますます大きくなっていくであろう。これは純粋に哲学の領域における西田哲学の意義であるが、それとともにその応用領域においては、今日のもっとも重要な地球環境の問題の解決に関して、西田の「自覚」の哲学と「行為的直観」の思想がもっている意義はきわめて大きい、と私は考えている。世界の自覚が自己の自覚であり、自己の自覚が世界の自覚であるような境位において、あるいは徹底して「物となって見、物となって行う」ような精神によって、はじめて地球環境の問題は真に解決されるのではないだろうか。

補注

（1）　鈴木貞太郎　明治三（一八七〇）―昭和四十一（一九六六）。仏教哲学者。金沢出身。鎌倉円覚寺に参禅、大拙の道号を受けた。明治三十年渡米し、イリノイ州の出版社オープン・コートに勤務。四十二年に帰国して東京帝国大学、学習院、大谷大学などで教鞭をとる。

（2）　山本良吉　明治四（一八七一）―昭和十七（一九四二）。倫理学者・教育家。学習院教授、武蔵高等学校教授、校長を歴任。著書に『倫理学史』などがある。

（3）　藤岡作太郎　明治三（一八七〇）―四十三（一九一〇）。国文学者。金沢市出身。明治三十三年に東京帝国大学助教授に就任。文学史の研究を主軸として国学・美術・評論・風俗など広く文化史の諸領域にわたって考察を深めた。

（4）　無字の公案　禅宗の有名な公案で、『無門関』第一則「趙州無字」に由来する。ある僧が「犬にも仏性があるか」と尋ねたのに対して、趙州《じょうしゅう》和尚（七七八―八九七）が「無」と答えた。その「無」が何を意味しているのかを問うものである。

（5）　朝永三十郎　明治四（一八七一）―昭和二十六（一九五一）。日本における本格的西洋近世哲学史の開拓者。ノーベル物理学賞を受賞した朝永振一郎は実息。

（6）　藤井健治郎　明治五（一八七二）―昭和六（一九三一）。倫理学者。早大教授をへて京大教授となり倫理学を担当、後に社会学をも分担。実証的ないし社会学的倫理学を研究。主著に『主観道徳学要旨』『国民道徳論』など。

（7）　深田康算　明治十一（一八七八）―昭和三（一九二八）。ドイツ・フランスに留学。日本における西洋美学研究の基礎を築いた。

（8）　狩野直喜　明治一（一八六八）―昭和二十二（一九四七）。中国哲学史と中国文学を担当。ヨーロッパの中国研究を紹介した最初の人であり、元曲の研究や敦煌文書の研究でも開拓者的存在であった。

（9）天野貞祐　明治十七（一八八四）―昭和五十五（一九八〇）。学習院、京都帝国大学で教鞭をとる。戦後は文部大臣、中央教育審議会会長、獨協大学学長などを歴任。

（10）波多野精一　明治十（一八七七）―昭和二十五（一九五〇）。東京専門学校（のちの早稲田大学）、東京帝国大学講師をへて京都帝国大学教授に。宗教学講座のキリスト教学担当として宗教哲学の歴史的かつ体系的な構築に挑んだ。

（11）田辺元　明治十八（一八八五）―昭和三十七（一九六二）。京都帝国大学哲学科教授として西田幾多郎とともに日本の哲学に一時期を築く。はじめ新カント学派の哲学を、その後ドイツ観念論を研究。マルクス主義が思想界に強い影響を与えるようになると、観念弁証法と唯物弁証法をともに超える「絶対弁証法」を主張した。

（12）和辻哲郎　明治二十二（一八八九）―昭和三十五（一九六〇）。谷崎潤一郎らとともに文学活動に従事。耽美的な作品を得意とする。のち学界に入り、京都帝国大学文学部教授、東京帝国大学文学部教授を歴任。『古寺巡礼』『風土』が代表作。

（13）九鬼周造　明治二十一（一八八八）―昭和十六（一九四一）。九鬼男爵家に生まれる。東京帝国大学哲学科卒業後、ヨーロッパに留学。帰国後は京都帝国大学哲学科で教鞭をとる。ハイデッガーの現象学的方法を日本文化の解釈に用いるなど日本の哲学に新生面を開いた。

（14）務台理作　明治二十三（一八九〇）―昭和四十九（一九七四）。ドイツの哲学者フッサールについて現象学を学び、現象学の方法とヘーゲルの歴史哲学を結びつけようと図った。戦後、日本哲学会会長をつとめる。

（15）只管打坐　ただひたすらに坐禅すること、全身心をあげて坐りぬくこと。

（16）霊性的自覚　鈴木大拙が用いた言葉で、知的・理性的な自覚に対して、それを超越するような、あるいはその根底にあるような宗教的・霊的な自覚をいう。宗教的意識という言葉を用いることもある。

（17）高坂正顕　明治三十二（一九〇〇）―昭和四十四（一九六九）。京都学派の代表的人物。太平洋戦争中に京都大学人文科学研究所所長の職にあって、戦争遂行を正当化する意味をもった歴史哲学を展開。戦後、一時期公職から追放された。

（18）色即是空・空即是色　色《しき》は物質的存在の総称。すべて存在するものは独立に存在しているのではなく、種々の諸条件によって存在する。したがって、ものはそれ自体が実体として存在するものではなく（色即是空）、諸条件に支えられているから存在する（空即是色）という思想。

（19）出隆　明治二十五（一八九二）―昭和五十五（一九八〇）。日本におけるアリストテレス哲学研究の第一人者。ヨーロッパの複数の大学で学ぶ。太平洋戦争中は自由主義的立場を貫く。昭和二十三年に日本共産党に入党。日本哲学会会長をつとめる。

（20）金子武蔵　明治三十八（一九〇五）―昭和六十二（一九八七）。ヘーゲルの『精神現象学』を日本ではじめて完訳。ヘーゲル研究の水準を高めるのに貢献。太平洋戦争後はハイデッガー、ヤスパースの実存哲学の研究に没頭する。

（21）岩波茂雄　明治十四（一八八一）―昭和二十一（一九四六）。岩波書店の創業者。大正二年、東京神田に古書店を開業。夏目漱石の知遇をうけ、翌年『こころ』を出版したのをきっかけに本格的に出版業に転じた。

（22）三木清　明治三十（一八九七）―昭和二十（一九四五）。京都大学哲学科で学んだのちヨーロッパに留学。リッケルトやハイデッガーに学ぶかたわら、マルクス主義の影響を強く受ける。帰国後、やつぎばやにマルクス主義研究の論文を発表。

（23）戸坂潤　明治三十三（一九〇〇）―昭和二十（一九四五）。数理哲学や空間論など自然科学の基礎を専門にしていたが、やがて三木清の影響でマルクス主義に転じた。哲学を「思想の科学」としてとらえ、それを社会に対する科学的「批評」として働かせる「クリティシズム」確立を目ざした。

(24) 二・二六事件　昭和十一年二月二十六日に起こった皇道派青年将校によるクーデター。高橋是清蔵相をはじめとする政府要人を多数殺傷。麹町一帯を占拠するも、わずか数日で鎮圧された。

(25) 国家総動員法　戦争遂行のため政府に広範な権限を与えることを規定した法律。憲法違反の疑いありとして抵抗する議会に、政府と軍部がさまざまな圧力をかけて成立させた。

(26) 治安維持法　思想・結社の自由を厳しく規制し、取り締まりを目的とした法。大正十四年に最初の法が成立。その後、昭和三年、十六年に改正され、取り締まりはますます厳しくなっていった。

(27) 教学刷新評議会　左翼学生に対する思想対策に始まり、国民の教育、学術および文化の全体を国体の本義にもとづいて統制する目的をもって、昭和十年十一月に設置された評議会。

(28) 国体明徴運動　美濃部達吉の天皇機関説をきっかけに軍部や右翼団体が起こした思想運動。個人主義、自由主義をも反国体的なものとして否定しようとするもので、これ以降、全体主義的傾向が強まり、言論統制も強化された。

(29) 近衛文麿　明治二十四（一八九一）―昭和二十（一九四五）。五摂家の筆頭の家柄で三度首相になる。天皇に近く、各方面に顔がきき、清新さと知性をあわせもつ人物として、早くから嘱望されていた。

(30) 国策研究会　陸軍統制派の将校と密接な関係にあった矢次一夫が陸軍省から国策立案を依頼されたのを機に、昭和九年に設立した民間の国策研究機関。二・二六事件以降急速に成長。会員には官僚・財界人・政党人・学者が多く、中堅層から閣僚級に至る当時のトップ・エリートを多数含んでいた。

(31) 自力的・禅宗的宗教と他力的・浄土系的宗教　自力とは、自分に備わった能力をいい、他力とは、仏や菩薩などの働きをいう。禅宗は坐禅を組むことによって自力で悟りを開こうとするのに対して、浄土系の宗教は阿弥陀仏にすがって往生をとげようとする。

(32) 悪人正機　親鸞の教えの根幹をなすもの。善人は自力で悟りを開こうとするから仏に全面的に頼る心が薄い。だが悪人は自分の力では悟りえず、仏の救済力に頼る以外に道はないので、この者こそ阿弥陀仏の救いの対象となるという意味。

(33) **分別**　仏教では、例えば生死即涅槃、煩悩即菩提といって、迷いの生死（煩悩）と悟りの涅槃（菩提）とを分けない。悟りの境地から見れば、迷える衆生の生死（煩悩）の世界を離れて永遠なる安らぎ（涅槃）の世界はなく、また永遠なる安らぎを離れた生死もないと説く。

(34) **二元論**　根本的な実在を相対立する二つのものとして説く立場。近代イギリスの東洋学者ハイドが善の原理と悪の原理とが永久に対立するという古代イランの宗教体系をこの言葉でいいあらわしたことに始まる。

(35) **デカルト**　一五九六―一六五〇。フランスの哲学者・科学者。中世スコラ哲学を超越した新たな方法・体系を樹立したことから「近代哲学の父」と呼ばれている。解析幾何学を発見するなど数学においても画期的業績を残している。

(36) **カント**　一七二四―一八〇四。ドイツの哲学者。西欧近代哲学を代表する人物。ニュートンの物理学、ヒュームの形而上学批判、ルソーの啓蒙思想の影響を強く受け、独断論的主知主義を脱却して合理論と経験論を綜合した批判哲学を樹立。

(37) **認識理論**　認識の起源や構造を探究する哲学理論。デカルトやカントは、認識作用を、認識するもの（主観）と認識されるもの（客観）との関係として考えた。したがって、認識とは、主観の外に主観に対してあるもの、すなわち対象（客観）についての知であることになる。西田はこのような認識を対象認識と呼び、またそのような認識理論を対象の論理と呼んでいる。

(38) **梵我一如**　宇宙の根本原理である梵（ブラフマン）と個人の本体である我（アートマン）が同一不二であるという教え。

(39) **当為**　事実として「あるもの」や必然的に「あらざるをえないもの」に対して、「あるべきもの」や「なすべきもの」のこと。

(40) プラトン　紀元前四二七―三四七頃。古代ギリシアの大哲学者。ソクラテスから受けた決定的な影響のもとに哲学を一つの学問として大成。イデア論を根本とする理想主義哲学を説いた。

(41) アウグスティヌス　三五四―四三〇。古代キリスト教界を代表する教父・哲学者。北アフリカのヌミディア出身。青年時代は奔放な生活を送り、マニ教、新プラトン主義などを遍歴。ミラノでアンブロシウス司教の説教を聞いて以降、カトリック信仰一筋の生涯を送った。

(42) 地上の国と神の国　地上の国とは終末へと向かっている現実の世界。神の国とは永遠不変な理想的世界。

(43) 自然的世界と叡智的世界　自然的世界とは文字どおり自然的・感覚的世界のことであり、叡智的世界とは超感覚的・道徳的世界。

(44) 煩悩　サンスクリット語の「クレーシャ」に由来。原意は「汚れた心」「苦しむ心」をあらわす。一般に人びとを悩まし害し誤謬に導く不善の心をこう呼んでいる。仏教の経論にはさまざまな種類の煩悩があげられている。

(45) 涅槃　サンスクリット語の「ニルバーナ（吹き消された）」に由来。元来は生命の火が吹き消された状態、すなわち死を意味した。のちに悟りに入ることをも意味するようになる。

(46) 穢土　この世、現世のこと。煩悩にとらわれ迷いから抜けられない衆生が住む穢れの多い世界をさす。

(47) 浄土　清浄な国土という意味。菩提として衆生を救済せんという誓願を立てて悟りに達した仏が住む世界をあらわす。

(48) 一切唯心造　いっさいのものはわれわれの心や意識の反映であるという考え。例えば、穢土と浄土は異なった二つの世界ではなく、まったく同一の世界なのであるが、その同一の世界が、煩悩にまみれた人には穢土の世界と映り、涅槃の境地に達した人には浄土の世界と映るということ。

(49) 不可知論　一般に、われわれの経験を超えたものは認識できないとする立場。

(50) 実践理性の優位　理性をその働きによって理論理性と実践理性に分け、実践理性は理論理性が解決できない問題に対して実践的観点から解決をあたえることができるという理由で、理論理性に対して優位を占めていると主張する考え。

(51) 三昧　梵語 samādhi の音訳。定《じょう》、等持《とうじ》などと訳す。心が乱されたり散らされたりすることなく、一つの対象に集中し、統一しているような状態。

(52) 善のイデア　プラトンの考える根本的実在。イデアとは、ものの本質、原型、模範、理想等、種々の意味をもっているが、プラトンはそれを感覚的世界を超越して存在する実在と考えた。善のイデアはイデアのイデア、すなわち最高のイデアである。

(53) プロティノス　二〇五―二七〇頃。古代ギリシア哲学の末期を飾る、新プラトン主義を代表する哲学者。彼の思想はアウグスティヌスらを通じてキリスト教神学と結びつき、ヨーロッパ精神史のなかに多大の影響を及ぼしたとされている。

(54) 一者　原語 to hen プロティノスの考える根源的実在。すべてのものはこの一者から出て一者に帰ると考えられた。

(55) 泰西　広く西洋をさした言葉。

(56) 対象界と意識界　ここでは、対象界とは、自己の外に自己に対して立っている世界のことであり、意識界とは、自己が意識し経験する世界のことである。したがって、対象界は意識界のなかに包まれる。

(57) 外延と内包　論理学の用語。外延とは概念の適用される範囲のことをいい、内包とは概念がもっている性質のことをいう。

(58) 自己同一　西田が好んで用いる用語。同一性というくらいの意味。したがって、ここでは、世界は自分のなかに矛盾を含みながら同時に（世界としての）同一性を保持しているという意味になる。

(59) ヘーゲル　一七七〇―一八三一。近代ドイツ最大の哲学者。ドイツ観念論を集大成した人物ともいわれている。神学校に学んだが、自由主義的な神学観を抱き聖職に就くことを断念。哲学者として生涯を終える。

(60) 般若即非の論理　鈴木大拙は『金剛経』第十三節にある「仏説般若波羅蜜、即非般若波羅蜜、是名般若波羅蜜」「如来説世界、即非世界、是名世界」「所言一切法者、即非一切法、是名一切法」等、「仏説〇〇、即非〇〇、是名〇〇」という定式であらわされているものの見方や考え方を「般若即非の論理」と呼んだ。

(61) 雪舟　応永二十七（一四二〇）―永正三（一五〇六）。室町時代の画僧。日本中世における水墨画の大成者。雪の純浄と舟の自在を求めるということから雪舟と号した。

(62) 至誠　まこと・まごころともいう。通常、対人関係における言行や心意の真実なあり方をいうが、西田はそれを世界や宇宙に対する人間の真実なあり方にまで広げた意味で用いている。

(63) 回心　キリスト教では「かいしん」と読み、仏教では「えしん」と読む。一般に、過去の罪深い生活を悔い改めて神や仏に帰依すること、あるいはそのような宗教的体験をいう。

(64) 衆生　サンスクリット語の「サットバ」に由来。「存在するもの」「心識をもつもの」を意味する。仏教では救済の対象となる一切の人間、生命あるものすべてを指している。

(65) 西周　文政十二（一八二九）―明治三十（一八九七）。明治前半期の啓蒙思想家。島根県出身。江戸に出て洋学と英語を学んだのち、幕府派遣留学生としてオランダに留学。コントの実証主義やミルの功利主義、カントの永久平和の思想に触れる。

(66) 津田真道　文政十二（一八二九）―明治三十六（一九〇三）。明治前半期の啓蒙思想家。岡山県出身。江戸に出て蘭学・兵学を学ぶ。西周らとともにオランダに留学。法学・経済学を修めた。

(67) 格物　物の理をきわめること。『大学』のいわゆる八条目（格物・致知・誠意・正心・修身・斉家・

治国・平天下）の一つ。
(68) 舎密　オランダ語 chemie の音訳。江戸後期から明治初期にかけて用いられた「化学」の呼称。
(69) 宋学　宋代におこった学問文化の総称。宋代には魏晋以来の門閥貴族が没落して、新たに新興商工業者を出身母体とする士大夫が台頭してきたことから、学問文化にも大きな変化がおこった。
(70) 性理の学　理学ともいう。儒教の形而上学。形而下の気（自然現象）をあつかう学問に対して形而上の理（宇宙の根本原理、道理）をあつかう学問。
(71) 佐久間象山　文化八（一八一一）―元治一（一八六四）。幕末の思想家。長野県出身。下級武士の家に生まれ朱子学を信奉。江川太郎左衛門から西洋砲術を学び、やがてみずから西洋砲術の塾を開く。勝海舟、坂本竜馬、吉田松陰らを育てた。
(72) 橋本左内　天保五（一八三四）―安政六（一八五九）。幕末の志士。福井藩士。緒方洪庵に学び蘭学・西洋医術を習得。のち江戸に赴き英語・ドイツ語を習得。藤田東湖らとも交わり政治に開眼。水戸藩校明道館学監となり、実学精神を鼓吹し洋書習学所を設けるなどの治績をあげた。
(73) 程朱　宋代の思想家。程明道・程伊川兄弟と朱熹。または彼らの思想体系を指す。
(74) 育英舎　明治初年に西が浅草に開いた私塾。『百学連環』『美妙学』等の講義がおこなわれた。
(75) フィッセリング　一八一八―一八八八、オランダの経済学者。アムステルダム出身。ライデン大学で法律学と文献学の学位を取得した後、一時弁護士・ジャーナリストとして活動。一八五〇年以降母校の教授として経済学・統計学・政治史を教えた。七九年に大蔵大臣に就任。
(76) 歴史学派　一八四〇年代のドイツで成立をみ、同世紀後半にかけてドイツで隆盛を誇った経済学の一思潮。
(77) 古典経済学派　イギリスで十八世紀の最後の四半世紀から十九世紀の前半にかけて隆盛をみた経済学派。リカード、マルサス、アダム・スミスらを主たる担い手とした。

(78) コント　一七九八―一八五七。フランスの哲学者。社会学者・教育家・宗教家としても活躍。フランス革命とそれへの反動による社会的・精神的混乱に秩序を与えようと実証哲学の研究をすすめた。社会学の父と呼ばれている。

(79) ミル　一八〇六―一八七三。十九世紀イギリスを代表する哲学者・経済学者。古典派経済学の完成者、イギリス社会主義の父と呼ばれている。

(80) 実証主義　現実の経験的事実を超越したどのような超経験的な実在をも認めず、われわれの知識の範囲を経験的事実に限ろうとする立場、一言でいえば形而上学を排除する立場。

(81) 清沢満之　文久三（一八六三）―明治三十六（一九〇三）明治前半期に活躍した仏教思想家。愛知県の真宗大谷派西方寺の人。東大哲学科でフェノロサに学び、ヘーゲルの思想に示唆を得た。明治三十四年、大谷大学の前身、真宗大学の学長となる。

(82) 大西祝　元治元（一八六四）―明治三十三（一九〇〇）明治中期の哲学者。同志社を卒業後、東京専門学校（現、早稲田大学）講師となり、哲学・心理学・論理学・倫理学・美学などを担当。坪内逍遥とともに早大文科の基礎を築く。井上哲次郎らの国家主義哲学派に対立。キリスト教を擁護するとともに強い批判的精神を貫き通した。

(83) 井上哲次郎　安政二（一八五五）―昭和十九（一九四四）明治の哲学者。東京帝国大学教授として日本哲学界に君臨。退官後は東京帝大名誉教授。大東文化学院総長。哲学会会長。貴族院議員。キリスト教を反国体的であると攻撃、国民道徳を主張するなど、一貫して天皇制国家主義のイデオローグとしての役割を担っていた。

(84) 井上円了　安政五（一八五八）―大正八（一九一九）明治・大正期の哲学者。新潟県の真宗大谷派慈光寺の人。キリスト教を厳しく批判。生涯を仏教の哲学的形成、仏教の革新運動および国粋論的顕揚などに捧げた。哲学館（現、東洋大学）の創設者。迷信の打破を目的とした妖怪学の研究でも知られる。

(85) 己事究明　自分の事柄や本性、あるいは真の自己とは何かを究明すること。仏教とくに禅仏教の究極の目的と考えられた。

(86) 『哲学雑誌』　東京帝国大学哲学科の機関誌。

(87) 『精神界』　清沢満之、暁烏敏、佐々木月樵、多田鼎等、「浩々洞」に集まった人々が刊行した機関誌。

(88) 『丁酉倫理講演集』　大西祝、横井時雄、姉崎正治等によって組織された「丁酉倫理会」の機関誌。

(89) 紀平正美　明治七(一八七四)―昭和二十四(一九四九)第四高等学校教授時代の西田の教え子。当時、東京帝国大学哲学科の機関誌『哲学雑誌』の編集に携わっていた。日本におけるヘーゲル研究の先駆者。ヘーゲルの弁証法を利用して東洋思想の哲学的再編を試みる。

(90) ロイス　一八五五―一九一六。アメリカの観念論的哲学者。ハーバード大学哲学科教授。新ヘーゲル主義者で絶対的観念論を説く一方、経験と実践を重視して知識過程における人間の意志の役割を強調した。

(91) スピノザ　一六三二―一六七七。オランダの哲学者でヨーロッパ哲学史上最大の形而上学体系の創始者。無神論者と誤解され、危険思想家と見なされることが多かった。レンズを磨いて生計を立てるというきわめて質素な生活を送り、まれに見る高潔な人柄であったという。

(92) 反省　reflection の訳。内省とも訳す。外界に向かっていた知性の働きが反転して自己に向かう働きをいう。ロックは、われわれの経験を外的な経験と内的な経験に分けて、前者を感覚と呼び、後者を反省と呼んだ。したがって、哲学の専門用語としての反省は、一般に知性の内に向かう働きをいうのであって、そこには日常言語としての反省のような道徳的・倫理的な意味は含まれていない。

(93) フェヒナー　一八〇一―一八八七。ドイツの哲学者。物理学者、心理学者でもある。ライプチヒ大学で教鞭をとり、精神物理学の創始者。万物に霊魂の存在を認める神秘主義者としても知られている。

(94) ブント　一八三二―一九二〇。ドイツの哲学者・心理学者。実験心理学の創始者であり、近代心理学は彼によって始められたとされている。ライプチヒに世界最初の心理学実験室を設け、世界各地から彼の盛名を慕って集まってくる研究者たちに実験心理学の指導を施した。

(95) マッハ　一八三八―一九一六。オーストリアの哲学者・物理学者。超音速の先駆的研究によって速度単位マッハにその名をとどめる。世界を究極的に形づくるのは物理的でも心理的でもない、色・音・熱・圧などの中性的な感性的諸要素であるとする要素一元論を唱えた。

(96) アヴェナリウス　一八四三―一八九六。ドイツの哲学者。経験批判論の創始者として徹底した実証主義を唱え、哲学の任務は主観・客観の分離に先立つ「純粋経験」に基づいた「自然的世界概念」を再興することにあるという見解に立っていた。

(97) ジェイムズ　一八四二―一九一〇。アメリカの哲学者・心理学者。プラグマティズムを広い思想運動に発展させ、現代哲学の主流の一つにした指導的人物として知られる。アメリカにおける実験心理学の創始者の一人。

(98) 根本的経験論　主観と客観、意識とその対象の区別を同じ経験の二つの機能ないし側面と考えようとする立場。それが根本的と呼ばれるのは、ここでは、経験と経験との関係もまた一つの経験と考えられているからである。

(99) 経験批判論　思惟による付加物を取り去った純粋な経験を回復し、そこから出発しようとする立場。純粋な経験を主観と客観、意識と存在に分裂しない中立的なものと考える。

(100) 思惟経済　できるだけ多くの事実をできるだけ少ない概念で完全に記述して、思惟の労力を節約するという原理にもとづき、科学的認識とその進歩を説明しようとする考え方。

(101) 定立・反定立・綜合　正・反・合とも、肯定・否定・否定の否定ともいう。定立はある事象の直接的な段階をさす。反定立は、その事象のなかに相互に矛盾し対立する要素があらわれ、またそれらが相互に衝突し闘争する段階をさす。綜合はそのような矛盾・対立する要素が、相互の衝突と闘争をとおして、より高次の形態において統一される段階をさす。一般に、事象はこのような三つの段階をへながら発展していくと考えるのが弁証法的なものの見方の特徴である。

(102) プラグマティズム　実用主義と訳す。その語源であるギリシア語の pragma は行動を意味する。主としてアメリカで唱えられた主張で、思考よりも行動を優先させ、観念の意味と真理性は、それを実際に行動に移した結果の有効性いかんによって明らかにされるとする立場。

(103) ポール・ケーラス　一八五二―一九一九。ドイツ出身。テュービンゲン大学卒業後、アメリカに移住。一元論的実証主義を代表する哲学者。雑誌『オープン・コート』（広場）などを編集。

(104) ロック　一六三二―一七〇四。十七世紀のイギリスを代表する哲学者。観念の経験論的起源を説き、心とは元来白紙状態のものであり、あらゆる対象は経験、つまり感覚と反省をとおして認識されると主張した。

(105) ヒューム哲学　ヒューム（一七一一―一七七六）はイギリスの哲学者。経験論者。彼は実体の存在を否定し、われわれが自我と呼んでいるものは、寒熱・明暗・愛憎・快苦などの「さまざまな知覚の束ないし集合」にすぎないと考えた。

(106) ヘーゲル哲学　ヘーゲル（一七七〇―一八三一）はドイツの哲学者・観念論者。彼は根本的実在である絶対的精神は有限なものの内に宿り、有限なものをとおして自己を展開していくと考えた。

(107) 天地同根・万物一体　僧肇（三七四―四一四？）の言葉「天地我と同根、万物我と一体」をもじったものと思われる。天地や万物が自分と自他不二の関係にあることを説いたものである。

(108) 行住坐臥・著衣喫飯　人間の基本動作である歩くこと（行）、止まること（住）、坐ること（坐）、寝ること（臥）と生活の基本である衣服を着たり（著衣）、食事をすること（喫飯）をいう。

(109) 汎神論　一切のものは神であり、神と世界は一つであるという考え方。これはまた二つのタイプに分かれ、一つは神のみが実在的であり、世界は神の表現または流出の総体にすぎず、世界そのものは実在性をもたないとし、もう一つは世界のみが実在的であって、神は存在するものの総体にすぎないとする。

(110) **グリーン** 一八三六―一八八二。イギリス新理想主義派の哲学者。当代の経験主義的現実主義の思潮を批判。精神的価値の積極的実現をもとめる自我の完成を人格形成の目的とするとともに、これを促進するのが社会の義務と考え、目的実現のための国家の積極的干渉を認め、放任的自由主義に代わる社会改良主義的な新しい自由主義の政治哲学を説いた。

(111) **統一力** 意識の統一作用のこと。西田は人格を、人間をして人間たらしめているもの、人間と他の被造物とを分かつものとは考えなかった。むしろそれは宇宙の根源的統一力につながるものと考えられている。

(112) **唯心論と唯物論** 世界観上の二つの対立する立場。一般に物質に対する精神の優位や根源性を主張する立場が唯心論で、その反対が唯物論である。

(113) **観念論と実在論** もともとは認識論上の二つの対立する立場。意識から独立した客観的実在を承認し、またこのような実在を認識することができるとする立場が実在論であるのに対し、このような客観的実在を承認しないのが観念論である。しかし、今日では、観念論という言葉は世界観上の唯心論と同義とみなされている。

(114) **単子論** ライプニッツ(一六四六―一七一六)の説いた説。単子(モナド)とは「単一なもの」という意味で、一種の活動力、表象力をその本質とする精神的実在である。ライプニッツはすべての存在はこのような単子の集まりであると考えた。彼は無機物質でさえ最小の程度の表象力(活動力)をもったものと考え、したがってすべてのものの根底に精神的な活動原理を承認した。

(115) **新カント学派の考え** カントや新カント学派の人々は認識というものを、対象を直覚することと考えるのではなく、直観に与えられたものを、認識主観に先天的に備わっている認識形式によっていわば再構成することであると考えた。

(116) デデキント　一八三一―一九一六。ドイツの数学者。

(117) 無限論　デデキントは「集合Sは、もしそれが真部分集合に相似ならば無限である」といい、その例として「私の思考の世界」をあげている。

西田はこれを次のように解釈している。ある体系は、それが自分の内に自分を写すことができるとき無限である。例えば、自分の思想の対象となる自分の思想界は無限である。というのも、「あるもの」が自分の思想の対象となることができるという思想はまた自分の思想界に属するからである。われわれはわれわれの反省的意識において、自分自身を思惟の対象とすることをまた自分自身の思惟の対象とすることができ、こうして無限に進むことができる。思惟の統一の真相は、自覚の統一においてのように、自己の中に自己を写す自己代表的体系の統一であり、自己の中に変化の統一を含み、自己自身によって無限に進行する動的統一である。

(118) フィヒテ　一七六二―一八一四。ドイツ観念論を代表する哲学者。個人の自由を中心とした法哲学の体系化に尽力した。ナポレオンに敗れたドイツの民族的独立と文化的再建を訴えた『ドイツ国民に告ぐ』を執筆。ベルリン大学創立とともに初代総長に招かれた。

(119) 定立　thesisの訳。措定ともいう。一般に、あることがらを真であると主張すること、あるいはそれが客観的に存在することを承認し、想定し、そのように規定すること。

(120) リッケルト　一八六三―一九三六。ドイツの哲学者。新カント学派の一つであるバーデン学派（西南ドイツ学派）の完成者。

(121) 価値哲学　価値の本質、価値の基準、価値と事実の関係等を探究する哲学の領域。リッケルトはこの価値哲学を自然科学に対する文化科学の方法論とした。

(122) ベルクソン　一八五九―一九四一。フランスの哲学者。直観主義的唯心論の立場から、精神は空間化されない時間の秩序に属する実在であり、物質は同時的空間に属する実在であり、この二つの実在が心身的存在である人間において結合しているとした。

(123) エラン・ヴィタール（生の飛躍） ベルクソンが『創造的進化』のなかで用いた用語。この著作でベルクソンは、生は機械的因果論や目的観では説明できない、生はその内的衝動によって飛躍的に進化する、と説いた。

(124) コーヘン 一八四二―一九一八。ドイツの哲学者。新カント学派の一つであるマールブルク学派の創始者。カントの観念論を発展させ、道徳的意志は道徳的価値や理想を、美的感情は美的形象を生産すると主張した。

(125) 極限概念 コーヘンが用いた用語。ある一つの立場からは到達することのできない高次的な立場であり、しかもこの（低次の）立場の基礎となっているようなものをいう。

(126) 主意主義 一般に知・情・意の能力の内、意志の働きを根源的とする立場をいう。主知主義に対する言葉。

(127) 作用主義 ここでは、世界の根本的実在を、何か恒常不変な実体と考えるのではなく、むしろ純粋な活動や作用と考える立場をいう。

(128) 形式と質料 形式とは認識形式のことであり、質料とは認識の内容ないし材料のことである。カントや新カント学派は、認識を、感性的な直観によって与えられた認識の質料すなわち材料を、自我に先天的に備わっている認識形式によって再構成することであると考えた。

(129) 一般者 もともとは論理学から借りてきた用語。個物や特殊に対して、それらを包む普遍者という意味。しかし、西田はそれを単に概念の包摂関係をあらわす言葉としてだけではなく、同時に個物や特殊の根拠や根源という意味をも含んだものとして用いている。

(130) アリストテレス 前三八四―三二二。古代ギリシアの哲学者。哲学ばかりか心理学・倫理学・歴史学・生物学・美学・政治学などあらゆる学問の体系化につとめ「万学の祖」と呼ばれる。マケドニアのアレクサンドロス大王の家庭教師もつとめた。

(131) **an sich, für sich, an und für sich**　即自、対自、即自・対自と訳す。ヘーゲルが用いた独特の用語で、それぞれ順に、定立、反定立、綜合にあたる。

(132) **具体的普遍と抽象的普遍**　ヘーゲルが自分のいう絶対者とシェリングのそれとを区別するために用いた言葉。真無限と悪無限ともいう。抽象的普遍とは、諸個物からその共通要素を抽出して形成される普遍をいう。この場合、普遍は個物の外に、個物に対立して存在する。これに対して具体的普遍とは、個物(特殊)に内在して、個物の本質を形成するような普遍であり、また個物たる個物(特殊)の働きをとおして自分自身をあらわすような普遍をいう。例えば、生物学的分類における個に対する種、種に対する類は抽象的普遍であるが、個々の人間の内にあって、その本質を形成し、また個々の人間の働きをとおして自己を顕現するような理性は具体的普遍である。

(133) **アリストテレス＝主語の論理**
主語の側から述語を説明する。

主語が述語を有すると考える。例。「このリンゴは赤い」

「このリンゴ」(主語)は「赤い」(述語)という性質を有する。

ヘーゲル＝述語の論理
述語の側から主語を説明する。

述語が主語に自己自身を限定すると考える。例。「このリンゴは赤い」

「赤い」(述語)という一般者が「このリンゴ」(主語)に自分自身を限定すると考える。

(134) **ノエシス的方向とノエマ的方向**　ノエシスとノエマという言葉はフッサールが用いた用語で、ノエシスとは意識の志向作用ないし意味付与作用のことをいい、ノエマとは意味形成体としての志向対象のことをいう。西田はノエシスを意識の作用的・主体的方向をあらわす言葉として、またノエマを意識の対象的・客体的方向をあらわす言葉として用いた。したがって、ノエシス的方向とは、意識の作用的方向、主体的方向、「見る」方向、「包む」方向を意味し、これに対してノエマ的方向とは、意識の対象的方向、客観的方向、「見られる」方向、「包まれる」方向を意味する。

(135) **理性の狡智** List der Vernunft の訳。理性の詭計ともいう。ヘーゲルの歴史哲学に見られる思想で、理性が歴史の目的を実現するために用いる方法のことをいう。ヘーゲルによれば、理性（神）は自らは手を下すことなく、また傷つくことなく、個人を操って相互に戦わせ争わせることによって自己自身の目的を実現していく。このように個人の情熱や関心をうまく利用して、個人を傷つけさせ損害を蒙らせることをとおして自分の意図を実現していく方法を理性の狡智と呼んだ。

(136) **フッサール** 一八五九—一九三八。ドイツの哲学者。現象学の創始者。諸科学の理論体系を支える基本的諸概念の意味が動揺し、その再検討を迫られた時代にあって、現象学による論理学と認識論の新たな基礎づけをとおして、哲学全般を「厳密な学」として確立しようとした。

(137) **意識する意識** 意識する意識はつねに主観であって、けっして客観とはならないものであるが、それを対象化しようとすると、その意識はもはや主観としての意識ではなく、客観としての意識になってしまう。「意識するもの」ではなく、「意識されたもの」になってしまう。

(138) **往相と還相** もともとは浄土宗の教義。往相とは衆生が浄土に往生すること。還相とは往生して仏になり、再び穢土にかえって利他教化の働きをすること。

(139) **歴史的現実界** われわれが生きている現実の世界。西田は世界を物質的世界、生物的世界、歴史的世界の三種に分け、人間的世界を歴史的世界として特徴づけた。また、西田はこの歴史的世界を弁証法的に自己展開していく世界であると考え、それを弁証法的世界とも呼んでいる。

(140) **人格的自己** もともとは道徳的自己の意味で用いられていたが、後期においては行為的自己あるいは主体的自己と同義に用いられている。意識的自己や知的自己に対する言葉。

(141) 創造的世界の創造的要素　西田は現実の歴史的世界を、「作られたものから作るものへ」と不断に自己を形成していく創造的世界であると考え、またわれわれの自己を、その創造的要素であると考えている。

(142) 行為的自己　世界の外から世界を見る意識的自己や知的自己に対して、世界の内にあって世界を形成していく自己。西田はこのような自己を「創造的世界の創造的要素」と考えている。

(143) 表現的世界　行為的自己の対概念。行為的自己によって作られた環境的世界。西田は、それが単にあるものではなく、自己を表現するものであると考え、表現的世界と呼んでいる。

(144) 政治的・社会的実践（プラクシス）　芸術的制作の領域における作用すなわちポイエシスに対して、現実の政治的・社会的領域における行為や作用をいう。

(145) 観想主義　もともと観想（テオリア）とは、真理や実在を他の目的のためにではなく、それ自体のために眺めることをいうが、ここでは静観主義とほぼ同義。

(146) 主客相没・物我相忘　いずれも主観と客観、我と物との二元的対立がなくなっている状態、あるいは克服されている状態をあらわす。

(147) 機械論的・因果論的世界　運動原因によって必然的に生起する世界。または機械のような因果法則に支配されている世界。西田は、それを、物質的世界の特徴と考えている。

(148) 目的論的世界　目的原因によって生起する世界。または一定の目的に従って生成していく世界。西田は、それを、生物的世界の特質と考えている。

(149) フォイエルバッハ　一八〇四—七二。ドイツの哲学者。『キリスト教の本質』でキリスト教を批判する。また、ヘーゲル哲学批判を展開し、マルクスに大きな影響を与えた。

(150) 心理主義　論理主義に対する語。ここでは認識の対象や観念を心理的な体験や過程に還元し、それを心理的要素や法則から導き出す立場をいう。

(151) 弁証法神学　第一次世界大戦後、K・バルト、F・ゴーガルテン、R・ブルトマン、E・ブルンナー等によって起こされたキリスト教神学の新しい運動。「危機神学」とも呼ばれる。キルケゴールの影響を受けて、神と人間との間の根本的な対立を主張し、内在的の神ではなく、超越の神を神学の対象とし、宗教改革者たちの『聖書』解釈の内にキリスト教の深い理解を見いだそうとしている点で共通している。

(152) 叡智的一般者（叡智的世界）　中期の場所の論理の中心概念。判断的一般者（自然界）と自覚的一般者（意識界）を包む一般者。この叡智的一般者（叡智的世界）には知的・叡智的一般者、情的・叡智的一般者、意的・叡智的一般者があり、またその極限に究極的実在である「絶対無の場所」（無の一般者）があると考えられている。

(153) アナクサゴラス　前五〇〇―四二八（二七?）。古代ギリシアの哲学者。性質の異なる無数の微小な種子（スペルマタ）と、それらに運動を与える精神（ヌース）とで万物の生成変化を説明した。

(154) 主観主義　客観主義に対する語。一般に認識や実践の問題を主観をもとにして考える立場。

(155) 目的論　あらゆる事象や事物の生成変化を目的の観点から説明しようとする立場。

(156) 機械論　目的因を排除して、自然的・必然的な因果関係でもってあらゆる事象や事物を説明しようとする立場。目的論の反対。

(157) 因果論　あらゆる事象や事物は原因と結果の因果法則によって生起すると考える立場。ここでは機械論と同義。

(158) ライプニッツ　一六四六―一七一六。ドイツの哲学者・数学者・政治家。数学ではニュートンとは別に微積分法を創案、物理学ではエネルギー概念の先駆をなす活力を導入、哲学ではモナド論を唱え予定調和の説を説いた。

（159）モナド　原語 monade は「単一なもの」という意味。単子とも訳す。宇宙を構成する単純な実体。アトム（原子）と異なって、延長をもたない精神的な活動力であり、宇宙を映す「小宇宙」と考えられている。

（160）表象　一般には、意識にあらわれる対象の像をいうが、ライプニッツはそれを「一のなかに全体を表現すること」と規定している。

（161）創造的モナドロジー　西田哲学は一即多・多即一を説く点で、ライプニッツの単子論に近いが、ライプニッツの単子の特性が宇宙全体を表象する点にあるのに対して、西田の個物の特性は創造的世界の創造的要素である点にある。それで、西田はライプニッツのモナドロジーを「表象的モナドロジー」と呼び、自分のそれを「創造的モナドロジー」と呼んで区別した。

（162）音楽的な文化　彫塑（刻）的な文化に対する語。形がなく、時間的であることを特質とする。

（163）本居宣長　享保十五（一七三〇）—享和一（一八〇一）。江戸後期の国学者。『源氏物語』の研究で、「もののあはれ」説を提唱し、『古事記』の研究により復古思想の体系「古道論」を完成させた。

（164）事　出来事、事象あるいは現実や事実のこと。

（165）清明心　清く明らかな心。まったく私心のない、よき心のさまを意味し、「黒」「邪」「悪」等の反対概念。近世儒教の「誠」につながる。

（166）親鸞　承安三（一一七三）—弘長二（一二六二）。浄土真宗の開祖。比叡山で学んだのち法然に師事。法然が弾圧された際に連座して越後に流刑。赦免後は妻とともに関東に下り、農民や下層武士への布教につとめた。

（167）自然法爾　本来、事物（法）が作為を超えて、自然にあることをいう。親鸞はこれを、自分のはからいを捨てて、あるがままに身をまかせる、という意味で用いた。

（168）道元　正治二（一二〇〇）—建長五（一二五三）。鎌倉中期の曹洞宗の僧。日本の曹洞宗の開祖。十三歳で出家し、その後入宋して曹洞禅を学ぶ。越前に永平寺を開創し、『正法眼蔵』を著す。只管打坐といわれる座禅専修の教えを説いた。

(169) 柔軟心　生のまことの姿のままにしたがって、逆らうことのない心。

(170) 即心是仏　即心即仏、是心是仏ともいう。あるがままの心がそのまま仏であるということ。

(171) 廻光返照　自己の智慧の光を自己に向け、自己の本来の姿を顧みること。

(172) 八紘一宇　世界を一つの家とすること。第二次世界大戦においてわが国の海外進出を正当化するために用いられた用語。

(173) オプティミズム　楽天主義ないし楽観主義と訳す。ペシミズム（厭世主義、悲観主義）の反対語。世界と人生の価値評価に関して、全体として肯定的な態度をとる立場。

(174) ペルスペクティーフ　ドイツ語の Perspektive の音読み。西田はこの言葉を、世界を見る観点や視点あるいは世界を表現する一要素という意味で用いている。

(175) 道徳的当為　現にある事実に対して、道徳的な観点から、「あるべきもの」、「なければならないもの」、「あるはずのもの」を意味する。

(176) カントの当為の概念　カントの当為は、「自己の内にある義務意識や良心にしたがって行為せよ」という形で表現される。

(177) 相原信作　明治三十七（一九〇四）―平成八（一九九六）。哲学者。大阪大学教授、甲南大学教授を歴任。ドイツ近世哲学を専攻。

(178) 竹内好　明治四十三（一九一〇）―昭和五十二（一九七七）。評論家・中国文学者。武田泰淳らと中国文学研究会をつくり『中国文学月報』を発刊。戦後、『国民文学論』を発表し論争を展開した。

(179) 西谷啓治　明治三十三（一九〇〇）―平成二（一九九〇）。哲学者。西田幾多郎に師事。宗教哲学者として京都学派の一翼を担い、ドイツ神秘主義の研究に業績を残す。

(180)　原田熊雄　明治二十一（一八八八）—昭和二十一（一九四六）。昭和期の政治家。大正十五年元老西園寺公望の秘書となり、西園寺が死去するまでの十五年間、側近として政界情報を収集、その記録『西園寺公望と政局』を残した。

(181)　長与善郎　明治二十一（一八八八）—昭和三十六（一九六一）。大正・昭和期の小説家・劇作家。雑誌『白樺』の同人となり、評論、小説、戯曲を発表。戯曲『項羽と劉邦』で文壇の地位を確立。戦後、自伝『わが心の遍歴』で読売文学賞を受賞した。

(182)　西園寺公望　嘉永二（一八四九）—昭和十五（一九四〇）。明治から昭和期の政治家。明治十五年伊藤博文の憲法調査の渡欧に随行、第二、第三次伊藤内閣文相、三十六年政友会総裁に就任。日露戦争後、桂太郎と交互に政権を担当、桂園時代を画す。

(183)　矢次一夫　明治三十二（一八九九）—昭和五十八（一九八三）。大正・昭和期の労働運動家・政治家。上京し北一輝の食客となる。昭和八年国策研究会を設立し事務局長となる。大政翼賛会参与。戦後公職追放となるが、昭和三十二年岸信介首相の使節として渡韓、李承晩大統領と会う。

(184)　田辺寿利　明治二十七（一八九四）—昭和三十八（一九六三）。社会学者。フランス社会学の成立と発展を中心に研究し、わが国の社会学の発展に貢献した。日本社会学会、日仏社会学協会などの創設に努める。東洋大学、東北大学、金沢大学の各教授を歴任。

(185)　金井章次　明治十八（一八八五）—昭和四十二（一九六七）。昭和期の植民地官僚。東京帝国大学医学部卒。北里研究所、ジュネーブの国際連盟保健部、慶應義塾大学医学部教授、蒙古連合自治政府最高顧問などを歴任。

(186)　佐藤賢了　明治二十八（一八九五）—昭和五十（一九七五）。昭和期の陸軍軍人。国家総動員法案の審議中、質問をする立憲政友会議員を「黙れ」と大喝し問題となる。A級戦犯、終身刑となるが昭和三十一年出所。

(187) 永井柳太郎　明治十四(一八八一)—昭和十九(一九四四)。大正・昭和期の政治家。雑誌『新日本』主筆として大隈重信を助ける。衆議院議員当選八回、第一次近衛内閣逓信相、阿部内閣逓信相兼鉄道相などを歴任し、のち熱心な大東亜新秩序論者となる。

(188) 後藤文夫　明治十七(一八八四)—昭和五十五(一九八〇)。大正・昭和期の官僚・政治家。内務省に入省後、警保局長、台湾総督府総務長官などを歴任。大政翼賛会副総裁、東亜振興会副総裁などを務め、昭和十八年東条内閣国務相となる。敗戦後公職追放となるが、のち参議院議員となる。

(189) 下村海南　明治八(一八七五)—昭和三十二(一九五七)。名は宏、海南は号。大正・昭和期のジャーナリスト・政治家。逓信省に入り、台湾総督府民政長官、同総務長官を経て朝日新聞入社、昭和十一年副社長で退社。鈴木貫太郎内閣に国務相兼情報局総裁として迎えられ、ポツダム宣言の受諾の実現に努力した。

(190) 東条英機　明治十七(一八八四)—昭和二十三(一九四八)。昭和期の陸軍軍人・政治家。関東軍憲兵隊司令官、関東軍参謀長などを歴任。第一次近衛内閣陸軍次官、第二、三次近衛内閣陸相。日米交渉に際し中国からの撤兵に反対し、近衛内閣総辞職後自ら首相に就任し、対米開戦の最高責任者となる。A級戦犯として絞首刑となった。

(191) イデアの顕現　もともとイデアは姿や形をあらわすギリシア語。プラトンはそれを物の原型、本質、理想等をあらわす言葉として用いた。西田はだいたいにおいてドイツ語のイデーにもとづいて、理念ないし範型という意味で用いている。そして、文化はそれぞれの時代における理念の顕現であるというのである。

(192) 大乗仏教　大乗は小乗に対する語で、文字どおり大きな乗り物という意味。紀元前後に興った新しい仏教で、自分自身の解脱よりも一切衆生の救済を理想とする。

(193) 形式論理学　その内容の真偽には触れないで、判断や推理をもっぱらその形式の面から研究する論理学。アリストテレス以来の伝統的論理学。

(194) 自己同一性　事物がそれ自身に同じであること。例えば「AはAである」「私は私である」という命題は自己同一性を表現している。

(195) 横超　竪超《じゅちょう》に対する語。親鸞が用いた言葉で、「横」は他力、「竪」は自力をあらわす。「超」は速やかに迷いを離れることを意味する。したがって、横超とは阿弥陀仏の本願を信じて自力の心を離れることと。

(196) 対象論理的立場　主観と客観、意識とその対象という二元論的な立場から事物を見ていこうとする立場。

(197) パラドクシカルな関係　逆説的で不合理な関係。西田は神と人、仏と衆生との間の宗教的関係をその典型と考えている。

(198) 啐啄同時　「啐」は鶏の卵がかえるとき、殻の中から雛がつつく音。「啄」は母鶏が外から殻をつつくこと。その両者の働きが同時であることをいう。

(199) 集合論　カントールによって始められた数学の基礎理論。集合を基礎概念にして、基数、序数、関数、無限などの数学上の基本概念や演算の構成を意図する理論。

(200) 「善人なおもて往生をとぐ、いわんや悪人をや」『歎異抄』にある親鸞の言葉。「善人でさえ往生できるのだから、悪人が往生できないことはない」の意味。一般に、悪人正機説といわれる。

(201) 南泉　七四八―八三四。普願。中国・唐の時代の禅僧。馬祖道一の法を嗣ぐ。

(202) 臨済　?―八六七。中国・唐の禅僧。黄檗希運に師事し、臨済宗を興す。『臨済録』は弟子が法語を編纂したもの。

(203) 随処作主、立処皆真　『臨済録』にある言葉。「随処作主」は、「どのような境遇におかれても、つねに自己の主体性を確立して、何ものにもとらわれることなく、いつも自由な働きをすること」であり、

「立処皆真」は、「どこにいようとも、みな真を具現していること」である。

(204) 内在的超越主義　通常、超越は外的な方向に考えられている。このような自分の外への超越ではなく、反対に自分の内への超越を説く立場、あるいは実在をこのような内的に超越的な方向にもとめる立場を内在的超越主義という。

(205) 一以貫之　『論語』巻第二にある言葉。孔子の場合、この一は「忠恕」すなわちまごころと思いやりがあることであったが、西田の場合、それは根源的実在の探究すなわち己事究明のことであった。

(206) 道義文化　道義（道徳）と文化。西田は軍事力や政治力や経済力に対して道義文化という言葉を用いている。物質的な力に対する精神的な力という意味が含まれている。

(207) ギリシア思想　およそ紀元前六世紀頃から紀元後三世紀頃までの間に展開された古代ギリシアの思想。一般に、合理的精神にもとづいた哲学や自然科学を中心とした思想であることを特徴とする。ヘブライ思想とともにヨーロッパ思想の源流の一つ。

(208) ヘブライ思想　『旧約聖書』に伝承されたヘブライ人の思想。ユダヤ教・キリスト教の源泉。宗教的であることと歴史意識が旺盛であることに特徴があり、その思想はつねに歴史を支配する神の意志を探ろうとする視点によって貫かれている。ギリシア思想とともにヨーロッパ思想の源流の一つ。

西田幾多郎年譜

年譜の作成にあたっては、『西田幾多郎全集』（岩波書店、第19巻、西田幾多郎年譜）、『西田幾多郎選集』（燈影社、別巻1、西田幾多郎年譜）、『西田哲学――新資料と研究への手引き』（ミネルヴァ書房、西田幾多郎作品年表）を参考にした。

年　月	西田幾多郎年譜	関連事項
明治　三（一八七〇）年　五月	十九日、石川県河北郡森村（現宇ノ気町字森レ八十二番地）に、父得登、母寅三の長男として生まれる	
明治十五（一八八二）年　四月	新化小学校（現在の宇ノ気小学校の前身）を卒業	
明治十六（一八八三）年　七月	石川県師範学校に入学（得登、幾多郎の生年月日を明治元年八月十日に書き改める）	T・H・グリーン『倫理学序説』
明治十七（一八八四）年　十月	病気（チフス）のため退学	
明治十九（一八八六）年　九月	石川県専門学校付属初等中学科第二級に補欠入学	
明治二十（一八八七）年　九月	石川県専門学校を第四高等中学校と改称。同校予科第一級に編入学	
明治二十一（一八八八）年　七月	第四高等中学校予科を卒業	
九月	第四高等中学校第一部一年生となり、藤岡作太郎、鈴木大拙（貞太郎）、金田（山本）良吉等と机を並べる	

明治二十三(一八九〇)年	三月	第四高等中学校を中途退学。秋、眼を病む	W・ジェイムズ『心理学原理』
明治二十四(一八九一)年	九月	東京帝国大学文科大学哲学科選科に入学。井上哲次郎、ブッセ、ケーベル等に学ぶ	
明治二十五(一八九二)年			リッケルト『認識の対象』
明治二十七(一八九四)年	七月	東京帝国大学文科大学哲学科選科を卒業	(日清戦争勃発)
明治二十八(一八九五)年	四月	石川県能登尋常中学校七尾分校教諭となる	ベルクソン『物質と記憶』 大西祝『倫理学』
			(日清講和条約締結、三国干渉)
	五月	得田寿美と結婚	
明治二十九(一八九六)年	三月	長女弥生生まれる	
	四月	第四高等学校講師となる	
明治三十(一八九七)年		(この頃から参禅への関心が高まり、雪門、滴水、広州、虎関老師に参禅)	鈴木大拙渡米
	六月	第四高等学校講師を辞す	
	九月	山口高等学校教務嘱託となる	
明治三十一(一八九八)年	六月	長男謙生まれる	
	九月	父得登没	
明治三十二(一八九九)年	三月	山口高等学校教授に任命される	(条約改正、治外法権撤廃)
	七月	第四高等学校教授となる	
明治三十三(一九〇〇)年			フッサール『論理学研究』
明治三十四(一九〇一)年	二月	次男外彦生まれる	ニーチェ『権力への意志』、W・ジェ

明治三十五（一九〇二）年	三月	雪門老師より寸心居士の号を受ける	イムズ『宗教的経験の諸相』、清沢満之『精神主義』
	十二月	次女幽子生まれる	（日英同盟締結）
明治三十六（一九〇三）年	八月	広州老師のもとで無字の公案を透過	
明治三十七（一九〇四）年			（日露戦争勃発）
明治三十八（一九〇五）年	十月	三女静子生まれる	マッハ『認識の分析』、ポアンカレ『科学の価値』 綱島梁川『病間録』 （日露講和条約締結）
明治四十（一九〇七）年	一月	次女幽子没	ベルクソン『創造的進化』、W・ジェイムズ『プラグマティズム』
	五月	四女友子、五女愛子生まれる	
	六月	五女愛子没 （この頃、肋膜炎を患う。明治四十一年、再発）	
明治四十二（一九〇九）年	三月	六女梅子生まれる	鈴木大拙帰国
	七月	学習院教授に任ぜられる	
明治四十三（一九一〇）年	八月	京都帝国大学文科大学助教授に任ぜられる	藤岡作太郎没 ラッセル・ホワイトヘッド『数学原理』 （日韓併合）
明治四十四（一九一一）年	一月	『善の研究』を弘道館より出版	
大正　元（一九一二）年			W・ジェイムズ『根本的経験論』

大正　二(一九一三)年　八月	京都帝国大学文科大学教授に任ぜられる	フッサール『イデーン』
十二月	文学博士の学位を授与される	
大正　三(一九一四)年		ヴィンデルバント『哲学概論』(第一次世界大戦勃発)
大正　四(一九一五)年　三月	『思索と体験』を千章館より出版	
大正　五(一九一六)年		アインシュタイン『一般相対性理論』
大正　六(一九一七)年　五月	『現代における理想主義の哲学』を弘道館より出版	三木清、京都帝国大学に入学 波多野精一、京都帝国大学へ転任
十月	『自覚に於ける直観と反省』を岩波書店より出版	
大正　七(一九一八)年　九月	母寅三没	
大正　八(一九一九)年		田辺元、京都帝国大学へ転任(ヴェルサイユ条約締結)
大正　九(一九二〇)年　一月	『意識の問題』を岩波書店より出版	
六月	長男謙没	
大正　十(一九二一)年		鈴木大拙大谷大学教授となる。倉田百三『愛と認識の出発』(ワシントン軍縮会議)
大正十一(一九二二)年		M・ブーバー『我と汝』
大正十二(一九二三)年　七月	『芸術と道徳』を岩波書店より出版	
大正十三(一九二四)年		田辺元『カントの目的論』
大正十四(一九二五)年　一月	妻寿美没	和辻哲郎京都帝国大学へ転任

大正十五(一九二六)年　六月	「場所」を『哲学研究』に発表	(治安維持法) 左右田喜一郎「西田哲学の方法について」 三木清『パスカルに於ける人間の研究』
昭和　二(一九二七)年　十月	『働くものから見るものへ』を岩波書店より出版	和辻哲郎『日本精神史研究』 三木清、法政大学へ転任 ハイデッガー『存在と時間』
昭和　三(一九二八)年　八月 十月	停年退職 「叡智的世界」を『哲学研究』に発表	(治安維持法改正)
昭和　四(一九二九)年		北条時敬没 九鬼周造、京都帝国大学へ赴任 ホワイトヘッド『過程と存在』 (世界大恐慌)
昭和　五(一九三〇)年　一月	『一般者の自覚的体系』を岩波書店より出版	田辺元「西田先生の教えを仰ぐ」、九鬼周造『いきの構造』
昭和　六(一九三一)年　十二月	山田琴と再婚	(満州事変勃発)
昭和　七(一九三二)年　十二月 七月	「私と汝」を岩波講座『哲学』に発表 『無の自覚的限定』を岩波書店より出版	田辺元『ヘーゲル哲学と弁証法』 (満州国建国宣言、五・一五事件)
昭和　八(一九三三)年　十二月	『哲学の根本問題』を岩波書店より出版 (七月、鎌倉姥ヶ谷に住居を入手。十月、増築完成。以後、毎年、夏と冬を鎌倉で	(国際連盟から脱退)

昭和九(一九三四)年七–九月	過ごすようになる) 「弁証法的一般者としての世界」を『哲学研究』に発表	和辻哲郎、東京帝国大学へ転任 和辻哲郎『人間の学としての倫理学』
十月	『哲学の根本問題続編』を岩波書店より出版	
昭和十(一九三五)年十二月	『哲学論文集第一』を岩波書店より出版	波多野精一『宗教哲学』、戸坂潤『日本イデオロギー論』 和辻哲郎『風土』、九鬼周造『偶然性の問題』
昭和十一(一九三六)年		(二・二六事件)
昭和十二(一九三七)年五月	『続思索と体験』を岩波書店より出版	和辻哲郎『倫理学 上』(中、一九四二、下、一九四九) (盧溝橋事件、日中戦争勃発)
十二月	『哲学論文集第二』を岩波書店より出版	
昭和十三(一九三八)年		蓑田胸喜「西田哲学の方法に就いて」 (国家総動員法公布)
昭和十四(一九三九)年三月	「絶対矛盾的自己同一」を『思想』に発表	三木清『構想力の論理 第一』 (第二次世界大戦勃発)
十一月	『哲学論文集第三』を岩波書店より出版	
昭和十五(一九四〇)年三月	『日本文化の問題』を岩波書店より出版	鈴木大拙『禅と日本文化』、田辺元『歴史的現実』、三木清『哲学的人間学』 (日独伊三国同盟調印、大政翼賛会発

昭和十六(一九四一)年	一月	「歴史哲学について」という題目で御進講をおこなう	足) 九鬼周造没 (太平洋戦争勃発)
	三月	文化勲章受章	
	四月	四女友子没	
	十月	リウマチを患う。約十ヵ月間病臥	
	十二月	『哲学論文集第四』を岩波書店より出版	
昭和十七(一九四二)年	七月	リウマチ次第に快癒	山本良吉没 鈴木大拙『浄土系思想論』
昭和一八(一九四三)年	五月	国策研究会のもとめに応じて「世界新秩序の原理」を執筆	デューイ『論理学――探求の理論』 和辻哲郎『尊王思想とその伝統』 波多野精一『時と永遠』 (イタリア無条件降伏)
昭和十九(一九四四)年	八月	『哲学論文集第五』を岩波書店より出版	
昭和二十(一九四五)年	二月	長女弥生没	戸坂潤、三木清獄死 鈴木大拙『日本的霊性』 (ドイツ無条件降伏) (日本無条件降伏)
	四月	「場所的論理と宗教的世界観」脱稿	
	六月	七日、尿毒症により死去	
	十二月	『哲学論文集第六』を岩波書店より出版	
昭和二十一(一九四六)年	二月	『哲学論文集第七』を岩波書店より出版	

KODANSHA

本書は、NHKラジオ第2放送の番組「こころをよむ」（二〇〇〇年十月〜二〇〇一年三月放送）で放送されたラジオテキスト『西田幾多郎の思想—二十一世紀をどう生きるか』を底本としました。

小坂国継（こさか　くにつぐ）
1943年，中国張家口生まれ。1966年，早稲田大学第一文学部哲学科卒業。1971年，早稲田大学大学院文学研究科博士課程修了。宗教哲学専攻。現在，日本大学経済学部教授，日本大学大学院総合社会情報研究科教授，文学博士。著書に『西田哲学の研究』『西田哲学と宗教』『西田幾多郎』『西田幾多郎をめぐる哲学者群像』『善人がなぜ苦しむのか』『西田哲学と現代』，訳書にコプルストン『ヘーゲル以後の哲学』『理性論の哲学（上・下）』他多数がある。

講談社学術文庫

定価はカバーに表示してあります。

西田《にしだ》幾多郎《きたろう》の思想《しそう》

小坂《こさか》国継《くにつぐ》

2002年５月10日　第１刷発行
2023年５月８日　第13刷発行

発行者　鈴木章一
発行所　株式会社講談社
東京都文京区音羽 2-12-21 〒112-8001
電話　編集（03）5395-3512
販売（03）5395-4415
業務（03）5395-3615
装　幀　蟹江征治
印　刷　株式会社広済堂ネクスト
製　本　株式会社国宝社

ISBN4-06-159544-X

「講談社学術文庫」の刊行に当たって

これは、学術をポケットに入れることをモットーとして生まれた文庫である。学術は少年の心を養い、成年の心を満たす。その学術がポケットにはいる形で、万人のものになることは、生涯教育をうたう現代の理想である。

こうした考え方は、学術を巨大な城のように見る世間の常識に反するかもしれない。また、一部の人たちからは、学術の権威をおとすものと非難されるかもしれない。しかし、それはいずれも学術の新しい在り方を解しないものといわざるをえない。

学術は、まず魔術への挑戦から始まった。やがて、いわゆる常識をつぎつぎに改めていった。学術の権威は、幾百年、幾千年にわたる、苦しい戦いの成果である。こうしてきずきあげられた城が、一見して近づきがたいものにうつるのは、そのためである。しかし、学術の権威を、その形の上だけで判断してはならない。その生成のあとをかえりみれば、その根は常に人々の生活の中にあった。学術が大きな力たりうるのはそのためであって、生活をはなれた学術は、どこにもない。

開かれた社会といわれる現代にとって、これはまったく自明である。生活と学術との間に、もし距離があるとすれば、何をおいてもこれを埋めねばならない。もしこの距離が形の上の迷信からきているとすれば、その迷信をうち破らねばならぬ。

学術文庫は、内外の迷信を打破し、学術のために新しい天地をひらく意図をもって生まれた。文庫という小さい形と、学術という壮大な城とが、完全に両立するためには、なおいくらかの時を必要とするであろう。しかし、学術をポケットにした社会が、人間の生活にとってより豊かな社会であることは、たしかである。そうした社会の実現のために、文庫の世界に新しいジャンルを加えることができれば幸いである。

一九七六年六月

野間省一

諸橋轍次著
孔子・老子・釈迦「三聖会談」

孔子・老子・釈迦の三聖が一堂に会し、自らの哲学を語り合うという奇想天外な空想鼎談。三聖の世界観や人間観、また根本思想や実際行動が、比較対照的に鮮やかに語られる。東洋思想のユニークな入門書。

574

今道友信《いまみちとものぶ》著
西洋哲学史

西洋思想の流れを人物中心に描いた哲学通史。古代ギリシアに始まり、中世・近世・近代・現代に至る西洋の哲人たちは、人間の魂の世話の仕方をいかに主張したか。初心者のために書き下ろした興味深い入門書。

787

河合隼雄《かわいはやお》著（解説・遠藤周作）
影の現象学

意識を裏切る無意識の深層をユング心理学の視点から掘り下げ、新しい光を投げかける。心の影の自覚は人間関係の問題を考える上でも重要である。心の影の世界を鋭く探究した、いま必読の深遠なる名著。

811

諸橋轍次《もろはしてつじ》著
荘子《そうじ》物語

五倫五常を重んじ、秩序・身分を固定する孔孟の教えに対し、自由・無差別・無為自然を根本とする老荘の哲学。昭和の大儒諸橋博士が、その老荘思想を縦横に語り尽くし、わかりやすく説いた必読の名著。

848

廣松《ひろまつ》 渉《わたる》著（解説・柄谷行人）
〈近代の超克《ちょうこく》〉論　昭和思想史への一視角

太平洋戦争中、各界知識人を糾合し企てられた一大座談会があった。題して「近代の超克」――。京都学派の哲学に焦点をあて、本書はその試みの歴史的意義と限界を剔抉する。我々は近代を〈超克〉しえたのか。

900

R・カイヨワ著／多田道太郎・塚崎幹夫訳
遊びと人間

超現実の魅惑の世界を創る遊び。その遊びのすべてに通じる不変の性質として、カイヨワは競争、運、模擬、眩暈を提示し、これを基点に文化の発達を解明した。遊びの純粋なイメージを描く遊戯論の名著である。

920